石に刻まれた江戸・武蔵

古賀牧人

けやき出版

石に刻まれた江戸・武蔵　目次

まえがき…10

本書を読まれる方へ…12

第一章　日本橋・銀座・築地

日本橋由来記の碑…16　日本橋魚河岸記念碑…18　秤座跡の碑…19
三浦按針屋敷跡の碑…20　其角《きかく》住居跡の碑…21　玄冶店《げんやだな》跡の碑…22
江戸伝馬町牢御揚場跡の碑…23　吉田松陰先生終焉之地の碑…24　両国広小路記念碑…26
堀部安兵衛武庸《たけつね》之碑…27　安藤広重住居跡の説明板…28　江戸歌舞伎発祥の地の碑…29
京橋記念碑…30　京橋大根河岸青物市場跡の碑…32　銀座発祥の地の碑…32
常盤橋門跡の碑…34　北町奉行所跡の碑…34　一石《いちこく》橋迷子しらせ石標《いししるべ》…36
数寄屋橋の碑…36　南町奉行所跡の碑…36　蘭学事始の地の碑…37
慶応義塾開塾の地記念碑…39　浅野内匠頭邸跡の碑…40　酒井抱一《ほういつ》の碑…42
土生《はぶ》玄碩《げんせき》先生之碑…44　間新六供養塔…46　佃島渡船跡の碑…46
五世川柳・水谷金蔵の句碑…47　新川の跡の碑…48

第二章　芝・三田・高輪

溜池発祥の碑…50　明和の大火死者供養墓…50　浅野内匠頭終焉之地の碑…50
仙台藩上屋敷表門跡の説明板…50　桜田烈士愛宕山遺蹟碑…50　福沢近藤両翁学塾跡の碑…52
最初のオランダ公使宿館跡の碑…52　英公使宿館跡の碑、仏公使宿館跡の碑…53
タウンゼント・ハリス記念碑…55　日本近代初等教育発祥の地の碑…56
浅岡飯たきの井の碑…56　万延元年遣米使節記念碑…57　伊能忠敬の碑…59
赤穂四十七義士の碑…61　赤穂義士史蹟碑…64　義士終焉地の碑…64
高輪大木戸跡の石塁…64　薩摩屋敷焼き討ち事件の碑…65
西郷南洲・勝海舟会見之地の碑…66　水野監物邸跡の碑…68
大石主税ら十人の切腹地跡の碑…68　陣幕久五郎の碑…68　陣幕島之助の碑…68
元和キリシタン遺跡の道標と碑…68　石村近江記念碑…70　勝安房邸跡の碑…72

第三章　五反田・品川・大森

大田南畝《なんぽ》隠語の碑…74　福沢諭吉記念碑…75　孟宗筍《もうそうたけのこ》栽培記念碑…77　品川台場の碑…78
鯨塚…79　丸橋忠弥の首塚…80　津波溺死者供養塔…81　加舎白雄《かやしらお》の墓句碑…82
流民叢塚碑…82　自由の碑…84　水神池の碑…85　鈴ケ森遺跡の題目塔…88　八景碑…89
新井宿義民六人衆の碑…90　桃雲寺再興記念碑…91　西郷・勝両雄会見の処の記念碑…92
西郷・勝両雄顕彰碑…94　西郷南洲の詩碑…94　西郷隆盛留魂碑…94　磐井の碑…94

第四章　九段・神田・湯島・本郷・小石川

太田道灌公追慕之碑…96　高野長英大観堂学塾跡の碑…98　蕃書調所《ばんしょしらべしょ》跡の碑…99
滝沢馬琴邸跡の井戸の碑…99　神田青果市場発祥之地の碑…100　東条一堂・千葉周作の碑…102
お玉ケ池種痘所記念碑…103　お玉ケ池種痘所跡の碑…105　昌平坂の碑…105
奇縁氷人《きえんひょうじん》石の碑…106　お茶の水の碑…108　朱舜水《しゅしゅんすい》先生終焉之地の碑…108　胞衣《えな》塚…109
緒方洪庵の碑…110　八百屋お七の碑…111　駒込土物店《つちものだな》縁起の碑…113　頭光《つむりのひかる》の狂歌碑…113
甘藷試作地跡の碑…114　春日局《かすがのつぼね》銅像と碑…115　関口芭蕉庵の句碑…117
切支丹屋敷跡の碑、キリシタン殉教碑…118　涼月塚…120　藤田東湖終焉地の碑…120
鷹の碑…120　駐歩泉《ちゅうほせん》の碑…120　六義園由来の碑…121　お七・吉三比翼塚…122

第五章　青山・渋谷・目黒・世田谷

高野長英の碑…124　高野長英隠れ家および自決の地の碑…127　お萬榎の碑…127
道しるべの常夜燈…127　道供養塔…127　茶屋坂の清水の碑…127　目黒新富士の碑…128
松崎慊堂《こうどう》の墓碑…129　累《かさね》塚の碑…130　海難供養碑…131　行人坂敷石造道供養碑…132
八百屋お七・吉三発心の碑…132　キリシタン灯籠…132　永代橋落下事件遭難者の慰霊碑…132
甘藷講の碑…134　白井権八・小紫の比翼塚…134　大山道への道標…134
太田道灌築城五百年の碑…135　長州藩邸没収事件関係者慰霊碑…135　桜田殉難八士之碑…135
杉山杉風《さんぷう》の墓句碑…135　寺子屋の碑…135

第六章　四谷・新宿・早稲田

四谷鮫河橋地名発祥之所の碑…138　江戸勧進角力旧跡の碑…139　御鷹の松の碑…139
四谷大木戸跡の碑…139　駿馬塚《しゅんめ》…140　玉川上水記念碑…141　三遊亭圓朝舊居跡の碑…143
子供合埋碑《ごうまい》…143　恋川春町の墓碑…145　大田南畝書の狂歌碑…145　十二社碑《じゅうにそう》…146
諸国郡邑《ぐんゆう》旅人菩提碑…147　紅皿《べにさら》の碑…149　堀部安兵衛之碑…149　箱根山の碑…149
山吹の里の碑…150　彰義隊の首塚…150　山岡鉄舟書の碑…150

第七章　中野・杉並・練馬

中野区役所前の史跡の碑…152　夜雪庵鴎叟《やせつあんおうそう》の句碑…152　徳川将軍御膳所跡の碑…153
尾張殿鷹場の碑…156　江古田ケ原沼袋・古戦場の碑…156　山荘之碑…156
天保用水記念碑…157　儀右エ門塚…158　二十三夜待《にじゅうさんやまち》供養塔…159　石神井城跡史蹟碑…159
宮田橋敷石供養塔…160　練馬大根碑…161　御浜井戸の碑…162　橋供養の碑…162

第八章　巣鴨・板橋・大塚・池袋

狩谷掖斎《えきさい》の碑…164　振袖火事供養塔…164　浦里・時次郎比翼塚…166
尾形乾山深省蹟の碑…166　二代目高尾の墓…166　加賀前田家下屋敷跡の碑…167
縁切榎の碑…168　旧水村玄洞宅跡の碑…168　志村一里塚の碑…169　大山道しるべ…169
志村城跡の碑…172　赤塚城本丸跡の碑…172　火技中興洋兵開祖の碑…174

高島秋帆先生紀功碑…174
服部嵐雪の墓句碑…177
山田浅右衛門代々の碑…177
酒井抱一朝顔の画碑…178

第九章　赤羽・王子・滝野川

西ケ原一里塚の碑…180
飛鳥山の碑…180
佐久間象山の桜花賦の碑…182
装束榎の碑…183
稲付城跡の碑…185
寶幢《ほうどう》院前の道標…185
近藤勇・土方歳三の墓碑…185

第十章　谷中・上野・日暮里

笠森お仙の碑…188
錦絵開祖鈴木春信の碑…190
仮名垣魯文の碑…190
山岡鉄舟の碑…191
三遊亭圓朝翁碑…193
虫塚…193
了翁僧都道行碑…194
彰義の碑…195
八橋検校《やつはしけんぎょう》顕彰碑…197
高久《たかく》靄崖《あいがい》の筆塚…197
文晁碑…197
天海僧正毛髪塔…198
大田南畝狂歌碑…199
黒門の由来碑…199
伊能忠敬の墓碑…199
高橋景保《かげやす》の碑…199
高橋東岡《とうこう》の墓碑…201
幡随院長兵衛夫妻の墓碑…201
入谷乾山《いりやけんざん》窯元之碑…202
市河寛斎の墓碑…203
市河米庵の寿蔵碑…205
道灌丘の碑…206
梅翁の句碑…207
柏木如亭の碑…209
滝沢馬琴筆塚…210
道灌船繋《ふなつなぎ》松の碑…212
雀供養之塚…212

第十一章　浅草

浅草見附跡の碑…214
甚内橋の碑…216
首尾の松の碑…217
浅草御蔵《おくら》跡の碑…218

初代柄井《からい》川柳の句碑…220
三味線堀跡の碑…222
葛飾北斎生誕二百年記念碑…223
かっぱ川太郎の墓碑…225
まよひ子のしるべ…225
浅草観音戒殺碑…226
算子《さんし》塚…226
明数碑…228
百瀬耕元の碑…228
まよひごのしるべ…229
竹本津賀太夫碑…229
河竹默阿弥顕彰碑…229
浅草庵市人《あさくさあんいちんど》の狂歌碑…231
並木五瓶句碑…231
山東京伝の机塚の碑…232
芭蕉の句碑…232
助六の歌碑…233
江戸猿若町市村座跡の碑…233
江戸猿若町守田座跡の碑…234
庄司甚右衛門の碑…235
花吉原名残の碑…236
神田青物市場符牒の碑…236
吉原遊女二代目高尾の墓碑…237
采女《うねめ》塚…238
桑田立斎の碑…239
平賀源内墓地記念之碑…240
寺門静軒の碑…240

第十二章　深川・城東

横綱力士碑…244
木場の角乗りの碑…246
和田氏歴世碑…247
歌仙桜の碑…248
三十三間堂跡の碑…249
伊能忠敬居宅跡の碑…250
平賀源内電気実験の地の碑…250
芭蕉墨直しの碑…252
芭蕉庵跡の碑…253
旧新大橋跡の碑…254
芭蕉翁時雨塚…255
採茶庵《さいとあん》跡の碑…256
間宮林蔵塋域《えいいき》の碑…257
安宅丸由来の碑…258
御船蔵《おふなくら》跡の碑…259
中川船番所跡の碑…259
紀伊國屋文左衛門之碑…260
干鰮《ほしか》場跡の碑…262
五百羅漢道標…263
猿江材木蔵跡の碑…263
津波警告の碑…263
洲崎遊女供養碑…265
刀工・左行秀《さのゆきひで》旧跡の碑…265
釜屋跡の碑…266
五百羅漢跡の碑…267
女木《おなぎ》塚の句碑…268
亀戸銭座跡の碑…268
中江兆民の碑…269
二世、三世豊国の碑…270
木遣音頭の碑…270

水神森の碑…270

第十三章　本所・向島

杉山検校《けんぎょう》頌徳碑…272　雪中庵蓼太《りょうた》の句碑…273　両国橋の句碑…274　力塚の碑…275
海難供養碑…276　赤穂義士遺蹟 吉良邸跡の碑…277　吉良家家臣二十士碑…277
勝海舟生誕之地の碑…277　小林一茶旧居跡の碑…279　歴代横綱の碑…279
道灌公記念碑…280　小梅銭座跡の碑…280　近松門左衛門の碑…280　初代歌川豊国の碑…281
昔ばなし柳塚…283　毛塚の碑…284　葛飾北斎辰政翁顕彰碑…284
藤田東湖・正気《せいき》の歌の碑…284　烏亭焉馬《うていえんば》の歌碑…286　桜樹奉献の碑…287
大田南畝漢詩碑…287　常夜燈…287　木遣音頭の碑…288　五世川柳・水谷金蔵の句碑…288
六世川柳の句碑…288　九世川柳の句碑…289　巻菱湖《まきりょうこ》の伝記碑…289　歌川国芳の碑…289
成島柳北の碑…289　墨堤植桜の碑…290　長命水石文《いしぶみ》の碑…290　蜀山人の狂歌碑…290
岩瀬鴎所君之墓碑…290　墨多三絶《すみださんぜつ》の碑…291　初代河竹新七追善しのぶ塚…292
墨沱梅荘《すみだばいそう》記の碑…293　きょうげん塚…294　大窪詩仏画竹《がちく》碑…294　哥沢芝金《うたさわしばきん》之碑…294
元杢網《もとのもくあみ》の狂歌碑…295　三遊塚…296　亀田鵬斎の詩碑…298　浄瑠璃塚…299　吾嬬森《あづまのもり》の碑…299

第十四章　千住・足立・江戸川・葛飾

小塚原刑場跡の題目塔…302　橋本景岳（左内）の碑…302　観臓記念碑…303　烈婦滝本之碑…305

新吉原総霊塔…305　亀田鵬斎の詩碑…305　芭蕉旅立ちの句碑…305
おくのほそ道矢立初の碑…306　千住ヤッチャバ紀念碑…306　甲良屋敷跡の碑…307
解剖人墓…308　紙漉《す》きの碑…308　石出常軒の碑…309　鷹野鳥見屋敷跡の碑…309
一茶の句碑…309　初代安藤広重の記念碑…311　柳多留《やなぎだる》版元・花屋久次郎遺跡の碑…312
助六・揚巻の比翼塚…312　遊女供養塔…313　葛西囃子の碑…313　成田山不動明王の道標…314
芭蕉の句碑…314　木遣音頭碑…315　浅間山噴火犠牲者の供養碑…316
小松菜ゆかりの里の碑…317　柴又勧農事績碑…318　玄恵井《げんけいい》之記の碑…318
青砥史蹟復興之碑…318　東条一堂先生百年祭記念碑…319　小菅御殿跡の碑…319

第十五章　武蔵野・多摩

御門訴事件記念碑…322　しらし窪墓地の招魂塔…323　御鷹場の碑…323
近藤勇辞世の詩碑…323　山岡鉄舟先生之碑…323　神田上水水源の碑…323
小金井小次郎君追悼碑…325　川崎平右衛門の供養塔…326　小金井桜樹碑…327
柳窪《やなぎくぼ》梅林の碑…328　蔵敷《ぞうしき》高札場の碑…329　一里塚の碑…331　高札場跡の碑…331
甲州道中一里塚の碑…331　仙川一里塚跡の碑…331　近藤勇・土方歳三顕彰碑…331
松原庵星布《せいふ》の墓句碑…331　新藤左右助弔魂碑…332　芭蕉の句碑…333　一里塚の碑…333
八王子千人同心屋敷跡記念碑…334　大久保長安陣屋跡の碑…338　塩野適斉の碑…338
原胤敦《たねあつ》の墓碑…338　石坂弥次右衛門義礼《よしかた》の顕彰碑…338　植田孟縉《もうしん》の碑…338　困民党の碑…339

先覚之碑…340　小谷田子寅《しいん》の碑…340　絹の道の碑…340　蛙《かわず》塚…341　先賢彰徳碑…341
小仏関跡の碑…342　下原刀《したはらとう》鍛治発祥の地の碑…343　孝子長五郎の碑…343
百瀬雲元の筆塚…344　葎草《りっそう》橋の碑…344　青木芳斉の碑…344　ジェンナーの碑…346
木曽一里塚の碑…346　田中丘隅《きゅうぐう》の回向墓…346　五日市憲法草案之碑…347　ところ芋の碑…348
天明義挙記念碑…349　宝暦箱訴事件大丹波村牢死者供養碑…350

あとがきに代えて…351

句碑一覧①（芭蕉）…365
句碑一覧②（其角、嵐雪など）…370

索引…373

まえがき

東京・芝公園を散歩していて、丸山古墳の頂にのぼったところ、突然、屹立《きつりつ》する二個の巨大な、磨かれた茶系の御影石に出合い、木々がこんもりと茂った、こんなところに石碑が、と驚いたことがある。四辺形の一つには日本列島の大地図が浮き彫りにされ、もう一つの石には、伊能忠敬の功績を記した銅のプレートがはめこまれてあった。

こんなことがきっかけになって、人体図が刻まれた蘭学事始の地の碑、赤富士が描かれた北斎の記念碑、碑文全文が点字で刻まれている杉山検校の碑など、通りすがりの碑に関心を持つことになり、江戸の世界が、現代という地表の、すぐ下に身近に広がっているように感じられた。

街で見かける碑は、古代、封建、近代、現代のものなど、多岐にわたるが、東京都内の市区町村ごとに発行されている『文化財の手引き』『史跡と観光』などを、また、文化財に指定されていない碑については、その他の資料を手がかりに、江戸時代にかかわる碑を見てみようと、カメラ、地図を手に尋ね歩いた。

人物の顕彰・追悼碑、歴史的な事柄の記念碑、句碑や歌碑に加え、碑文が刻まれた墓碑など、江戸時代の関係碑は五百基を超えた。

毎日というわけにもいかなかったが、このごろはやりの東京散歩である。二〇〇〇年ころから始めた石碑探訪だったが、あらかじめリストアップしていた碑を全部回るのに、七、八年かかった。江戸のころからの盛り場だった浅草、向島、深川などの隅田川沿いや、日本橋から銀座、芝へ向かう東海道筋には比較的多く、通いつめて、捜し歩いたところだが、下町・都心から奥多摩まで、都内各地へ電車やバスを乗り継いで、写真を撮り、碑文をメモりながら回った。

著名人や歴史的事業の顕彰・記念碑がある一方で、民衆にかかわる碑は大方、悲愁の物語を伝えている。大火による夥しい数の犠牲者、餓死・行き倒れ・海の遭難、宗教や学問の自由を奪われての拷問死、遊女たちの渡世の苦行、農民の年貢軽減の直訴など、苦闘の歴史が綴られている。江東区の木場と深川牡丹にある津波警告の碑、品川区南品川にある津波溺死者供養塔、そして、安政の大地震で壊滅した三十三間堂跡の碑（江東区）などからは、人々の恐怖の悲鳴が伝わってくる。

江戸・武蔵野歩きのガイドブックとしてお役に立てれば、幸甚である。

区市町村の文化財担当、ならびに碑を管理されておられる神社・寺院など関係の方がたにいろいろとご教示をいただきました。ありがとうございます。

出版にあたっては、けやき出版代表の清水定さん、同社編集部の宮前澄子さんにはお世話になりました。厚くお礼申し上げます。

古賀牧人

二〇一二年　夏

本書を読まれる方へ

一、東京（島嶼を除く）を、つぎの十五ブロックに分けた。ひとまとめの範囲を、市区町村ごとの行政区域よりも大き目の範囲にした。
①日本橋・銀座・築地　②芝・三田・高輪　③五反田・品川・大森　④九段・神田・湯島・本郷・小石川　⑤青山・渋谷・目黒・世田谷　⑥四谷・新宿・早稲田　⑦中野・杉並・練馬　⑧巣鴨・板橋・大塚・池袋　⑨赤羽・王子・滝野川　⑩谷中・上野・日暮里　⑪浅草　⑫深川・城東　⑬本所・向島　⑭千住・足立・江戸川・葛飾　⑮武蔵野・多摩

二、碑の所在地が別々でも、関連する碑については、併せてコメントしたほうが、ダブらず、分かりやすくなる場合は、一本にまとめた。たとえば、神田青果市場発祥之地、京橋大根河岸青物市場跡の碑、千住ヤッチャバ紀念碑、駒込土物店縁起の碑は、いずれも青物市場の起こりを記念する碑であるから、「神田青果市場発祥之地の碑」の項にまとめた。
この場合、たとえば、京橋大根河岸青物市場跡の碑についていえば、所定の「日本橋・銀座・築地」ブロックの碑名一覧に「京橋大根河岸青物市場跡の碑」の碑名だけは明記し、コメントは神田青果市場発祥之地の碑の項へ、ということを表すため、「京橋大根河岸青物市場跡の碑→神田青果市場発祥之地の碑」とした。

三、関連する碑について、一本にまとめない場合は、それぞれのコメントの末尾に※印で関連の碑名を追記した。たとえば、蘭学事始の地の碑（中央区）は、杉田玄白らが『解体新書』をつくりあげた場所の記念碑。観臓記念碑（荒川区）は、杉田玄白らが解剖を実地に行った場所の記念碑。相互に関係しているので、末尾に※印で関連碑名を追記した。

また、碑文、古文書、古書籍の引用に当たっては、原文を損なわない範囲で、適宜、句読点、読み仮名等を使用した。

第一章　日本橋・銀座・築地

日本橋由来記の碑（中央区日本橋一―一）

橋の銀座側たもとに建っている。日本橋の欄干をかたどった台の上に碑石を載せ、瓦ぶきの屋根がある。

碑石には、広重の錦絵『日本橋』を浮き彫りにした銅版、由来記を刻んだ銅版がはめ込まれている。文語調の由来記を現代風に改めると――

日本橋は江戸一番の名所で、世界的に有名である。

幕府は慶長八年（一六〇三年）、諸大名に命じて、城東の海を埋め立てて市街地とし、街道を通して、初めて本橋を渡した。人呼んで「日本橋」といい、ついに、それが橋名となった。同九年、諸街道に一里塚を築くことになり、日本橋がその起点となった。すでに江戸繁華街の中心であったことはいうまでもなく、たもとに高札場などが置かれたのも、そのような理由からであった。古い記録によると、元和四年（一六一八年）に改架した橋の長さは三十七間余、幅四間余で、その後の改架は十九回に及んだ。

徳川期の繁栄時代、日本橋付近は豪商が甍《いらか》を連ね、魚市あり、酒蔵ありで、雑踏沸くように、昼夜分かたず、橋は人の流れが絶えない。

富士が遙かかなたに秀麗の容姿を現し、近くには白帆が青い波に映えている。その風景は、上の銅版に浮き彫りされた広重の錦絵そっくりだ。

明治を迎え、すべてが新しくなるなかで、日本橋も明治四十四年三月、新装になり、今日に至っている。

橋畔に碑を建て、由来を刻み、後世に伝えるのである。

昭和十一年四月

日本橋区

史料によると、日本橋高札場は、由来記の碑が建っているあたりの南詰にあった。「大高札場」と呼ばれ、幕府からの達しが掲示された。大高札場は江戸府内ではこのほか、常盤橋、浅草橋、半蔵門、筋違橋（神田須田町の神田川にかかっていた橋）、札の辻（高輪の大木戸）の六カ所。吉原遊廓の大門前や渡船場など三十五カ所に、諸藩や部将などからの触れを掲示する高札場があった。

日本橋の大高札場の、街道をはさんで反対側には「さらし場」があった。殺しや強盗、放火犯などがさらし者になっていた。橋のたもとには番小屋があって、番人が交通整理に当たっていた。

日本橋の北詰、室町側には魚市場が川沿いに東へ延び、せり声もにぎやかに繁盛を極めていた。

日露戦争後の改架で近代的な石橋に変わった。東京美術学校（東京藝大）が、委嘱されてつくった、橋中央の道路原標には獅子とキリンの像が配されている。獅子は威厳を、キリンは平和のめでたさを表している。方柱の紋様には松と榎が用いられている。日本橋を起点に全国へ走る諸街道の並木、一里塚に植えられた樹木にちなんだものだ。橋柱の「日本橋」の文字は十五代将軍・徳川慶喜の筆。

※関連する碑　蔵敷《ぞうしき》高札場の碑、日本橋魚河岸記念碑、一里塚の碑（八王子）

日本橋魚河岸記念碑（中央区日本橋室町一―八）

日本橋北詰の東側にある。竜宮の乙姫をかたどった石像が台石に載っている。台石の中央の銅版には久保田万太郎の撰文、豊道春海の書で由来記、左右には、江戸時代の日本橋魚河岸風景が鋳刻されている。その終わりに万太郎の一句、

東京に江戸のまことのしぐれかな

徳川家康の江戸開府以来、魚介類を上納させていた佃島漁民の漁獲量が伸びて、市場へ出荷できるようになってきた。開府後まもない慶長の終わりころ、佃島名主の三代目・森九右衛門が日本橋のたもと、本小田原町の河岸に魚市場を開いたのが始まりだった。

『江戸名所図会』は書いている。

「船町・小田原町・安針町等の間悉く鮮魚の肆《いちぐら》なり。遠近の浦々より海陸のけぢめもなく、鱗魚をここに運送して、日夜に市を立てて、甚だ賑へり。

鎌倉を生きて出でけんはつがつを　芭蕉

帆をかぶる鯛のさわぎや薫る風　其角」

手狭になったこともあり、関東大震災で焼失したため、一九二三年（大正十二年）十二月、築地へ移った。

※関連する碑　佃島渡船跡の碑

秤座跡の碑（中央区日本橋三―七）

高島屋南側にあるビルの谷間の植え込みのなかにある。

全国の秤の基準の統一を図るため、幕府の許可を受け、製造・検査・販売などの権利を独占した事業所＝秤座は、江戸と京都にあった。

甲斐の武田氏に仕え、秤製造を業としていた守随《しゅずい》家の二代目・彦太郎信義が出府し、徳川家康に願い出て、一六五三年（承応二年）、幕府公認の秤商になったことに始まる。その後、幕府は東国三十三カ国を江戸の守随家、西国三十三カ国を京都の神家に分業させることになった。守随家は兵三郎、神家は善四郎が秤座の初代としてスタートした。

幕府は織豊政権時代の制を受け継ぎ、桝座《ますざ》は別に置いて、樽屋藤右衛門に許可し、物差しの製造は民間にまかせた。秤・桝は年貢高を測定することと関係があったから、取り締まりは厳しく、偽造には獄門の極刑をあたえた。

江戸・秤座の始めは京橋具足町（京橋三丁目）に置かれ、一八四二年（天保十三年）から、いま碑がある日本橋箔屋町（日本橋三丁目）に移転した。

明治政府が一八七五年（明治八年）、度量衡条例を制定・施行したことにより、秤座などは廃止された。

三浦按針屋敷跡の碑（中央区日本橋室町一―一〇）

室町一丁目の中央通りから昭和通りへ向かって、五、六十米《メートル》入った左側にある。

碑面の上部に「史蹟　三浦按針屋敷跡」、その下の碑文はつぎのように刻まれている。

「ウィリアム・アダムスは西暦一五六四年、イギリスのケント州に生まれ、慶長五年（一六〇〇）渡来、徳川家康に迎えられて、江戸に入り、この地に屋敷を給せられた。

造船・砲術・地理・数学等に業績をあげ、ついで、家康・秀忠の外交、特に通商の顧問となり、日英貿易等に貢献し、元和六年（一六二〇）四月二十四日、平戸に歿した。

日本名　三浦按針は、相模国三浦逸見に領地を有し、また、もと航海長であったことに由来し、この地も昭和初年まで按針町と呼ばれた」

一五九八年（慶長三年）、オランダ艦隊は東インドへの航路開拓のため、ロッテルダム港を出帆、アフリカ西海岸を南下し、マゼラン海峡から太平洋へ出た。アダムスが航海長をつとめる同艦隊は、悪天候に巻き込まれ、艦隊五隻は四散し、アダムスが乗っていたデ・リーフデ号は一六〇〇年（同五年）六月、豊後（大分県）佐志布に漂着、上陸後、大坂城に家康を訪ねた。（佐志布は、佐賀関半島南岸の佐志生のことか）

アダムスは、家康の質問にイギリスのことなど、知っている海外事情を説明し、信頼を受けて、江戸に迎えられた。

アダムスは、日本橋の名主・馬込勘解由《かげゆ》の娘と結婚、一男一女をもうけ、日本橋の屋敷に住んだ。

屋敷の実際の位置は、碑のある場所よりもう少し南寄りのところだが、土地所有者が昭和二十年代に土地を売却したため、碑は移動している。

平戸にイギリス商館を開設するのに尽力し、日英貿易の礎石を築いた。

其角《きかく》住居跡の碑（中央区日本橋茅場町一―六）

永代通りの地下鉄・茅場町駅近くの銀行店舗前の歩道わきにある。

一九七〇年（昭和四十五年）、日本勧業銀行の横田郁《たかし》頭取（当時）が建てた。文久二年の『江戸古地図』でみると、裏茅場町にあたり、薬師堂隣に其角が結んだ庵「芭蕉堂」が載っている。

俳人・其角は一六六一年（寛文元年）、江州（滋賀県）膳所《ぜぜ》藩主・本多下野守《しもつけのかみ》の侍医・竹下東順の子として江戸堀江町に生まれた。日本橋堀留町あたりである。

十五、六歳のころ、蕉門に入り、早熟の俳人として聞こえ、二十三歳のとき、『虚栗《みなしぐり》』を編んだ。堀江町から南西へ一里ほど離れた茅場町にある山王権現と薬師堂の広い社寺領隣に草庵を結んで、俳諧三昧の暮らしを送った。草庵を「芭蕉堂」と称した。碑はその跡地に建てられた。

芭蕉没時の元禄なかば、三十歳すぎころは江戸蕉門の代表者としての地歩を確立、一六九四年（元禄七年）、芭蕉終焉記『枯尾花』を刊行した。

九三年（同六年）八月、東順歿し、二本榎（港区芝）の上行寺へ葬送のさい、

一鍬に　蝉も木の葉も　落葉かな

と詠んだ。

赤穂浪士切腹の日、弟子筋にあたる富森春帆（助右衛門）、大高子葉（源吾）、神崎竹平（与五郎）の三人をしのび、悲嘆に暮れ、

うぐひすに　此芥子酢は　なみだ哉

ウグイスが鳴く、静かな春の日に、突然、悲報を耳にして、胸つぶれる思い。いっぱいやっている酒のさかなの、このからし酢が涙を誘うように、泣けてくる、と詠んでいる。

元禄期の華麗さを取り入れた作風を創造し、「江戸座」と称する一派をひらいた。

一七〇七年（宝永四年）二月歿。四十六歳。墓は上行寺。

玄冶店《げんやだな》跡の碑（中央区日本橋人形町三―八）

人形町三丁目の交差点の角にある。碑には「玄冶店跡由来」としてつぎのように説明している。

「江戸時代、この地に住んだ名医、岡本玄冶（一五八七～一六四五）にちなんで、玄冶店という。

玄冶は京都に生まれ、元和九年（一六二三）、幕府の医官となり、法眼から法印に進み、啓迪院《けいゆういん》、諸品などと号した。寛永六年（一六二九）、三代将軍家光が疱瘡を病んだとき、万人が躊躇した酒浴を勇断施術、全快に導いて、一躍、名を高めたという。

子孫も、この地にその職と名跡をつぐこと九代、明治維新の際、地所を奉還したが、玄冶店の名は幕末に、歌舞伎狂言『与話情浮名横櫛《よわなさけうきなのよこぐし》』（切られ与三郎）の舞台になってから一層、庶民に親しまれ、

芝居名所の一つとして今日にいたっている。
　河竹　登志夫　識」

人形町三丁目町会が建てたものである。

与三郎は、お富と密会している現場を赤間源左衛門に見られて、なぶり斬りに、お富は海に身を投げる。

三年後、命をとりとめたお富は、玄冶店の横町に妾宅を構えていた。そうとは知らぬ与三郎が、相棒の蝙蝠安《こうもりやす》とユスリに入る。「しがねえ恋の情けが仇……」という、黒板塀に見越しの松の源氏店が、この玄冶店である。

玄冶なる男が、自分の地所に家を建て、貸していたので、「店《だな》」と呼ばれるようになり、いつしか地名になった。

江戸伝馬町牢御揚場跡の碑（中央区日本橋小伝馬町三―五）

十思《じっし》公園に隣接の大安楽寺境内にある。

江戸時代の刑務所である。江戸唯一の刑務所であったから、総面積二千六百十八坪（八千六百三十七平方メートル）、約九十メートル四方の大規模な牢屋であった。

内部は、入牢者の身分によって分かれ、旗本の犯罪人は「揚屋敷」、武士、僧侶は「揚場」、平民は「大牢」、農民は「百姓牢」、女性は「女牢」といった具合になっていた。

三代目牢屋奉行「石出常軒」の碑が足立区の西光院（千住曙町二―七）にある。一六九一年（元禄四年）に建てられたもので、常軒（一六一五～一六八九年、元和元年～元禄二年）の事績が漢文体で刻まれている。

本名は石出深吉。世襲制の牢屋奉行の役宅は、江戸伝馬町牢御揚場の一角にあった。奉行を退いたあとは、生地に近い牛田の里（千住曙町）に隠棲し、西光院を開き、高僧を招いて、信仰に専念した。

明暦の振袖火事のさい、浅草の善慶寺（台東区元浅草四―六）の境内を三日後の集合場所にして、囚人を臨機応変、牢から放したエピソードを残している。歌人としても知られている。

※関連する碑　浅草見附跡の碑

吉田松陰先生終焉之地の碑（中央区日本橋小伝馬町五―二）

十思公園にある。三基の石でつくられ、中央の主碑には辞世の歌が刻まれている。

身はたとい　武蔵の野辺に　朽ちぬとも　留置かまし　大和魂

右の副碑には「松陰先生終焉之地」とあり、背には、碑石が松陰の故郷で掘り出された石であることを記している。

左の碑には松陰の事績が述べられている。

「吉田松陰先生は天保三年、長門の国・萩の町はづれ、松木村に生まれました。

兄弟思ひ、親思ひ、忠義の志の厚かった人です。

小さい時、父や叔父の教を受け、熱心に勉強して、兵法の先生になりました。それから、日本中を旅行したり、多くの書物を読んだりして、一層、修業を積み、ある時はアメリカの軍艦に乗って、外国の研究に行こうとしたこともありました。

のち、郷里の松下村塾で、多くの人を教えましたが、その門人の中から木戸孝允、伊藤博文、山縣有朋をはじめ、忠義で、えらい人がたくさん出ました。

先生は、天子様に忠義をするために、幕府をあなどったというので、安政六年、伝馬町の牢屋に入れられましたが、その年の秋、この地でりっぱな最期をとげました。時に三十歳でした。

先生のまごころは永く、この土地、この世に留まって、忠義な人が次々出るのを願っています」

「幕府への御忠節は即ち天朝への御忠節にて二つこれなく候」（山口県教育会編『吉田松陰全集』八）と述べるほどの尊王絶対論の松陰だったが、勅許なしで通商条約を締結した伊井大老による安政の大獄に直面して以降、思想が変わった。「今の幕府も諸侯も最早、酔人なれば、扶持の術なし。草莽崛《そうもうくっ》起《き》の人を望む外頼みなし」（同上九）と、一転して幕府批判を強めるようになった。

孝明天皇の攘夷、幕府の開港論が対立するなかで、全国の動きでも、本来、別々だった尊王派と攘夷派が一つになり始めた。

松陰は組織から離れ、孤立的立場をあえて守っていたため、倒幕運動からは遠い地点にいた。

処刑のときが近づいたのを知った十月二十五日夜、『留魂録』を書きあげた。その冒頭に「身はたとい……」の歌がおかれた。二日後の二十七日、処刑された。

高杉晋作、伊藤博文らは一八六三年（文久三年）、松陰の亡骸を千住小塚原の回向院から世田谷若林に改葬した。

禁門の変（一八六四年＝元治元年）後の長州征伐のさい、幕府によって墓は壊され、江戸藩邸も没収された。藩邸員は拘禁され、諸藩に預けられたが、多くは預け先で病死した。木戸光允らによって一八六八年（明治元年）、墓所が修復され、預け先で病死の四十五人を祭る長州藩没収事件関係者慰霊碑が同所に建立された。

松陰神社の近くには井伊直弼を祭った豪徳寺がある。

両国広小路記念碑（中央区東日本橋二―二六）

両国橋西詰近くのグリーンベルトのなかにある。

碑の表には江戸切絵図（日本橋北・内神田・両国浜町）が刻まれ、碑文は、由来と旧跡保存のために建立したことを記している。中央区日本橋両国町会が一九六九年（昭和四十四年）に建てた。

碑文の趣旨は――江戸の市街の大半を焼失し、十万余が焼死した一六五七年（明暦三年）の大火のさい、日本橋両国界隈でも多数の死者が出た。避難の

両国広小路記念碑

便を図るためということもあって、両国橋が五九年（万治二年）、初めて架橋され、延焼防止のために橋西詰一帯を空き地にした。

火除け地が、江戸三大広小路の一つとして上野、浅草なみの盛り場になった——

明暦大火をきっかけに、幕府は、江戸にこの年から新都市計画を実施、市街整理・火除け地設置にのり出し、土蔵造りをすすめた。定火消し役を設置したのは五八年（万治元年）だった。

行灯《あんどん》、燭台、薪、木炭などに光熱源を求めていた時代だったので、四季を通じ「失火に厳重注意」のお触れを出していた。封建的抑圧のなかで鬱憤《うっぷん》晴らしの放火犯が頻繁に横行したといわれている。

「江戸の華」といわれ、江戸時代を通じて二百件、歴史にのこる大火は、振袖火事、目黒行人坂大火（一七七二年＝明和九年）、芝の大火（一八〇六年＝文化三年）の三大大火はじめ八十六件である。

堀部安兵衛武庸《たけつね》之碑　（中央区八丁堀一—一四）

亀島橋の西詰の植え込みにある。碑文は、要旨つぎのように述べている。

越後・新発田五万石の溝口藩・中山弥次右衛門の子として一六七一年（寛文十一年）に生まれた。一六八八年（元禄元年）、十七歳で江戸の念流堀内道場に入門、九一年（同四年）、二十歳から玉水一刀斉道場師範、九四年（同七年）二月、高田馬場で叔父・菅野六郎左衛門の仇を討つ。二十三歳。その後も京橋・水谷町（昭和初めころまでの八丁堀一丁目の町名）の儒者・細井次郎太夫家に住み、浅野家臣・堀部家の妙と結婚、堀部安兵衛武庸となった。

一七〇一年（同十四年）十月から、本所林町で長江長左衛門の名で剣道の指南にあたった。〇二年（同十五年）十二月十四日、赤穂義士の一人として吉良邸を襲い、仇討ちを果たした。翌年二月四日歿。三十一歳。法名・刀雲輝剣信士。八丁堀一丁目町会が一九六九年八月に建立した。

住まいを世話してもらい、玉水一刀斉道場の師範に紹介され、そして、菅野六郎左衛門の甥としての縁結びをしてもらったことなどは、縁者・細井次郎太夫の骨折りであった。

菅野老人が村上庄左衛門から受け取った果たし状の日・二月十一日朝、水谷町から高田馬場へ走るのである。決闘の場へ急ぐ途中、喜久坂下の酒屋で桝《ます》酒を一杯ひっかける話は、講談などでおなじみ。果たし合いの現場になった西早稲田の水稲荷神社（三―五）に「堀部安兵衛之碑」がある。

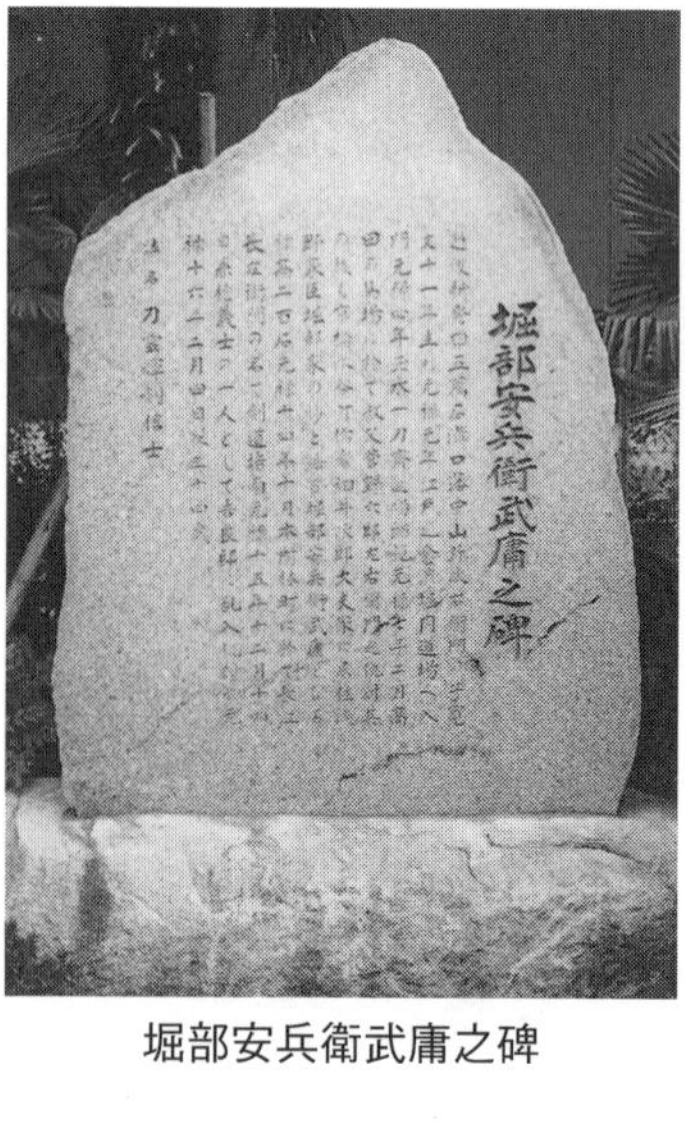

堀部安兵衛武庸之碑

安藤広重住居跡の説明板（中央区京橋一―九）→初代安藤広重の記念碑（三一一ページ）

江戸歌舞伎発祥の地の碑（中央区京橋三―四）

京橋の首都高速道路下の歩道わきに建っている。つぎのような碑文である。

「寛永元年二月十五日、元祖猿若・中村勘三郎、中橋南地と言える此地に、猿若中村座の芝居櫓を上ぐ。

これ、江戸歌舞伎の濫觴也。

茲に史跡を按じ、斯石を鎮め、国劇・歌舞伎発祥の地として、永く記念す。

昭和三十二年七月　建立

江戸歌舞伎旧史保存会」

銀座中央通りと、東京駅方面からの八重洲通りとの交差点に中橋がかかっていた。「日本橋より四丁南なり。これより京橋へ四丁あり。両橋の真中なる故、中橋という」（『江戸砂子』）

『新撰東京名所図会』の中村座のくだりを、現在風に記してみると――日本橋蠣殻町近くの堺町に住んでいた狂言座元の始祖として知られる中村勘三郎が幕府の許可を得て、寛永元年（一六二四年）二月十五日から中橋に、開演のときに打ち鳴らす太鼓櫓を建ち上げ、猿若狂言づくしの芝居を興行し

江戸歌舞伎発祥の地の碑

た。これが江戸での通年公演の始まりである。

寛永九年、禰宜町（いまの人形町の近く）に移転、二十年ほど後の慶安四年（一六五一年）、中村勘三郎が住んでいる境町へ移った。

とはいえ、徳永種久の紀行文に『元和三年（一六一七年）五月、中橋に狂言踊り浄瑠璃、糸あやつりの芝居』との記述があることから、江戸芝居の始めということはできない。また、和泉国（いまの大阪府）の堺に住む町人、虎屋次郎右衛門（別名・小太夫、のちに薩摩太夫と改め、仏門に入って浄雲と号した）が江戸に来て、中橋で操り芝居を興行したのも寛永（一六二四〜四三年）のころであった。勘三郎の中村座とどちらが先か、即断しがたい。薩摩浄雲は、浄瑠璃を最初、沢角《さわずみ》検校に習い、多くの新作を発表、一派を形づくった。江戸浄瑠璃太夫の始祖とされている。

中橋広小路には、観客が出入りする門があって、東西の両角には小川　環菊《たまぎく》という待合茶屋があった。常時にぎわっていたが、夏は大山参りがあって、とくに雑踏を極めた。

『狂歌江都名所図会』に左のような歌がある。当時のにぎわいを想像できるようだ。

人浪の　よせて小川へ　落合ぬ　浮た相談　沈む内談
にえかえる　夏の日くれて　涼しさに　暑さ埋地の　小川　鈨菊《たまぎく》（原文＝引用者）」

京橋記念碑（中央区京橋三―五）

中央通り三丁目の歩道わきにある。

高さ二メートル余の石の擬宝珠《ぎぼし》欄干の親柱で、つぎのような碑文の記念板がはめこまれている。

「京橋は古来より、其の名著《あら》はる。創架の年は慶長年間なるが如し。
明暦以降、屢々架換へられる。大正十一年末、現橋に改築せられる。
此の橋柱は、明治八年、石造に架換へられたる時の擬宝珠欄干の親柱にして、橋名の書は、明治の詩人、佐々木支陰の揮毫に係るものなり。
　昭和十三年五月」

日本橋から東海道を進み、最初の橋が中橋、つぎが京橋であった。中橋は、三代将軍・家光の正保年間（一六四四～四七年）に広小路を造るため、紅葉川が埋め立てられ、なくなったから、その後は京橋が最初の橋になった。京都へ向かう橋ということから、この名がついたといわれ、一説には、江戸開府のころ、京都の業者が橋詰で遊女屋を営んでいたからともいわれている。遊女屋は遊女町へ変わり、京橋川左岸の炭町、柳町にひろがり、一六一七年（元和三年）、吉原遊廓ができ、吉原へ移転するまで存続した。

浮世絵師・広重の名作『名所江戸百景』のなかの「京橋竹河岸」に見られるように、京橋川左岸は竹材の集散地として栄えた。竹竿が房総など関東各地から舟で集まり、大八車を引いた、仕入れの竹商人でにぎわう街になった。

広重の住まいは、いまの京橋一丁目あたりにあった。

京橋は、京橋川が埋め立てられた一九六四年（昭和三十九年）ころ、姿を消したが、そのときの欄干親柱を、そのままの形で建てた記念碑である。

旧京橋の記念碑は、このほか、銀座一丁目二番地先と同一丁目一一番地先にあり、旧京橋の三カ所の橋詰に建っている。

擬宝珠を飾った橋は、江戸では日本橋、京橋、新橋の東海道の三橋だけだった。

画家・岸田劉生は随筆『新古細句銀座通』で昭和二年ころの京橋風景を書いている。

「京橋づめが池田茶舗、この店も古く、昔は店の奥に真黒な茶壺がならんでいて、古風ないい店であった。茶を買いに入ると、きっといい煎茶を出してくれた。看板は昔ながらの形をのこしている。

ふと見れば、京橋のかなたには、相互ビルディングが、き然と聳えている。夜はようやく町々をこめて来て、橋の柱の上の燈籠の火がようやく濃くなって来た。大根河岸のバラックも夜ともなれば美しく、何となしに古への東京のおもかげを見せてくれる」

※関連する碑　初代安藤広重の記念碑

京橋大根河岸青物市場跡の碑（中央区京橋三—四）

↓神田青果市場発祥之地の碑（一〇〇ページ）

銀座発祥の地の碑（中央区銀座二—七）

銀座二丁目の中央通り歩道わきにある。「銀座発祥・

京橋大根河岸青物市場跡の碑

の地　銀座役所趾」の題字下に

「慶長十七年（紀元二二七二年、西暦一六一二年）、徳川幕府、この地に銀貨幣鋳造の銀座役所を設置す。

当時、町名を新両替町と称せしも、通称を銀座町と呼称せられ、明治二年、遂に銀座を町名とする事に公示さる。

昭和三十年四月一日　建之

銀座聯合会」

徳川家康は銀貨鋳造所を伏見から京都へ移し、大坂にも置き、駿府から江戸へ移したのは、江戸城に入って二十二年目の慶長十七年。京橋南四丁（いまの銀座一〜四丁目）に鋳造所をつくり、二丁目に銀座役所を置いた。勘定役、平座役、銀見役があり、「座人」などと呼ばれた幕府役人が詰めていた。鋳造所には多数の手代、職人がいて、丁銀、豆板銀をつくっていた。町名は「新両替町」だった。「銀座」は一八〇〇年（寛政十二年）、蠣殻町に移した。「金座」は日本橋本町一丁目、いまの日銀のところにあった。

江戸の大半が焼失した明暦大火（一六五七年＝明暦三年）後、「新両替町」通り（いまの銀座通り）は商店街に変わった。また、染め物屋の紺屋町、弓や鎗づくりの弓町、鎗屋町、鍋・釜製造の南鍋町、竹屋の竹川町、製材の木挽町などの町名が生まれたように、職人の町としても発展した。

常盤橋門跡の碑（中央区日本橋本石町三—一）→浅草見附跡の碑（二一四ページ）

北町奉行所跡の碑（千代田区丸の内一—八）

東京駅八重洲口の再開発前までは、八重洲北口前（丸の内一—一）にあったが、開発後は八重洲北口の日本橋口前にある丸の内トラストタワーの敷地一角へ移動した。

再開発前までの碑は「都旧跡　北町奉行所跡」と刻まれたオルガン型の黒大理石だった。

移動後の新標識は、碑の代わりに、北町奉行所の建物の礎石の一部が置かれている。千代田区教委が再開発に合わせ、奉行所建物の跡地の発掘調査を行い、地中から掘り出された礎石である。

再開発前までの旧碑の大理石は、大丸東京店の一階壁面ガラスを支える石の一部に使われている。

旧碑にはつぎのような説明文が刻まれていた。

「江戸町奉行は徳川幕府の職制の一つで、寺社奉行、勘定奉行とともに三奉行と呼ばれていた。

江戸町奉行は老中の支配に属し、本所奉行、道役、小伝馬町牢屋、寄場奉行、町年寄を統轄した。

その職掌は、江戸府内の行政、司法、警察の一切にわたっていた。定員は二名で、南北両奉行に分かれ、月番で交替に執務したが、時に応じて増減された。

旗本が任命され、役料は三千石、芙蓉間詰で、勘定奉行の上座、輩下に与力、同心などがいた。

『いれずみ奉行』として名高い遠山左衛門尉景元（遠山金四郎）は天保十一年（一八四〇）三月から

三年の間、北町奉行の職にあった。

昭和四十三年十月一日　東京都教育委員会」

江戸開幕から約三十年後の一六三一年（寛永八年）に南、北両奉行所が開設されたのが、江戸町奉行の始まり。いまの千代田区内神田二丁目の鎌倉橋東にあった銭瓶橋《ぜにがめ》（いまは廃止）の北詰めと南詰めに北、南の奉行所があった。都庁、裁判所、警視庁をあわせた職務をもっていた町奉行は、北が月番のときは、南が非番といった具合に、両奉行所でひと月おきに執務していた。月番の方では新しい訴訟事件を受け付けて、処理にあたり、非番の方は前月に受けた事件の整理をしていた。

一六九八年（元禄十一年）の大火で焼失した南は、鍛冶橋（外堀の千代田区大手町一、二丁目境に架けてあったが、いまは廃止）西詰め北角に移った。事件が増えて、一七〇二年（同十五年）に八重洲河岸（東京駅八重洲口近く）に新奉行所が新設された。両奉行所の中間の位置にあたるので、中町奉行所と命名され、三奉行所体制になった。

一七一七年（享保二年）大火などで焼け出され、三奉行所は、いまでいえば、ＪＲ神田駅〜東京駅〜有楽町駅の南側・外堀通りで移動を重ねるが、一七一九年（同四年）には、南が廃止され、中町奉行所を北町奉行所に、北町奉行所を南町奉行所に改名した。北は碑がある東京駅八重洲北口前、南は有楽町駅南側の数寄屋橋北側に位置し、再び、二奉行所体制になった。

両奉行所にはそれぞれ与力二十五人、同心百二十人がいた。同心の多くは八丁堀に住んでいた。

大岡越前守は一七一七年（享保二年）、北町奉行の松野壱岐守助義の後任として赴任したため、北町奉行としてスタートしたが、名称変更など組織のややこしい入れ替えがあって、一七一九年（同四年）以降は南町奉行となった。

※関連する碑　南町奉行所跡の碑

一石橋迷子《いちこく》しらせ石標《いししるべ》（中央区八重洲一―一―一）↓**奇縁氷人石の碑**（一〇六ページ）

数寄屋橋の碑（中央区銀座五―一）↓**浅草見附跡の碑**（二一四ページ）

南町奉行所跡の碑（千代田区有楽町二―八）

ＪＲ有楽町駅中央口前のエスカレーターで有楽町イトシアの地下街へ降りた地下広場の壁にある。朝日新聞社が築地へ移転する一九八〇年までは、「南町奉行所跡の碑」が有楽町の同新聞社社屋の北側歩道わきにあったが、同社屋跡地にマリオンができるなど再開発後は、有楽町のレストラン・レバンテ（同町二―八）前に説明板が建てられ、有楽町イトシアが店開きした後、二〇〇八年、現在地に落ち着いた。

再開発中に、東京都教委による奉行所跡地の発掘調査が行われ、裁判関係の重要書類を保管していたとみられる穴蔵が発見された。

イトシア地下の壁面に、穴蔵の支柱として使われていた木枠を取り付けて展示し、説明板には、南町奉行所跡から発見された穴蔵遺構の木枠と記されている。

寺社奉行、勘定奉行とともに三奉行の一つであった江戸町奉行は、配下の本所奉行、道役（宅地・道路・水道のことをつかさどる役）、小伝馬町牢屋、寄場奉行、町年寄（市中に関する行政全般を担当する役）を指揮し、その職掌は江戸府内の行政・司法・警察のすべてに及んだ。定員は二名。旗本が任命され、役料は三千石、芙蓉間詰で、勘定奉行の上座、配下に与力・同心がいた。芙蓉間詰とは、江戸城に登城した大名や旗本が、将軍に拝謁する順番を待っていた控え室の席次。「雁間詰」「菊間詰」「山吹詰」「芙蓉間詰」などの伺候《しこう》席があった。

名奉行・大岡越前守忠相がいたのは一七一七年（享保二年）二月から三六年（元文元年）八月まで。南町奉行所は、大岡越前守自らの設計といわれ、正門は銀座通りをちょっと日本橋寄りの東向きにあった。
※関連する碑　北町奉行所跡の碑

蘭学事始の地の碑（中央区明石町一〇）

聖路加国際病院近くの交差点ロータリーのなかにある。

本を開いて、立てたような形で、右の赤御影石には『解体新書』のなかの人体解剖図、左の黒御影には「蘭学の泉はここに」の碑文が刻まれている。

「一七七一年・明和八年三月五日に杉田玄白と中川淳庵とが、前野良沢の宅にあつまった。良沢の宅は、この近くの鉄砲洲の豊前中津藩奥平の屋敷内にあった。

二人はきのう、千住骨が原で解体をみたとき、オランダ語の解剖書ターヘル・アナトミアの図とひきくらべて、その正確なのにおどろき、発奮して、さっそくきょうから、この本を訳しはじめようと決心したのである。

ところが、そのつもりになって、ターヘル・アナトミアを見ると、オランダ語をすこし知っている良沢にも、どう訳していいのか、まったく見当がつかない。

それで、身体の各部分についている名をてらしあわせて、訳語を見つけることからはじめて、いろいろ苦心のすえ、ついに一七七四年・安永三年八月に解体新書五巻をつくりあげた。

これが、西洋の学術書の本格的な翻訳のはじめで、これから蘭学がさかんになった。このように蘭学の泉は、ここにわき出て、日本の近代文化の流れにかぎりない生気をそそぎつづけた」

緒方富雄医博の文章、谷口吉郎氏の設計。一九五九年、日本医師学会、日本医学会、日本医師会が

蘭学事始の地の碑

建てた。

※関連する碑　観臓記念碑

慶応義塾開塾の地記念碑（中央区明石町一〇）

蘭学事始の地の碑と並んでいる。幅、奥行きとも約一メートル、高さ〇・五メートルの机を模した黒御影。机中央には、開いた本をかたどった赤御影の石が置かれている。そのページには「天は人の上に人を造らず　人の下に人を造らず」の福沢諭吉の言葉が刻まれている。

机正面には「安政五年、福沢諭吉、この地に学塾を開く。創立百年を記念して、昭和三十三年、慶応義塾これを建つ」。右側の面にはつぎのように刻まれている。

「慶応義塾の起源は一八五八年、福沢諭吉が中津藩奥平家の中屋敷に開いた蘭学の家塾に由来する。

その場所は、これより北東、聖路加国際病院の構内に当る。

この地はまた、一七七一年、中津藩の医師・前野良沢などがオランダ解剖書を初めて読んだ由緒あるところで、日本近代文化発祥の地として記念すべき場所である。

　一九五八年四月二十三日　除幕」

塾生は初め、五、六人だったが、九年後の一八六七年（慶応四年）、芝に移り、時の年号をとって、慶応義塾と名付けた。移転先はいまの町名でいえば、港区浜松町一丁目だった。一八七一年（明治四年）春、三田へ移った。

現在、港区立エコプラザ（港区浜松町一―一三）があるところが、芝の移転先だった。福沢・近藤両翁学塾跡の碑がある。

築地にあった家塾を浜松町に移した福沢諭吉は、新たに塾舎を建設、三田へ移るまでの四年間、激動する維新期に少壮学徒とともに「自ら信ずる文明の主義に據って、学問の独立を護」った（碑文）。

慶応義塾跡を譲り受けた攻玉社は、築地・一橋邸跡から引っ越して来て、一九二五年（大正十四年）に西大崎（いまの西五反田）に移るまで、この地で学校を経営した。攻玉社の創立者・近藤真琴（一八三一～八六年、天保二年～明治十九年）は、大村益次郎の鳩居堂で蘭式兵学を学び、幕府の軍艦操練所の翻訳方をつとめた。その後、軍艦奉行に就任、維新後は兵部省の海軍操練所の教官をつとめるなど、海軍畑を歩いた。戦前の攻玉社は、海軍兵学校の予備校として知られた。

浅野内匠頭邸跡の碑（中央区明石町一一）

一七〇一年（元禄十四年）三月十四日、播州五万三千石の浅野内匠頭長矩は江戸城中の松の廊下での刃傷事件で芝愛宕下の田村右京太夫へお預けになり、即刻処断、その日の夕方、庭先で切腹、遺骸は泉岳寺に葬られた。三十五歳。

家名断絶で没収となった浅野家上屋敷（八千九百坪＝約三万平方メートル）は、いまの聖路加国際病院近くの明石町にあった。碑は、あかつき公園にある。

浅野内匠頭終焉之地の碑（港区新橋四―三一）は新橋四丁目の日比谷通り歩道わきにある。

吉良邸があった地名は、当時は本所一ツ目、その後、松坂町などと変わったが、いまの町名は両国三―一三。本所松坂公園になっていて、なまこ壁の長屋門をまねてつくられたコンクリート塀に囲まれ、園内には「吉良首洗いの井戸」と稲荷さま、「吉良家家臣二十士碑」がある。門前に「赤穂義士遺蹟 吉良邸跡」の碑がある。

「二十士碑」には、犠牲になったつぎの家臣が刻まれている。

小林平八郎、清水一学、新貝弥七郎、斎藤清左衛門、牧野春斎、森半右衛門、権十郎、曽右衛門、大須賀次部右衛門、左右田源八郎、小堺源次郎、大河内六郎右衛門、鳥井利右衛門、須藤与一右衛門、鈴木元右衛門、笠原長太郎、榊原平右衛門、鈴木松竹、杉山三左衛門、清水国右衛門。

吉良の屋敷は二千五百五十坪（約八千四百平方メートル）だったのにたいし、同公園は約百平方メートルだから、遺跡として残されているのは、ごくわずかな土地に過ぎない。

討ち入りのさい、大石主税以下二十四人が乗り込んだ吉良邸裏門に当たる場所（両国三―一九）に「吉良邸裏門跡」の高札が建てられている。

本懐を遂げた統領・大石良雄ら四十七士のうち、寺坂吉右衛門信行をのぞく四十六士は、細川、松平、水野、毛利の四藩の屋敷に、分けて預けられた。

明けて、一七〇三年（元禄十六年）二月四日、切腹を命ぜられ、大石良雄ら十七士は細川邸で、大石主税良金ら十士は松平邸で切腹した。旧細川邸庭園（港区高輪一―一六）の切腹現場が保存され、大きな庭石が置かれてある。

松平邸（港区三田二―五）は、明治期には公爵松方正義の屋敷になっていたが、一九三二年（昭和七年）にイタリア大使館になった。庭園に「大石主税以下切腹地跡」の碑がある。

三田の慶応通りの路地を入ったところに水野邸跡（芝五―二〇）がある。水野監物《けんもつ》の中屋敷があったところで、神崎与五郎、間十次郎ら九士が切腹した。いまは、わずかな植え込みだけが残され、石灯籠が立てられている。

また、武林唯七隆重、間新六光風ら十士は、六本木から麻布十番へ下る坂下にあった毛利甲斐守邸で切腹を遂げた。

このあたりは、古川にそそぐ支流の谷にあたる低地だが、日当たりがいいところから、北日ケ窪町と呼ばれ、毛利家には「芳暉園」と呼ばれる庭園があった。ガケすそから湧く泉水を集めた池があって、池畔に「義士終焉軍神降世址」（通称・義士終焉地の碑）と刻まれた碑があった。

六本木界隈の最近の開発により、「義士終焉軍神降世址」の碑は、個人宅へ移転した。

間新六が本懐を遂げ、泉岳寺へ引き揚げる途中、築地本願寺の塀を乗り越え、境内に身投げした一件にちなみ、本願寺（中央区築地三―一五）に新六の供養塔が建てられている。

自殺未遂のさい、新六は、自身の供養料としての五十両を結びつけた手槍を握っていたという。

※関連する碑　赤穂四十七義士の碑、赤穂義士史蹟碑、赤穂義士遺蹟　吉良邸跡の碑、両国橋の句碑

酒井抱一《ほういつ》の碑（中央区築地三―一五）

築地本願寺境内にある。

篆額は宮内大臣・田中光顕。抱一の事績を記した漢文体の碑文は帝室博物館総長・股野琢の撰書。

一七六一年（宝暦十一年）、姫路城の主・酒井雅楽頭《うたのかみ》の次男として、江戸・神田小川町の酒井家別邸に生まれた抱一は、大名暮らしを嫌い、三十七歳で出家、京都・西本願寺の文如上人の弟子になった。

一八〇九年（文化六年）、江戸の根岸、いまの台東区根岸四丁目の金曽木小学校北側の石稲荷境内に雨華《うげ》庵を結び、隠居して、町人らとつきあい、気ままな生活をおくった。

「鶯村」と号して俳句をよくし、茶道、狂歌、なかでも絵画を得意とし、作画の範囲は狩野、土佐、円山派にまで及び、尾形乾山、光琳に傾倒して、光琳画をきわめ、谷文晁とともにもてはやされた。

文人墨客との交わりは広く、亀田鵬斎、大田南畝、市河米庵、菊池五山とも交友があった。一八二八年（文政十一年）歿。六十八歳。墓は築地本願寺にある。

豊島区の法明寺（南池袋三―一八）境内には酒井抱一朝顔の画碑がある。高さ、幅とも一・五メートル《メートル》ほどの自然石の碑面右手に

　蕣やくりから竜のやさすがた　富久

とあり、左に蕣《あさがお》（＝朝顔）の絵が刻まれ、「抱一暉真筆」とある。碑の背には由来が記されている。

富久は藤原富久、俗称、戸張喜惣次といい、俳人で彫金師。「俳諧をこのみて、この句を碑にせむことを、おもいいでられしが、そのことならずして、文政八年三月五日、みまかりたまひぬ」（碑文）。よって、思い立ち、同九年九月、句碑を建立した、と門弟の秋山千蔵源富寿久は由来を述べている。

富久は文化人と広い交友をもち、酒井抱一、大田蜀山人も雑司が谷の家を訪ねて来た。「見渡せば麦の青葉に藪のそばきつね狸もここへ喜惣次」の狂歌を贈ったのは、蜀山人である。俳人・喜惣次は、雑司が谷・藪そばの四代目主人だったようだ。

※関連する碑　入谷乾山窯元之碑、文晁碑、市河寛斎の墓碑、大田南畝隠語の碑

土生玄碩《はぶげんせき》先生之碑（中央区築地三―一五）

築地本願寺境内にある。本堂に向かって左手にある碑には「土生玄碩先生之碑」と刻まれてある。

土生玄碩は一七六八年（明和五年）、安芸国（広島県）に生まれた。十七歳のとき、京都へ出て、医学を学び、大坂で眼科療法を研究、目の手術の術式を開発して、成功した。一八一〇年（文化七年）、幕府の侍医になった。四十二歳。

一八二八、二九年（文政十一、十二年）に起こった、いわゆるシーボルト事件にまきこまれ、官職を追われ、禁固刑に処せられた。

一八二三年（同六年）に来朝したドイツ人医師・シーボルトは滞日中、長崎郊外に開いた鳴滝塾で医学と診療の臨床講義を行い、聴講に集まった日本の大勢の蘭学者、医師らは、西洋医学に初めて接し、摂取に励んだ。シーボルトと個人的に接する日本の医師や学者も多かった。

一八二八年（同十一年）八月、帰国するシーボルトを乗せた客船が、長崎港で台風に襲われ、激しい強風と大雨に打たれ、難破した。沈没したコルネリス＝ハウトマン号から乗客の荷物が浮上し、海

面に浮き始めた。このなかに伊能忠敬制作の『大日本沿海輿地全図』や徳川家の葵の家紋がついた衣装があるのを、長崎奉行が発見することになり、追及が始まった。

捜査当局は、葵の衣装は、土生がシーボルトに贈ったものであることを突き止めた。白内障手術のさい、必要な瞳孔散大用薬剤を手に入れたく、将軍から拝領した紋服をプレゼントしたものであった。

一八四三年（天保十四年）、釈放されて、深川に住み、子の玄昌の診療を手伝っていた。一八五四年（嘉永七年）八月歿。八十六歳。墓は築地本願寺にある。

（注）シーボルト事件　ドイツの医師・博物学者のシーボルト（一七九六〜一八六六）は一八二三年（文政六年）、オランダ商館の医官として、長崎・出島に着任。任務に就きつつ、日本の自然・人文の研究も始めた。また、長崎郊外の鳴滝《なるたき》に塾を開き、医学と診療の臨床講義を行った。また、商館長ステュルレルの江戸参府に随行する機会もあり、日本の学者と接触した。高良斎、高野長英、伊東玄朴、小関三英、岡研介、二宮敬作ら多数の蘭学者を育て、洋学の水準を高めた恩人と称せられる。任満ちて、二八年（同十一年）十月、帰国するに当たり、携行品のなかに国禁の日本地図その他を発見されて、彼はいったん捕らえられ、国外追放を申し渡されて、帰国した。長崎奉行の追及により、地図を贈った幕府の天文方・高橋景保は逮捕されて牢死、葵の紋服を贈った眼科医・土生玄碩ら多数の門人が逮捕され、処罰された。

シーボルトは帰国後、大著『Ｎｉｐｐｏｎ』を著し、五八年（安政五年）の日蘭通商条約締結にともない、「国外追放」が解除され、翌五九年、再び渡来して、二年余滞在した。

シーボルトの長崎滞在中の愛人・其扇《そのぎ》とのあいだにできた娘・伊禰《いぬ》は、のち、女医・楠本伊禰となって知られた。また、長男のアレクサンダー＝ゲオルグ＝グスターフ＝シーボルトは、五九年、父とともに来日し、のち、駐日イギリス公使館員、明治維新後は、わが国の外務省に迎えられ、日本の外交につくした。

※関連する碑　伊能忠敬の碑

間新六供養塔（中央区築地三―一五）→浅野内匠頭邸跡の碑（四〇ページ）

佃島渡船跡の碑（中央区佃一―一一と、同区湊三―一八）

隅田川の湊側の碑は佃大橋上流すぐの川沿い空き地に、佃側の碑は、同橋上流すぐの沿岸にある佃渡跡児童公園に建っている。高さ五十センチほどの石柱に「佃島渡船」と刻まれている。

一九五五年（昭和三十年）七月でみると、一日七十往復していた渡しだったが、佃大橋が一九六四年（同三十九年）にでき、同年九月二十七日をもって廃止となった。

佃島のもともとは、隅田川河口に風波で吹き寄せられた土砂が堆積して、自然にできた寄洲《よりす》。旧佃島は、いまの佃一丁目全域くらいの小さな孤島だったが、寛政年間、埋め立てた石川島と続いて東へ広がり、その後、南の埋め立て地・新佃島とつながり、橋もでき、いまでは佃一、二、三丁目にわたってビルや商店、住宅街が立ち並ぶ大きな離島となっている。「渡しわたれば佃島」（木下杢太郎の詩）の面影はない。

徳川家康が関東入国して、摂津国佃村（いまの大阪市西淀川区佃）の漁師三十四人を招き、島に住まわせた。漁家が建ち並び、地名を故郷の名をとって「佃村」とした。住吉神社も摂津・佃島から分社した。佃漁村の始まりである。家康は漁師に江戸湾や大川（隅田川）の漁業権を与え、漁民たちは、とりたての白魚や貝類を、船で川筋をのぼって、江戸城に納めた。

俳人・其角は詠んでいる。

名月やこゝ住吉のつくだじま

佃島の住人が増え、渡しがいつしか、行き来するようになった。一八七六年（明治九年）八月からは一人五厘の渡し賃をとるようになったが、一九二六年（大正十五年）三月十日、民営から東京市営に移され、無料になった。

江戸名物の佃煮の本場である。いまも老舗が店を構え、買い物客が絶えない。

五世川柳・水谷金蔵の句碑（中央区佃一―一）→初代柄井川柳の句碑（二二〇ページ）

新川の跡の碑（中央区新川一―三一）

児童遊園内にある。

「新川之跡　万治三年（一六六〇）、河村瑞軒伝開鑿此地　昭和二十三年（一九四八）戦災焦土埋之」と刻まれている。

霊岸島の中央に、南北に掘られた運河が新川。延長六百メートル、川幅十〜十八メートル。これによって、霊岸島が霊巌島と箱崎島とに分かれた。新川には、その後、三ノ橋までが架けられた。

沿岸には、「茶碗鉢店《だな》」と呼ばれるほど瀬戸物屋が多く、また、酒問屋が軒を並べ、新川運河は、灘や瀬戸などからの積み荷いっぱいの船が行き来していた。

「新川は　下戸の建てたる蔵はなし　何れ上戸が　目あてなりけり」と狂歌に歌われた。

河村瑞軒（一六一七〜九九年、元和三年〜元禄十二年）は、水路づくりの功労者。伊勢の生まれで、若いころは江戸・品川で車夫をしていたが、のちに、奥羽米回漕のための東北沿岸の海路開発、淀川・中津川の治水・改修工事で功績があった。

若いころ、品川海岸に打ち寄せた精霊流しの茄子や瓜を拾い集め、塩漬けにして、土木工事の飯場で売りさばき、大火後は木曽へ飛んで、木材を買い占め、江戸へ運んで売り払い、莫大な利益を上げた。水路開発者として幕府の重きを得たのは、巨万の富をつくってからのことである。

新川は一九四八年に埋め立てられ、碑は五三年（昭和二十八年）に建立された。

第二章　芝・三田・高輪

溜池発祥の碑（港区赤坂一—一）**→玉川上水記念碑**（一四一ジペー）

明和の大火死者供養墓（港区虎ノ門三—二五）**→振袖火事供養塔**（一六四ジペー）

浅野内匠頭終焉之地の碑（港区新橋四—三一）**→浅野内匠頭邸跡の碑**（四〇ジペー）

仙台藩上屋敷表門跡の説明板（港区東新橋一—六）**→加賀前田家下屋敷跡の碑**（一六七ジペー）

桜田烈士愛宕山遺蹟碑（港区芝愛宕一—一〇）

愛宕山（二六メートル）頂の愛宕神社境内にある。

安政の大獄に憤激した関鉄之助ら水戸藩浪士十七人に、薩摩藩浪士・有村次左衛門を加えた十八人は、一八六〇年（安政七年）三月一日、八重洲の茶屋・山崎屋に集まって、井伊直弼急襲について打ち合わせ、二日夜は品川の遊廓・土蔵相撲で宴をはって、気勢をあげた。

そして、大雪の三日、暁の闇のなかを急いだ。集まった場所が愛宕山であった。神に加護を念じ、桜田門へ。

上巳《じょうし》（後の桃の節句）の日の朝、登城する大名行列が続いた。十八人は見物客にまぎれて、狙い、飛びかかった。大老の首をはね、首をかかえて走る重傷の有村は、祝田橋先の日比谷あたりで力尽き、自害。ほかの十七人も捕らえられ、斬首となった。

彦根藩では、首が遠藤但馬守屋敷で保管されていることを知り、「家臣の首」と偽って引き取った。胴体と首を合わせて、世田谷の井伊家の菩提寺・豪徳寺（豪徳寺二―二四）に埋葬された。

桜田門外の変で、幕府側は、井伊大老をかばって奮戦した護衛の士八人に対し、その責任を追求、刑に処した。のちに八人を顕彰して、建立された「桜田殉難八士之碑」が、豪徳寺にある。

碑の表に「桜田殉難八士之碑」とあり、背には、つぎの通り刻まれている。

「万延元年三月三日　桜田之変死之者八人曰

日下部三郎右衛門令立

河西忠左衛門良敬

沢村軍六之文

小河原秀之丞宗親

越石源次郎満敬

永田太郎兵衛正備

加田九郎太包種

岩崎徳之進重光

今茲二十七回忌辰樹石於先考墓側以表忠節云

明治十九年三月廿八日
従四位勲三等伯爵井伊直憲　識」

井伊直弼を討ちとった水戸藩士の指揮者・関鉄之助の愛妾・伊能《いの》の顕彰碑が小塚原回向院（荒川区南千住五―三三）にある。渋沢栄一書の篆額「烈婦滝本之碑」、漢文体の碑文が刻まれている。一九二一年（大正十年）七月に建立された。

愛媛県に生まれ、江戸・吉原の谷本楼の妓女となった伊能は、「滝本」と名乗り、鉄之助に引かされたのちは、北槙町（中央区八重洲）に囲われていた。

事件後、行方をくらました鉄之助を追跡する幕吏に逮捕され、伝馬町の女牢で激しく拷問されたが、鉄之助の行方、暗殺計画などについて一切、口を割らず、牢内で責め殺された。二十三歳。

鉄之助の墓も回向院にある。

※関連する碑　橋本景岳(左内)の碑

福沢近藤両翁学塾跡の碑（港区浜松町一―一三）→**慶応義塾開塾の地記念碑**（三九ジペー）

最初のオランダ公使宿館跡の碑（港区芝二―二五）

「都旧跡　最初のオランダ公使宿館跡」と刻まれた碑は西応寺にある。一八五八年（安政五年）に結ばれた日蘭通商条約により、五九年（同六年）九月から同寺に宿館が設けられ、クルチウスが初代公使として赴任した。

八年後の六七年（慶応三年）十二月二十五日暁から突発した、芝の薩摩屋敷焼き討ち事件で火は芝から金杉、田町、品川宿一帯へ燃えひろがり、西応寺も全焼。

オランダ公使宿館は伊皿子坂の長応寺（いまの地番では高輪二—一）へ移転した。

英、仏は幕末期の江戸を舞台に外交を競っていたが、オランダは、長崎を拠点にした二百年にわたる対日関係を生かし、新しい日蘭通商を開拓しようと働きかけていた。

スイス、ベルギー、デンマークなどの公使も同寺を宿館にあてていたことがあった。

長応寺は明治の中ごろ、伊皿子の寺を取り払い、北海道へ移転した。

西応寺が再建されるのは、明治十年ころである。

※関連する碑　薩摩屋敷焼き討ち事件の碑

英公使宿館跡の碑（港区高輪三—一六）、**仏公使宿館跡の碑**（同四—一六）

幕府は一八六一年（文久元年）七月、各国公使館を品川御殿山に設置することを決めた。横浜港、品川港に近く、海が一望に見渡せる景観優美の地、江戸では比較的、郊外のままで、当時も依然頻発していた火事による災難を避けられると予想して、諸外国は早くから高輪や品川に陣取っていた。

一八五八年（安政五年）七月に日英通商条約をむすんだイギリスからは、翌年六月に初代公使オールコックが、イギリス公使宿舎にあてられた品川の東禅寺に着任した。同じ五八年の九月、日仏通商条約締結のフランスは、やはり翌年の八月、高輪台の済海寺を公使宿舎とし、ロッシュを初代公使として送り出した。

アメリカは麻布の善福寺、オランダは伊皿子の長応寺、ロシアは三田の大中寺と、このあたりは、英仏の対立、尊王攘夷を映して緊張が走る異国人の街になった。

反幕勢力とともに外交をすすめていた英公使オールコックの東禅寺、それに対し、小栗忠順、栗本鋤雲ら親仏派と幕仏提携をすすめていたロッシュの済海寺とは、距離にしてわずか一キロ足らず。高輪台地は火花を散らすような対日外交の舞台であった。

一方、日本の浪士の蛮行が目立った。

一八六〇年（安政七年）一月七日、オールコックの通訳をしていた通称・伝吉が東禅寺前で浪士に襲われ、斬殺された。同年十二月五日、米公使館の通訳ヒュースケンが麻布の善福寺へ騎馬で帰る途中、薩摩藩士らに襲撃され、殺害された。

翌六一年（文久元年）五月、水戸浪士十数人が抜刀し、鉄砲を構えて東禅寺に乱入、番士や英警備兵と撃ち合い、弾痕がいまも本堂の柱に残っている。

また、六二年五月、同寺を警備していた松本藩の一藩士が、英兵二人を襲撃後、自殺するなどの事件が相次いだ。

東禅寺には「都旧跡　最初のイギリス公使宿館跡」、済海寺には「都旧跡　最初のフランス公使宿館跡」の碑がある。

※関連する碑　タウンゼント・ハリス記念碑

タウンゼント・ハリス記念碑（港区元麻布一―六）

麻布十番通り近くの善福寺境内にある。

碑の上部にはハリスのマスク像がはめこまれ、下に

ON THIS SPOT TOWNSEND HARRIS OPENED
THE FIRST AMERICAN LEGATION IN JAPAN　JULY 7.1856
DEDICATED BY THE AMERICA—JAPAN SOCIETY　DECEMBER 19.1936

と刻まれている。

台座正面には「此の碑は、日米修好通商百年にあたり、同記念行事運営会が復原したものである。昭和三十五年五月十二日」とある。

藤原銀次郎と、滞日中のハリスの秘書役をつとめた益田孝の両氏によって一九三六年（昭和十一年）に建立されたが、太平洋戦争開戦後の一九四三年（同十八年）、同寺の住職・照海師は、この碑を倒し、境内に埋めた。反米ムード、アメリカ色抹消の国策で埋蔵を余儀なくされたが、戦後、新しい台座をつけて、復元された。

タウンゼント・ハリス（一八〇四〜七八）は、日米和親条約を締結したペリーのあとをうけ、一八五六年（安政三年）に来日、着任した最初の日本駐在アメリカ総領事。

着任早々は伊豆・下田の寺で事務を執り、五八年（同五年）、幕府に日米修好通商条約を締結させた。翌五九年、善福寺が日本最初の米公使館にあてられ、ハリス公使らは帰国する六二年（文久二年）四月までの三年間、住んでいた。

米公使館は一八七五年（明治八年）、築地居留地（いまの中央区明石町）に新設され、アメリカ大使館として現在の港区赤坂へ移ったのは一八九〇年（同二十三年）である。

日本近代初等教育発祥の地の碑（港区芝公園一―一）→寺子屋の碑（一三五ページ）

浅岡飯たきの井の碑（港区芝公園一―五）

港区役所庁舎前にある。

区役所庁舎があるあたりは、仙台藩伊達家ゆかりの良源院（増上寺の子院）があったところで、歌舞伎などでおなじみの『伽羅《めいぼく》先代萩』飯《まま》たきの場の舞台である。

コメントするまでもないが、伊達家横領を狙い、幼君・亀千代毒殺の黒い謀略の動きを感じた乳母・浅岡は、膳部から運ばれてくる三度の食事も、わが子・千松に毒味させてから、差し上げるほどの神経のつかいよう。

膳部からの食べ物も信用できなくなると、浅岡は自分で飯を炊いて、差し上げるようになった。

ある日、悪党側の栄御前が、お盆に山盛りのお菓子を届けさせる。亀千代が手を伸ばした瞬間、千松が亀千代の手をおさえ、自分が先に食べる。日ごろからの習慣で毒味したのである。千松は急に苦しみ出し、七転八倒、ついに死んでしまう。浅岡が飯を炊くのに使っていた井戸が、区役所庁舎前に残っている。

万延元年遣米使節記念碑（港区芝公園二—一）

増上寺山門前の芝公園のなかにある。白御影。本を開いて、立てたような形をしている。左の碑面には

「万延元年遣米使節記念碑

The Memorial Monument of The Mission to America in 1860」

右側にはつぎのように刻まれている。

「西暦一八六〇年二月九日（万延元年正月十八日）、新見豊前守正興一行は日米修好通商条約批准書交換の使命をおびて、江戸竹芝より米艦ポーハタンに搭乗、初の使節として米国に赴いた。

副使　村垣淡路守範正の詠にいう。

竹芝の　浦波遠く　こぎ出でて　世に珍しき　船出なりけり

遣米使節渡航より百周年にあたり、日米両国民の友好親善の基礎を築いた、その壮途を、ここに記念するものである。

日米修好通商百年記念行事運営会」

一九六〇年六月

竹芝港に近いということで、この地に建てられた。

正使の外国奉行兼神奈川奉行・新見豊前守正興、副使も、同じ外国奉行兼神奈川奉行の・村垣淡路守範正、監察の目付・小栗豊後守忠順をはじめ佐賀・仙台・長州・熊本などの十藩士ら総勢七十七人のマンモス使節団である。

使節団の護衛艦として咸臨《かんりん》丸が随行し、勝海舟が艦長をつとめた。

一八六〇年三月二十七日、ワシントンで大統領ビュカナンに将軍の親書を渡し、ついで四月三日、国務長官ルイス＝カスと批准書交換をすませた。品川沖に帰着したのは、同年九月二十七日であった。咸臨丸は片道三十七日を要して、江戸～サンフランシスコを往復し、日本船最初の太平洋横断に成功した。

日米修好通商条約については、六年ほどさかのぼる。一八五四年、米英露など列国と和親条約に調印し、下田・函館を開港した幕府は、その後、通商開始を急ぐ列国の要求にたいし、回答を延ばしていた。アメリカ総領事ハリスは、英仏両国が清国を降した余勢で、日本に迫る情勢を幕府に説いて、日米通商条約に調印させた。蘭仏など四カ国も日米条約に準じて、通商条約をつぎつぎ結んだ。

五カ国条約では①公使の交換②函館・神奈川・長崎・新潟・兵庫の開港などを決め、③領事裁判権を許し④輸出入品の税率は協定で決め、関税自主権は認められなかった。ひどい不平等条約だった。

明治になって、条約改正の努力が続けられ、一八九四年（明治二十七年）十一月の日米通商航海条約で治外法権が撤廃され、一九一一年（同四十四年）の新条約で関税自主権がようやく回復された。

使節団が太平洋航行中の三月三日、江戸では、いわゆる桜田門外の変が起こった。大老・井伊直弼が水戸藩、薩摩藩の尊王攘夷派の志士に桜田門外で襲われ、殺害された。

勅許を待たずに、日米修好通商条約に調印し、また、尊王攘夷派の運動に大弾圧を行った井伊大老に対し、水戸、薩摩の浪士は憤激し、暗殺を狙っていたのである。

不平等条約＝日米修好通商条約の批准から百年目の一九六〇年（昭和三十五年）は、さらに不平等な新日米安保条約が締結され、今日に至っている。

咸臨丸が入港したサンフランシスコ港近くのリンカーン公園には「咸臨丸入港百年記念碑」と刻まれた碑がある。サンフランシスコ市・大阪市姉妹都市協会が一九六〇年に建立したもので、碑の文字は中井光次・大阪市長（当時）の筆である。

※関連する碑　桜田烈士愛宕山遺蹟碑

咸臨丸入港百年記念碑
（サンフランシスコ・リンカーン公園）

伊能忠敬の碑（港区芝公園四―八）

芝公園南端の丸山古墳の頂上にある。一辺の長さ約二《メートル》、厚さ五十《センチ》ほどの不等辺四角形の茶色の御影石を二つ、並べた碑である。

一つの碑には「伊能忠敬測地遺功表」とあって、日本列島図を浮き彫りにしてある。

もう一つには、つぎのような碑文がある。

「忠敬先生は一七四五年（延享二年）、上総国に生れて、五〇歳の時、江戸に出て、高橋至時のもとで天文暦数の学を究めた。

先生の卓見と創意とによる測地測量は、一八〇〇年の蝦夷地、奥州街道の実測を始めとして全国津々浦々にまで及び、一八一八年（文政元年）、江戸八丁堀で七四歳をもって没するまで、不屈の精神と不断の努力とによって続けられ、わが国の全輪郭と骨格とが、茲に初めて明らかにされるに至った。

その偉業は引きつがれて、一八二一年、大中小の大日本沿海輿地《よち》全図が完成せられ、その精度の高きことは、世界を驚嘆せしめた程であり、参謀本部測量局の輯成二十万分一地図は、実にこの伊能図を骨子としたものである。

東京地学協会は、その功績を顕彰して、一八八九

伊能忠敬の碑

年、この地に贈正四位伊能忠敬先生測地遺功表を建設したが、不幸にして第二次大戦中に失われるに至った。

仍って、今回、各方面の協賛を得て、この碑を再建した次第である。

一九六五年五月

社団法人　東京地学協会

会長　細川護立」

伊能は全国測量の元標を丸山古墳とし、同古墳からほど近い高輪の大木戸（いまの第一京浜国道沿い）を測量の起点とした。

江東区門前仲町一―一八に伊能忠敬居宅跡の碑がある。一丁目交差点近く歩道わきに建っている。測量へ出かけるさいには、いつも参詣していたといわれる、居宅近くの富岡八幡宮（同区富岡一―二〇）境内に銅像が建立された。六十歳の忠敬が杖先方位盤を手に北陸・蝦夷地へ測量に出発する勇姿である。二〇〇一年十月二十日、除幕式が行われた。

台東区東上野六―一九の源空寺に忠敬の墓碑がある。

※関連する碑　高橋東岡の墓碑

赤穂四十七義士の碑（港区高輪二―一一）

泉岳寺境内にある。

碑面には、亀田鵬斎の撰文ならびに書による、四十七士を顕彰する文章が漢文体で刻まれている。背には、一八一九年（文政二年）三月に建立されたが、碑が、間もなく行方不明になったことが記されている。幕府が好ましく思わず、役人が取り除けたのかもしれない。この碑は、初めの碑からとっておいた拓本をもとに再建したものであると。

主君の仇討ちそれ自体は賞賛されたものの、藩ぐるみによる幕吏への攻撃は、幕府にとっては封建秩序の破壊行為であった。

大石良雄ら一行は、泉岳寺の浅野内匠頭の墓前に吉良の首を置き、本懐を遂げたことの報告を済ませたあと、午後七時ころ、愛宕下の大目付・仙石伯耆守久尚の邸に向かった。一行が泉岳寺へ急いでいる間に、吉田忠左衛門兼亮と冨森助右衛門正因がすでに自首していたから、幕府の中枢部まで事件は知られていた。

本懐成功の報告のため、西へ旅に出された寺坂吉右衛門信行を除く四十六人は、午後十一時ころ、細川、松平、水野、毛利の四藩の邸に分けて、預けられる言い渡しがあって、ひきとられていった。旧細川越中守綱利（熊本城主）邸にある赤穂義士史蹟碑（港区高輪一―一六）には、つぎのように刻まれている。

「正義を愛し、名節を重んずる者は、暫く、ここに歩を停めよ。

此処は徳川時代、細川邸の跡、実に赤穂義士の総師大石良雄等十七名が元禄十六年二月四日、壮烈な死を遂げた現場である。

昭和三十五年三月二十日

自刃せる義士左の如し

大石内蔵助良雄	四五
吉田忠左衛門兼亮	六三
原惣右衛門元辰	五六
片岡源五右衛門高房	三七
間瀬久太夫正明	六三
小野寺十内秀和	六一
間喜兵衛光延	六九
堀部弥兵衛金丸	七七
近松勘六行重	三四
冨森助右衛門正因	三四
潮田又之丞高教	三五
早水藤左衛門満堯	四〇
赤埴源蔵重賢	三五
奥田孫太夫重盛	五七
矢田五郎右衛門助武	二九

財団法人　中央義士会
東京都教育委員会

大石瀬左衛門信清　二七」

赤穂義士史蹟碑（港区高輪一―一六）→**赤穂四十七義士の碑**（六一ページ）

義士終焉地の碑（個人宅）→**浅野内匠頭邸跡の碑**（四〇ページ）

高輪大木戸跡の石塁（港区高輪二―一九）

第1京浜国道の海側歩道にある。十メートルほど四方を石垣で囲んだ、高さ二メートルほどの石塁。一七一〇年（宝永七年）に東海道の両側に造られ、木戸がとりつけられ、開閉できるようになっていた。高札場でもあった。

初めの大木戸・高札場は、元和のころ、田町の三差路にあったが、「江戸の喉首」へということで高輪へ移転。田町の三差路が高札場だったことは、「元札の辻」の名で残っている。

大木戸付近には茶屋が軒を並べ、往来の人々は旅の装いを改め、江戸の送迎者も、この入り口までとされていた。一帯は、人力車、大八車、荷車などがひしめき合い、「車町」と呼ばれていた。

後背地には高輪の丘が続き、前景は海が開け、品川の港を南に望み、波が石塁を洗うほどに渚《なぎさ》が迫って、風光明媚な地であった。

幕末の伊能忠敬の全国測量起点となったことでも知られている。

明治以降、木戸は廃止され、道路の拡幅工事で、いまは東側の石塁だけになった。
※関連する碑　伊能忠敬の碑、四谷大木戸跡の碑

薩摩屋敷焼き討ち事件の碑（港区芝三―三八）

三田の薩摩屋敷は、薩摩藩島津家の上屋敷で、いまの芝二丁目から五丁目までの広大な地域に建っていた。

薩摩藩は一八六七年（慶応三年）十月、三田の屋敷に数百人の浪人を集め、江戸とその周辺で商家の略奪などをやらせ、とりわけ江戸八百八町の人々を不安に陥れた。

ねらいは幕府への挑発であった。関東一円を混乱に陥れ、幕府がもはや治安のうえでも無力になったと見せかけ、民衆の不安を倒幕運動へ転化しようとした。浪人襲撃隊があちこちで挙兵してみたものの、幕府軍にとりおさえられ、制圧されて、不発に終わった。

幕府の勘定奉行・小栗忠順ら強硬派が主張する薩摩藩邸攻撃論を、幕府首脳がうけいれ、浪士討ちとりを下命、幕命をうけた庄内藩など諸藩の兵二千人が、六七年十二月二十五日払暁、赤羽橋に集まり、藩邸に向けて大砲などで一斉攻撃をかけ、屋敷を焼き討ちにした。

『武江年表』は「……藩中より火起こりて、烏烟《うえん》（黒煙＝引用者）天を焦し、砲声しばしば響き渡りしかば、都下の良賤仔細を弁ぜず、急遽慴怕《しゅうはく》（恐れおののき＝引用者）の思ひをなせり」と記してい

る。

急襲された屋敷内の二百人余の浪士は死傷し、一部は逃げ出し、幕府軍に追われ、品川港から薩摩藩船に乗り込み、大坂へ逃走したという。

藩邸をはじめ、当時の町名で芝西応寺町、同金杉町、同材木町、本芝一丁目、二丁目、芝田町五丁目から八丁目まで焼き払われて、「薩摩っ原」と呼ばれた。多数の住民が巻き添えに遭って死んだ。戸板女子短大前にある碑は、一八九二年（明治二十五年）、地元有志によって建てられた無縁供養の墓碑である。

薩摩藩の屋敷に出入りする浪人のリーダー格に国学者の落合直亮《なおあき》がいた。倒幕運動に加わった落合の出身地・多摩郡駒木野村（八王子市裏高尾町）の516号線（旧甲州街道）道路わき（同市裏高尾町四二〇）に、落合の碑がある。碑面には「先賢彰徳碑　尾崎行雄書」とあり、背面には直亮の事績が記され、与謝野鉄幹の歌が刻まれている。

　すかすかし関所の跡の松風に　とこしえ聞くは大人たちのこゑ

直亮（一八二七〜九四年、文政十年〜明治二十七年）は、その後、維新の年に伊那県判事、明治三年には同県大参事に昇進、四年に失脚してのち、陸前志波彦神社などの神官をつとめた。

西郷南洲・勝海舟会見之地の碑（港区芝五―三三）

ＪＲ田町駅近くの第１京浜国道歩道にある。円形の白御影に「江戸開城　西郷南洲　勝海舟　会見之地」と刻印してある。その下の土台石正面に西郷と勝が会見している図を浮き彫りした銅版がはめられている。港区本芝町会が建立した。案内板にはつぎのようにある。

「この敷地は、明治維新前夜、慶応四年三月十四日、幕府の陸軍総裁勝海舟が江戸百万市民を悲惨な戦火から守るため、西郷隆盛と会見し、江戸無血開城を取り決めた『勝・西郷会談』の行われた、薩摩藩蔵屋敷の由緒ある場所です。

この蔵屋敷（現在地）の裏は、すぐ海に面した砂浜で、当時、薩摩藩国元より船で送られてくる米などは、ここで陸揚げされました。

現在は鉄道が敷かれ（明治五年）、更に埋め立てられて、海まで遠くなりましたが、この附近は、最後まで残った江戸時代の海岸線です。

また、人情噺で有名な『芝浜の革財布』は、この土地が舞台です」

徳川軍は慶応四年正月三日、鳥羽・伏見の戦いで惨敗、同月末には、諸侯は追々、江戸から国許へ引き揚げはじめた。

前将軍・徳川慶喜追討の東征軍は、同年三月十五日を、江戸城総攻撃の日と定めた。同月十二日には、東征軍は品川に着いていた。

慶喜は江戸城をすでに出て、恭順の意を表していたが、静寛院宮、輪王寺宮、勝海舟、山岡鉄太郎らの奔走の結果、慶喜謝罪の条件として、江戸城明け渡しなどが決まり、勝・西郷会談が行われたのは、江戸城総攻撃予定日の前日であった。

四月十一日、朝廷軍が江戸城に入り、同月二十一日、接収を完了した。

無血開城に人々は喝采をおくった。しかし、それは近代民主主義社会への変革ではなかった。封建徳川幕藩体制から封建的天皇制社会への移行に過ぎなかった。近代をめざした農民や豪農、町民、知識人の運動を弾圧・圧殺しつつ、封建権力が封建レジームを改良した世直しであった。

※関連する碑　西郷・勝両雄会見の処の記念碑

水野監物《けんもつ》邸跡の碑（港区芝五―二〇）→**浅野内匠頭邸跡の碑**（四〇ページ）

大石主税ら十人の切腹地跡の碑（港区三田二―五）→**浅野内匠頭邸跡の碑**（四〇ページ）

陣幕久五郎の碑（港区三田四―一）→**横綱力士碑**（二四四ページ）

陣幕島之助の碑（港区三田四―一）→**横綱力士碑**（二四四ページ）

元和キリシタン遺跡の道標と碑（港区高輪四―七）

道標は、第1京浜国道の三田三丁目を、品川駅方向へ向かって右側の歩道わき（港区三田三―七―八）にあった。最近、品川駅近くのカトリック高輪教会の庭へ移された。碑と並立している。

三田三丁目の付近に、幕府が一六二三年（元和九年）十二月四日、外国人神父や修士などキリシタン五十人を火刑に処した刑場があった。国道西側の白金、高輪の高台へのぼる斜面が、火あぶりの刑が行われたところで、道標はその刑場を示していた。

二代将軍秀忠がキリスト教を禁じ、宣教師、教徒を追放する「禁教令」を全国に発したのは、一六一三年（慶長十八年）であった。元和九年、家光が三代将軍に就任すると、専制政治がさらに猛威をふるい始め、キリシタンに対する迫害が強まった。

同じ家光時代の一六三八年（寛永十五年）十二月三日にも同じ斜面で処刑が執行されている。処刑地はその後、長い間、空き地のままであったが、時期ははっきりしないが、一空上人がこの地に智福寺を開山した。「寺を創建することによって、キリシタンの霊が浮かばれる」（『一空上人略伝記』）という趣旨だった。

碑は初め、旧智福寺（三田三―七）境内にあったが、高輪教会に移された。碑面にはつぎのように記されている。

「……五十名の男子は、人類の救いのために人を生り《な》給うた神なるキリストに対する、揺ぎなき信仰と熱愛とを証し、火刑の苦しみに耐て、此の地に於て生命を捧げた。

茲に在東京カトリック教徒は、此の事蹟を想起し、此の感銘を石に刻み、彼等の雄々しい霊魂に対して、絶えざる崇敬の念を表掲する」

一九五六年（昭和三十一年）十二月四日に建てられた。

※関連する碑　キリシタン殉教碑、山荘之碑

石村近江記念碑（港区三田四―七）

大信寺にある。

「江戸三味線の開祖石村近江の代々」と刻まれた、一九七〇年（昭和四十五年）建立の記念碑である。

石村近江代々の功績をたたえた田邊尚雄の碑文は、三味線の伝来から始めている。「三絃（日本名は三味線）は第十三世紀に中国の元に起り、第十四世紀末、福建省民によって琉球に伝わり、第十六世紀中頃、貿易船によってわが堺に伝来し、当時、わが琵琶法師によって苦辛研究の末、桃山時代初に、今日見る如き日本に三味線が完成した」

室町時代末期、関西地方ではやった、小唄や民謡などの歌詞を組み合わせた三味線組み歌は、三味線の専門製作師・石村検校らによって作曲され、地唄（上方唄）の起こりとなった。

寛永年間、二代石村近江は京都から江戸に移り、その後代々、石村近江の名を継承、三味線の製作・改造が続けられ、名匠相次いで、多くの名器を世に出し、浄瑠璃、地唄、長唄など邦楽の発展に寄与した。

別の記録に「一五九四年（文禄三年）五月、近衛信尹、薩摩に行き、三味線を聞く」（歴史学研究会編『日本史年表』）とあるのは、「第十四世紀末、福建省民によって琉球に伝わ」った三絃のことであろうか。

また、『武江年表』の「慶長年間記事」には「三味線始めて本邦に渡りしは、永禄の頃にして、泉州堺の津に渡り、瞽者《こしゃ》（目の不自由な人＝引用者）中小路といふもの弾き弘めたりといふ。世上にて一般に弄べるは、元和寛永の頃なるべし。筠庭云ふ、三味線行はれしは慶長頃は一班（一部分）と見えたり。然らば、やゝ広まりたらんは、猶《なお》文禄前と知るべし」とある。

八橋検校顕彰碑が台東区上野公園の不忍池・弁天島にある。

屏風を開いた形の黒大理石中央に「八橋検校顕彰碑」、右面に「八橋検校史伝」、左面に「頌辞」が刻まれている。

碑前には箏をかたどった石が置かれている。

つぎのような「史伝」である。

「俗箏の開祖・八橋検校《やつはしけんぎょう》は慶長十九年、奥州磐城平（現福島県平市）に生る（別に九州・小倉生の説あれども、多くの文献による）。

盲目にして、音楽を志し、未だ在世中の摂州・堺の石村検校、虎沢検校、山野井検校の伝を受けて、摂津に加賀都（後の柳川検校）と城秀（後の八橋検校）の二人の座頭の三味線名手ありと称された人物であった。

その加賀都は三絃独自の本手を作って、独立一流を樹てた。そこで先鞭をつけられた城秀は、潔く三絃を捨てて、一念発起、自らの進路を箏に求めて、従来の雅箏に着目、それをやさしく俗箏として開発し、一般庶民の音曲として、世俗に投ぜんことを念願して、転向邁進することを決意した。

即ち、当時、江戸に在った元善導寺の僧法水を慕って、江戸に下り、筑紫流の箏を学んだ。その後、更に九州に下り、肥前諫早の慶巌寺の玄恕（九州筑紫の善導寺の賢順の門弟）に随身して、奥儀を習得したとの説もある。

その後、寛永十三年（八橋二十三歳）、京都に上り、寺尾検校札下として職格を得て、山住勾当となる。

同十六年（二十六歳）、昇進して、上永検校となり、名を城談と称し、のちに八橋検校城談と改む。若き座頭の三絃名手の一人、加賀都は京に上って、柳川検校となり、座頭の一人、城秀は江戸に下り、後、京に上って、八橋検校となり、俗箏の開山として、一流を開いた。

その八橋の流れを酌む者、相ついで三百余年、箏の音と八橋の名は永遠に絶えないであろう。

八橋検校、慶長十九年生、貞享二年六月十二日歿。享年七十二歳。法号　鏡覚院殿園応順心居士

墓碑は、京都市左京区黒谷山内常光院（浄土宗）に在る」

顕彰碑は一九六六年（昭和四十一年）に建立された。

勝安房邸跡の碑（港区赤坂六―六）→勝海舟生誕之地の碑（二七七ジペー）

第三章　五反田・品川・大森

行元寺にある。

大田南畝《なんぽ》隠語の碑（品川区西五反田四―九）

一八一五年（文化十二年）に建立の碑の表には「念被観音力　還著於本人」と刻まれ、「隠語」というのは、背面に記されている、つぎの漢文調のもの。

癸卯天陽月八日　二人不載九人誰
同有下田十一口　湛乎無水納無糸

「癸卯天陽月八日」は、天明三年（一七八三年）十月八日のことである。陽月は十月の別称。「二人不載九人誰」は「天不載の仇は誰ぞ」と読む。二人不載は天不載、九人は仇と読ませる。「同有下田十一口」は冨吉のことだそうだ。同の下に田が有って「冨」、十一口は「吉」となる。「湛乎無水納無糸」は甚内の意。湛に水無しで甚、納に糸無しで内。

天明三年十月八日、天不載の仇は誰ぞ、冨吉、甚内（を討つ）、ということらしい。

一種のパズル遊びである。蜀山人とも号する南畝《なんぽ》（一七四九～一八二三年、寛延二年～文政六年）の、事柄を遊戯・滑稽化する文学的感性を象徴しているような碑である。文化・文政期（一八〇四～二九年）指折りの狂歌師、戯作者。洒落本、黄表紙、随筆を多く書いた。

幕府の御徒士組《おかちぐみ》の家に生まれ、昌平坂学問所を終え、一時、役人になった。

南畝の碑は多い。墨田区向島一―四の牛島神社に漢詩碑、台東区上野公園に狂歌碑。新宿区西新宿七―一二の常円寺には南畝書の狂歌碑。また、追悼の碑もある。墨田区向島二―五の三囲《みめぐり》神社に野崎車応追悼詩碑、豊島区高田二―一二の金乗院に青柳文蔵追悼碑などがある。蜀山人の狂歌碑（五狂歌師辞世連碑）が向島五―四の長命寺にある。

福沢諭吉記念碑 （品川区上大崎一―一〇）

常光寺にある。

高さ、幅とも一メートルほどの白御影の碑正面にはめこまれた四角い黒御影石に、

「天保五年十二月十二月生
福沢諭吉先生永眠之地
　明治三十四年二月三日死」

と刻まれている。

碑面右には、建碑の由来について、要旨つぎのように記されている。

常光寺は、故人が生前から選ばれていた墓地であった。昭和五十二年五月、福沢家の意向によって、同家の菩提寺・麻布山善福寺に改葬された。よって、最初の墓地を記念し、慶応義塾が同五十三年五月に建立した。

福沢諭吉記念碑

碑面左には「この記念碑は、福沢先生夫妻の柩の上に埋められてあった銘板を、モチーフとして、谷口吉郎君により設計されたものである」とある。

豊前（大分県）中津奥平藩士の子として生まれた。二十一歳、一八五四年（嘉永七年）のとき、長崎へ遊学して、蘭学を学び、翌年、大坂の緒方洪庵の塾に入り、五八年（安政五年）に江戸・鉄砲洲の奥平藩邸内に蘭学塾を開いた。

六〇年に遣米使節、翌年、遣欧使節、六七年（慶応三年）、軍艦購入の幕府訪米団にそれぞれ加わって、欧米事情を見聞した。

六三年、塾を芝の新銭座に移し、六八年（慶応四年）、三田へ移転、年号にちなんで「慶応義塾」と称し、教育に力をそそいだ。

維新後は七三年（明治六年）、森有礼、加藤弘之、西周らと明六社を創立して、『明六雑誌』を発行した。

伊藤博文、井上馨、大隈重信からの依頼もあって、八二年（明治十五年）、日刊新聞『時事新報』を創刊（一九三六年＝昭和十一年まで発行されて廃刊。東京日日新聞に併合）。

著書に『西洋事情』（一八六六年）、『学問のすゝめ』（七二～七六年）、『文明論之概略』（七五年）、『民間経済録』（七七年と八〇年）などがある。

「最大多数の最大幸福」を原理として、社会と個人の幸福の調和を企図する功利主義の立場から、封建的な考え方を批判、明治十年代の自由民権運動に対しては『通俗民権論』『通俗国権論』（一八七八）などにみられるように、「官民の調和」を主張し、活動した。

※関連する碑　慶応義塾開塾の地記念碑、万延元年遣米使節記念碑

孟宗筍栽培記念碑《もうそうたけのこ》（品川区小山一―五）

品川区立後地小学校近くの道路わきにある。

高さ一・二五メートルの碑の表には

櫓も楫も　弥陀にまかせて　雪見かな　　釈竹翁

と辞世が刻まれ、背には「文化三年丙寅十二月」とある。

俳号・竹翁の山路治郎兵衛勝孝は安永期（一七七二〜八〇年）、築地で回船問屋をしていた。園芸、果樹栽培に興味をもっていた山路勝孝は、三田四国町の薩摩藩上屋敷で見かけた孟宗筍に関心をもった。一七九三年（寛政五年）、薩摩から特産物・孟宗竹を取り寄せ、品川領戸越村の別荘で栽培を始めた。付近の農民にもつくることを奨励し、品川と近郷の特産品として商品化に成功した。

孟宗筍農家はその後、目黒、駒場、玉川、千歳、成城、喜多見へとひろがった。

山路勝孝が亡くなった翌年の一八〇六年（文化三年）、子息の三郎兵衛が句碑形式の記念碑を、孟宗筍の最初の栽培地に歯骨を埋めて建立した。

品川台場の碑（港区台場一―一〇）

外国船が伊豆沖はじめ日本周辺の海域に頻繁に出没するようになった一八四八年（嘉永元年）ころから、幕府は洋式大砲の鋳造や砲台の建設計画を進めていた。米使ペリーが琉球、小笠原、浦賀に来航した一八五三年（嘉永六年）から、江戸防衛のため、江川太郎左衛門の設計、斎藤弥九郎の工事監督によって、隅田川河口から三・五キロメートルの海域に六つの砲台築造に着手した。

西洋式築城法でつくられた台場は、いずれも四角い島の形をしており、築造に要した杭木は関東各地の御用材を用い、岩石類は相模、伊豆、安房から取り寄せ、土砂は品川の御殿山、泉岳寺境内、高輪付近の台地を切り崩して、運んだ。

翌五四年四月に第一、第二、第三の品川台場、十一月に地付きの御殿山下砲台と第五、第六の品川台場がそれぞれ完成、大砲などの武器が整備され、据えられた。第四台場は工事半ばで中止された。

いずれも、実際には使用されなかったが、草原に残っている砲台の台座や、石垣に打ち寄せる波の音などが、幕末の物情騒然とした海防状況を、いまに伝えているようである。維新以降は陸軍省の所管に移り、第三（約三万平方メートル）と第六（約二万平方メートル）の台場は一九一五年（大正四年）、東京市に払い下げられ、二六年（同十五年）、国の史跡に指定された。第三台場に「史蹟　品川臺場」と刻まれた、高さ二メートル余の角柱碑が同年、建立された。

第三は港区の行政区域に編入され、自由に出入りができ、散歩コースになっている。東京都の所轄になっている第六は、出入りが禁止されている。第一、第二、第五の各台場は、埋め立てや航路整備のために取り除かれた。

鯨塚（品川区東品川一―七）

八ツ山通りの利田《かがた》神社境内にある。三角形をした石の塚。そばに「鯨塚之由来」を刻んだ石柱が建っている。

それによると、一七九八年（寛政十年）五月一日、大クジラが、折からの暴風雨にもまれながら、品川沖に入り込み、これを見つけた漁師たちは、船を出し、遠巻きにして、天王洲に追い込み、ついに捕らえた。

このことが、江戸中にたちまち広がり、見物客で大にぎわいになり、五月三十日に芝の浜御殿（いまの浜離宮公園）沖に船で曳航、十一代将軍・家斉にご覧にいれた。クジラの背の長さは九間一尺（十六・七メートル）、高さ六尺八寸（二メートル）あった。「由来」は、このように記し、終わりに、俳人・谷素外の一句が刻まれている。

江戸に鳴る　冥加やたかし　なつ鯨

塚は寛政十年に建てられ、塚の背に「明治三十九年九月　再築　島村次郎」とある。

『武江年表』によると、江戸時代、クジラが東京湾にやってきた記録は五回ある。一七三四年（享保十九年）二月、一七七二年（明和九年）四月、この塚が建てられた一七九八年（寛政十年）五月、一八二〇年（文政三年）二月、一八五一年（嘉永四年）四月と、いずれも春の海に迷い込んでいる。

妙蓮寺にある。

丸橋忠弥の首塚（品川区南品川一―一）

十七世紀の中ごろ、江戸を中心に、主人を失い、所領・俸禄をもたない武士＝浪人による陰謀未遂事件が続発するが、その一つに慶安事件があり、その主役の首塚である。

講談『慶安太平記』などでおなじみの江戸の牢人（浪人）・忠弥は、出羽（山形県）の人。宝蔵院流の槍の達人として聞こえ、江戸御茶の水に道場を開いた。

一六五一年（慶安四年）、由井正雪と共謀、家光の死（四月）に乗じ、忠弥は江戸で、由井は駿府で同時に、幕政に不満をもつ牢人勢と決起し、忠弥は江戸城に放火して、老中などを殺害、正雪は久能山を攻め、家康の資産を強奪する企みだったが、未然に探知された。

正雪は自殺、忠弥は同年八月十三日、品川の鈴ケ森の刑場でハリツケの刑に処せられた。同刑場での最初の処刑者とされている。

豊島区高田一丁目の金乗院に墓がある。

忠弥、正雪のもとに集まった浪人は二千人を超えたといわれるから、徳川幕藩体制確立期の一大事件であった。

翌五二年（承応元年）の承応事件も、浪人の陰謀未遂事件であった。やはり、江戸の浪人・戸次《へつぎ》庄左衛門らが江戸市中に放火し、幕府の首脳を暗殺しようとして、これも探知され、処刑された。

幕藩体制確立期に行われた、大名領主制の独立性を弱め、幕府に従属させて、幕府権力を強化するための国替《くにがえ》・改易《かいえき》政策が浪人人口を急増させた。

関ヶ原の戦いや大坂の陣のあと、所領変更の国替、所領没収の改易が行われ、一六五〇年（慶安三年）までの約五十年間に約二百家の大名が潰され、二十家が減封され、投げ出された浪人は六十万人に上った。

幕府は慶安事件を契機に、改易を減じ、牢人の就職あっせんに乗り出すなど、浪人問題の解決につとめた。

慶安事件と同じころの一六五〇年（慶安三年）四月、芝居小屋へ狂言を見にきていた旗本奴・水野十郎左衛門と、満員の客席で派手に渡り合った侠客の町奴・幡随院長兵衛、その長兵衛夫妻の墓碑が、台東区の源空寺（東上野六―一九）境内にある。

長兵衛に手下が投げつけられ、怒り狂った十郎左衛門は、柄に手をかけたものの、町奴勢にひるんで、姿を消すが、後日、「和睦」を名目に招かれた裏三番町の水野邸で、酒責めの策略にかかって斬殺され、長兵衛の死骸は神田川下流で発見される。芝居や講談でおなじみの任侠伝。

長兵衛は浅草・花川戸で、諸家に奉公人を周旋して、口入れ料をとる人入れ稼業をしていたから、源空院と花川戸は目と鼻の先である。短い合口の脇差に、三尺余の大刀を差し、黒木綿の長羽織を着流し、八百八町を練り歩く町奴の頭領だった。

津波溺死者供養塔（品川区南品川四―四）→津波警告の碑（一一六三ページ）

加舎白雄《かやしらお》の墓句碑　（品川区南品川五―一六）

海晏寺境内にある。

信濃生まれの白雄（一七三八～九一年、元文三年～寛政三年）は、本名・加舎吉春。宝暦の末、一七六三年ころ、松露庵烏明について俳諧の道に入り、白雄、春秋庵と号し、のち、烏明の師・烏酔の直門になった。

大島蓼太らとともに天明の五傑といわれ、天明期ロマン派の一流派をつくった。

一七八〇年（安永九年）、江戸・馬喰町に春秋庵を開き、後輩の教育に熱心に取り組んだ。

碑に一句。

　たち出て丶芙蓉のしぼむ日に逢り

墨田区の白髭神社（東向島三―五）にも一句。

　人恋し灯ともし頃を桜ちる

流民叢塚碑　（品川区北品川二―二）

法禅寺境内にある。

一八七一年（明治四年）に品川区の吏員・木村弘によって建立されたもので、塚の上の供養碑の碑面には、由来が刻まれている。

江戸時代は、多くの餓死者・浮浪者を出す凶作の多発時代でもあったが、享保（一七三二〜三三年）、天明（一七八一〜八九年）、天保（一八三三年以後数年）の三大飢饉は歴史的な事件であった。一八三三年（天保四年）の飢饉では全国各地で一揆・うちこわしが続発したのと同時に、流民・死者が激増した。農民は、急騰した米価その他の値下げを要求して蜂起し、買い占めた豪商・大庄屋・米屋を襲って、打ち壊した。冷害・大雨で凶作の激しかった奥羽では十万を超える死者を出し、農地を放棄し、食料を求め、流浪する列が続いた。

凶作は、生産力が低いうえに、領主からの収奪が激しく、蓄えのない暮らしを余儀なくされていた下層農民と、その家族を、その日から路頭に迷わした。年貢収納法で検見取《けみとり》（＝その年の収穫予想）を現地で調べ、賦課率を決める方法が強力に行われていたために、とくに余裕は生まれなかった。幕府は蔵米を払い下げ、米・雑穀を江戸へ回送し、自由に売り払うことを許し、酒造石数を三分の一に減らすなどの対策を打ち出したほか、窮民へ米を配給した。

江戸では施米所として、神田佐久間町や品川、三宿に「御救小屋」を設置して行い、天保四年九〜十二月には三十二万人に、五年六月には三十三万四千人に、七年七月には四十一万人に米を配った。塚と供養碑は、品川の「御救小屋」に由来している。代官・中村八太夫が品川宿《しゅく》役人を指揮して、窮民対策に当たったが、力尽き、行倒れる流民が多かった。天保八年から九年にかけて亡くなり、法禅寺と海蔵寺（品川区南品川四—四）に埋葬された八百九十一人を供養して、塚と碑が築かれた。

自由の碑　（品川区北品川三―七）

品川神社境内にある。

自由民権運動の指導者・板垣退助（一八三七～一九一九年、天保八年～大正八年）が、一八八二年（明治十五年）、東海道遊説途中、岐阜で刺客に襲われ、そのとき、叫んだ言葉「板垣死すとも　自由は死せず」が碑面に刻まれている。「板垣退助先生顕彰会」が明治百年を記念して、一九六八年（昭和四十三年）七月、建立。碑文の筆は「自由民主党総裁　佐藤栄作」である。明治百年記念式典（十月）が行われた年である。

自由民権にかかわる碑は八王子市の泉町児童遊園（八王子市泉町一三四三）にある。

高さ二メートルほどの自然の巨石。「先覚之碑」の篆額は石井光次郎の筆。はめこまれた銅版には、つぎのような碑文が刻まれている。

「近代日本史上劃期的偉業を記念す。

自由の碑

明治の初年、維新革命の目的を完成し、永い封建の真黒い幕を取り除く為に、日本の先覚者達はここ柏木豊次郎氏邸に集った。板垣退助、石坂昌孝、星亨、村野常右衛門、大江卓、森久保作造、影山英子、林副重等々、ほか有名無名の人々、特に村内の先覚者八氏を交えて。

自由と平等を基とする人民自らの政権を目指し、広く教育に、文化に、宗教に、産業に志を一にし、先駆的偉業が発足した近代日本史は、先ず元八王子より輝いた。

一九五七年十一月三日

撰文　先覚者讃碑建設委員会」

以上の碑文の下に「村内の先覚者八氏」の名が記されている。

「山上卓樹、奥田兵助、青木松兵衛、柏木豊次郎、山口重兵衛、宮崎豊吉、武藤勘次郎、山上貞三」

明治十年代の自由民権運動に参加し、たたかった人々である。

水神池の碑（品川区西大井三―一）

品川区立出石児童遊園内にある。

「水神池」と呼ばれる、十平方メートルほどの広さの湧水池があって、江戸時代、このあたりの徳兵衛、治右衛門ら五十数戸の集落の農業用水や野菜などの洗い場として使われていた。農民たちは、水の神への信仰から、池畔に水神社を造立して祈った。高さ一メートルほどの祠《ほこら》が残っている。祖先の池を残し、その記念としての碑は一九二五年（大正十四年）に建てられた。泉が湧いているが、汚れがひどい。

水神森の碑というのが江東区の水神社（亀戸四―一一）にある。この付近を水田開拓した一五二八～三一年（享禄年間）ころ、農民たちは堤防の突端に、農業用水の神としての水神社を創建、現在の石祠は一七六二年（宝暦十二年）に再建されたものである。

由来を記した水神森の碑は、一九三八年（昭和十三年）に建てられた。

大田区の磐井神社（大森北二―二〇）前の歩道わきに磐井の碑がある。

碑面に「当神社重要縁起　磐井」とあり、そばに古い井戸が残されている。

その昔、同神社の社域はもっと広く、旧東海道に面し、井戸は境内にあって、街道を行き来する旅人の飲み水に利用されていた名所だったが、第1京浜国道の建設によって社域が削られ、井戸は歩道上にとり残される形になった。

練馬区の釜田橋近くの小公園（桜台六―三二）にある御浜井戸の碑も、農業用水の井戸として崇められてきたことを伝えている。

御浜井戸の碑の後方にある氷川神社発祥の地の碑文に「此処、石神井川の急流に出会う。淀む処に泉、渾々として湧出る。水際の井戸、即ち御浜井戸と称す。……此の流水を水田に用い、一帯を良田となす。近郷の農家の崇敬の的となり、親しまれた」とある。

桜台の小公園は、氷川神社（同区氷川台四―四七）の飛び地である。

氷川神社発祥の地之碑は一九七二年（昭和四十七年）に建てられた。

葛飾区の香取神社（亀有三―四二）境内には玄恵井之記の碑がある。

碑文は、国学者の屋代弘賢の筆である。

「五行は一も欠くべからざることは、今さらいふべくもあらず。

中に就いて、水なむ片時もなからましかば、生けるものいかで命をつなぐべき。

しかるに、それに清きと濁れるとありて、清きはよく人を養ひ、濁れるはしからず。

いでや、この亀有村は昔より濁水多く、清水乏しくして、人々是をうれふこと久し。

予ここに来りてより、おほやけにこひて、井を掘らむことをはかるといへども、さはること有てゆるされず。

空しく歳月を送りしが、山崎玄恵といへる老人の情けによりて其たづきを得、こふ所を聴され、用途賜はりしかば、あらましのごとく工を用ひ、文化二年正月二十七日、清水涌出ることを得たり。

予を始め、一村の歓喜たとへんかたなし。今に至りて四十余ケ所に引といえども、泉源あへて減ずることなし。

聊おほやけの御恵はさらなり。これ併、老人の賜なれば、玄恵井となづけて、この泉のながく尽ざらむことをこひねがふものなり。

おなじき十年正月廿七日
水谷又助・藤原景休誌
屋代太郎源弘賢書」

井戸をあちこちで掘って、水質を調べていた地元の山崎玄恵は、清水湧く水脈を掘り当てた。井戸から竹樋で亀有村の各家に送られ、井戸は明治の末ころまで使われていた。

村人は、山崎翁の功績をたたえ、一八一三年（文化十年）、碑を建立した。

鈴ケ森遺跡の題目塔 （品川区南大井二―五）

大経寺境内にある。正面に「南無妙法蓮華経」、左右両面に題目などが刻まれた、高さ三メートル、幅一メートルほどの石碑は、一六九八年（元禄十一年）二月、池上本門寺の二十五世貫主・日顗《にちぎ》上人が、刑死者を供養して建立した題目塔である。南は鈴ケ森、北は小塚原が江戸の刑の執行場だった。

四代将軍・家綱の一六五一年（慶安四年）につくられた鈴ケ森刑場は、旧東海道沿いの、当時は草深い江戸郊外にあった。間口四十間（七十三メートル）、奥行九間（十六・三メートル）の長方形の敷地を、竹塀で囲んであった。火あぶりに使った丸い土台石や、はりつけ用の四角い石が境内に残されている。丸橋忠弥、白井権八、八百屋お七、天一坊などが死刑に処せられ、近くを流れる「槍洗川」という細流で、処刑に使った刀や槍を洗ったといわれているが、いまは埋め立てられている。

小塚原の刑場跡（荒川区南千住二―三四）には花崗岩の座像・首切り地蔵がある。高さ一丈二尺（約三・六メートル）。刑死者の菩提をとむらって一七四一年（寛保元年）に建てられた大地蔵である。そばに法華の題目を刻んだ高さ三メートルほどの石碑がある。刑場の間口六十間余（百九メートル）、奥行三十間（五十四メートル）というから、規模は鈴ケ森より大きかった。明治初めに廃止されるまで約二十万人がはりつけ、斬罪、獄門などに処せられた。毎月五、十四、二十七日が縁日。

八景碑（大田区山王二―八）

ＪＲ大森駅前の天祖神社にある。石段途中の稲荷神社わきに建っている。

碑の表に

　鎌倉のよより明るしのちの月　景山

とあり、裏面には八景坂から見られる八つの勝景が漢詩風に刻まれている。

笠島夜雨　鮫州晴嵐　大森暮雪　羽田帰帆　六郷夕照　大井落雁　袖浦秋月　池上晩鐘

広重の浮世絵にも描かれた、大森駅山王口前の池上通りの坂道が、八景坂である。その昔、坂上からは、近くは大森海岸、遠くは房総まで望むことができ、眺めの素晴らしさから、この名がついた。

笠島は鈴が森あたりのことらしい。

古い文献には

荒藺《あらい》崎夜雨　大井落雁　鈴森晴嵐　羽根田帰帆　海上秋月　六郷暮雪　震橋夕照　東海寺晩鐘

と書いているものがある。

かつては、相当の急坂だったから、流れ落ちる雨水によって坂が掘られ、薬研（漢方の薬種をすりつぶすときに使われる、中が深く窪んだ舟形の器具）のようになったため、薬研《やげん》坂とも呼ばれた。「ヤゲンザカ」が「ヤケイザカ」になまったともいわれるが、いまは「ハッケイザカ」と呼ばれている。

新井宿義民六人衆の碑（大田区山王三―二二）

善慶寺の墓地に、六人衆の墓と並んで、事件の経緯を刻んだ碑がある。

旗本・木原吉次の所領であった武蔵国荏原郡新井宿村の農民が一六七四年（延宝二年）九月、十九カ条の訴状を領主・木原家に提出、年貢減免を嘆願したが、拒否された。

このため、村役人の酒井権右衛門、間宮太郎兵衛、間宮新五郎、鈴木大炊之助、平林十郎左衛門、酒井善四郎の六人は、将軍家綱に直訴することを計画したが、一六七六年（同四年）十二月、幕府に密かに告げる者がいて、捕らえられ、江戸城近くの木原本邸の牢につながれ、七七年（同五年）一月十一日、全員斬首された。

年貢減免嘆願の直訴や減免要求の百姓一揆がこの時期、全国的に急増していた。信濃国高遠（一六五四年）、近江国蒲生郡（一六六三年）、陸中国磐井郡（一六七七年）など各地の農民が訴え、越前若狭（一六五二年）、伊予国西条藩（一六六四年）、同宇和島藩（一六七一年）、美作国津山領（一六七三年）、羽前国庄内領（一六七七年）など、多くの地方で百姓一揆が集中的に起こっていた。

幕府が一六四九年（慶安二年）に施行の慶安検地条例による年貢増徴の影響が具体的に現れてきた。

荒井宿義民六人衆の碑

非常のときの備蓄米さえ失った農民は米価のわずかな高騰、災害にも耐えきれない状態になっていた。

一六七三年（延宝元年）の全国的な干害によって米価が暴騰し、農民を困窮に追い込み、とくに荏原郡一帯では、翌年の六郷川氾濫《はんらん》による水害と、その後の干ばつが人々の暮らしを一層、苦難なものにした。

※関連する碑　桃雲寺再興記念碑

桃雲寺再興記念碑（大田区山王三―一二九）

薬師堂境内にある。

このあたり新井宿一円を所領としていた木原氏の五代目・義永が一六六四年（寛文四年）、新井宿の村内に祭られていた古刹・桃雲寺を山王のこの地に移し、再興した記念に建立された碑である。高さ二メートル、幅七十センチほどの四角い碑面に、木原氏五代までの事績などが漢文体の文章で刻まれている。

木原氏初代・吉次は、徳川家康入府のさい、遠州から随行、のち、旗本にとりたてられ、幕府の棟梁として江戸城築城に献身、新井宿村全域を知行地として与えられ、代々、この地に住んだ。

桃雲寺は明治以降は、一八八〇年（明治十三年）、馬込の万福寺に合併して廃寺となった。碑があるところは、合併前の桃雲寺、薬師寺があった跡地である。

※関連する碑　新井宿義民六人衆の碑

西郷・勝両雄会見の処の記念碑（大田区池上一―一）

本門寺の朗峰会館庭園・松涛園にある。碑面には「西郷・勝両雄会見の処」とある。西郷従道（隆盛の弟、明治政府の海相、内相）の筆。あずまやがあった跡とみられる。一九三六年（昭和十一年）、当時の同寺の貫主・酒井日慎の建立。

西郷・勝の第一回会談が芝の薩摩屋敷で行われた三月十四日（一八六八年＝慶応四年）から約ひと月後の四月九、十の両日に開かれた。幕府の陸軍総裁・勝海舟は、新政府軍の本陣がおかれていた同寺に赴き、庭園のあずまやで西郷南洲と第二回会談を行った。

徳川家の存続問題、幕府側の武器、兵卒の引き渡しなど、江戸城明け渡し後の実務を主にした話し合いが行われた。

翌十一日には江戸城が明け渡された。

大田区の洗足池公園には西郷・勝両雄顕彰碑（南千束二―一三）がある。一九三九年（昭和十四年）四月、当時の東京市長・小橋一太により「茲《ここ》に奠都七十年に際し、両雄の英績を貞石に勒《ろく》（刻む意＝引用者）して、之を顕彰し、永く後昆《こうこん》（後世の人々＝引用者）に伝う」として建立された。

津田英学塾を開いた津田梅子の父・津田仙からすすめられ、買い求めた洗足池畔の土地に、海舟は別荘「洗足軒」を建て、花や紅葉の時期には人を招いて、宴をはった。富士を遠く望める、この地を愛していた。

同じ公園の洗足池畔には、一八七九年（明治十二年）建立の西郷南洲の詩碑がある。

自筆の草書体で刻まれている。碑文は漢詩。

朝に思遇を蒙り、夕に焚坑《ふんこう》す
人生の浮沈晦明《かいめい》（夜と昼＝引用者）に似たり
縦《たと》い回光せずとも
葵は日に向かわん
若し開運なくとも、意は誠を推さん
洛陽の知己皆鬼と為り
南嶼の俘囚独り生を竊む
生死何ぞ疑わん天の附与
願わくば魂魄を留めて皇城を譲らん
獄中有感　南洲

安政の大獄後の一八六三年（文久三年）、斎彬の反対派の藩主・忠義により島流しにされたときの作である。

洗足池公園には西郷隆盛留魂碑がある。一八七七年（明治十年）に戦死した西郷を悼み、勝海舟が私費で七九年（同十二年）、建立した碑である。

※関連する碑　西郷南洲・勝海舟会見之地の碑

西郷・勝両雄顕彰碑（大田区南千束二—三）

↓西郷・勝両雄会見の処の記念碑（九二ページ）

西郷南洲の詩碑（大田区南千束二—三）

↓西郷・勝両雄会見の処の記念碑（九二ページ）

西郷隆盛留魂碑（大田区南千束二—三）

↓西郷・勝両雄会見の処の記念碑（九二ページ）

磐井の碑（大田区大森北二—二〇）↓水神池の碑（八五ページ）

西郷・勝両雄顕彰碑

第四章　九段・神田・湯島・本郷・小石川

太田道灌公追慕之碑（千代田区一ツ橋一―一）

竹橋そばの小公園にある。

道灌が江戸城を築いた区域は、平安時代末から鎌倉時代にかけて、関東で勢力を伸ばしていた豪族・江戸氏の居館があったところと推定されている。

江戸氏が没落し、居館を去って、喜多見城（世田谷区喜多見）へ移ってから百年の歳月が流れていた。道灌は一四五五年（康正元年）に着工、五七年（長禄元年）に完成させた。

道灌は、主君・扇谷上杉定正に殺害される一四八六年（文明十八年）までの三十年を江戸城で過ごした。それ以降、上杉定正、朝良、朝興の三代が江戸城主をつとめたが、北条氏が大永年間（一五二一～一五二七年）、江戸城を奪って、遠山氏に拠らせた。

北条氏が一五九〇年（天正十八年）に滅亡するとともに、同年八月一日に徳川家康が入城して、居城とした。

太田道灌公追慕之碑には、

我庵は　松原つづき　海ちかく　富士の高嶺を　軒端にぞ見る

の歌が刻まれている。

道灌が一四六四年（寛正五年）春、京都へ参朝したさい、江戸城の様子についての天皇の質問に答えた歌である。

追慕之碑は一九三六年（昭和十一年）七月に建てられた。

太田道灌築城五百年の碑が三宿神社（世田谷区三宿二―二七）にある。
碑の表には
「過去五百年之進歩　道灌不知
未来五百年之進歩　我等不知
石又沈黙
江戸城築城之石
　　太田道灌築城五百年
　　　　　武者小路実篤　書」
と刻まれてある。一九五六年（昭和三十一年）十月の建立だが、裏面の建碑の由来記は風化して、判読できない。

神田川の面影橋（豊島区高田一―一八）北詰に「山吹の里の碑」がある。一・三メートル《メートル》の高さの碑面に「山吹の里」と刻まれている。

『江戸名所図会』は「太田持資《もちすけ》江戸在城の頃、一日、戸塚の金川（神田川へ注ぐ小川＝引用者）辺に放鷹《ほうよう》す。その時、携ふる所の鷹𦏁《そ》れて、飛び去りければ、跡を追ひて、こゝに来たる時に、急に雨頻りなれば、傍の農家に入って、蓑を乞ふ」と、偶発的な出来事が起こった俤《おもかげ》の橋（面影橋の江戸時代の名）あたりとみられる現場の状況を書いている。

墨田区の法恩寺（太平一―二六）には道灌公記念碑がある。

小高い築山の上に建っている。横書きで「道灌公記念碑」とあり、その下に縦書きで

七重八重　花は咲けども　山吹の　みのひとつだに　なきぞ悲しき

が刻まれ、道灌に乙女が山吹を捧げている絵が描かれている。一九五七年（昭和三十二年）十月、江戸城完成五百年を記念して建てられた。

一四五七年（長禄元年）に江戸城を完成させた道灌は、城内に居を構えていたが、近くの平川に住んでいた京都の日住上人に帰依し、平川に本住院を建立・開山した。法恩寺と改名し、柳原、谷中などへ移り、元禄期に下町の現在地に落ち着いた。道灌の墓がある。

新宿区の大聖院（新宿六—二一）にあるのは紅皿《べにざら》の碑。一《メートル》ほどの高さの、梵字を刻んだ青石塔婆である。

花盛りの山吹を差し出され、その意味が分からなかった道灌は、帰城後、家臣から例の和歌「七重八重……」を教えられ、深く恥じて、この一件以来、歌の道に精進したエピソードはおなじみだ。その後、山吹の少女を、歌の友として城に招いたが、名を「紅皿」といった。道灌死後、紅皿は尼になって、大聖院近くに庵を結び、そこで亡くなった物語は、歌舞伎などで上演されている。紅皿の碑は歌舞伎役者によって建立された。

「花も実もある名将」として江戸っ子から愛され、後世に脚色されたヒーローでもある。

高野長英大観堂学塾跡の碑（千代田区平河町一—六）→高野長英の碑（一二四《ページ》）

蕃書調所跡《ばんしょしらべしょ》の碑（千代田区九段南一―六）

九段下交差点の九段会館わきにある。

輸入洋書が多く出回り始めた幕末、キリシタン関係の書などに目を光らせていた幕府は、洋書検閲のためと、ペリー来航以来、外交文書の交換処理が増え、洋学知識の必要から、翻訳と洋学研究・授業のための機関を一八五六年（安政三年）に設立した。「蕃書調所」と名づけ、九段下に開設、一八六二年（文久二年）、一ツ橋門外に移して、「洋学調所」と改称した。

箕作阮甫《みつくりけんぽ》、杉田成卿、神田孝平、津田真道、柳川春三らが教官をつとめ、直参の子弟のみとしていたが、のちには陪臣、浪人の入学も許可した。蘭・英・仏・独・露語の語学教育とあわせ、天文、地理、数学、物理、化学、画学、機械など軍事上に必要な諸科学の教育も行った。

一八六三年（同三年）、開成所と名を改め、このころから歴史、経済、法律などの講座を開設し、西周《にしあまね》、加藤弘之らが加わった。

西洋文化を摂取・輸入する中枢機関として大きな役割を果たしたが、一八六八年（明治元年）、幕府の倒壊にともない、閉鎖された。明治政府の手によって七七年（同十年）、「東京開成学校」と名を改めて再興、本郷に移転し、帝国大学の文・理科となった。

滝沢馬琴邸跡の井戸の碑（千代田区九段北一―一五）→滝沢馬琴筆塚（二一〇ジペー）

神田青果市場発祥之地の碑（千代田区神田須田町一―八）

江戸開幕の慶長（一六一〇年前後）のころ、「八辻ケ原」と呼ばれた神田須田町あたりは、江戸城の御用市場として活況を呈し始めた。上総、房州方面からの蔬菜は舟運で、いまの外堀の竜閑橋河岸（鎌倉橋近くにあったが、いまはこの部分が暗きょになって廃止）で荷揚げされた。葛西、砂村方面からの荷は神田川の昌平橋近くの河岸で荷揚げされた。

全国的に、この時代になると、農家の生産する力が伸び、年貢に出し、家族で消費してもなお、農産物の余剰が生まれるようになった。一方、城下町の消費人口が増大し、蔬菜類が商品化されるようになってきた。商品生産がさらにさかんになった。

須田町交差点から神保町寄り百《メートル》ほど左側、歩道橋下の道路わきに「神田青果市場発祥之地の碑」（千代田区）がある。以前は神田須田町一―一〇にあったが、二年ほど前に移転した。

八辻ケ原市場の規模が大きくなるだけではなく、元和（一六二〇年前後）のころになると、駒込辻にもヤッチャバ（青果市場）が開かれた。

駒込辻は、中仙道沿いの村から荷車で神田市場へ向かう農民の休憩場所だった。サイカチの大木の下で一服していると、白山など周辺の住民が集まってきて、野菜が売れた。そのうち、農民たちは辻の街道沿いに小屋を並べ、野菜を売るようになった。駒込土物店《つちものだな》の始まり。

「駒込土物店縁起の碑」（文京区本駒込一―六）と銘打った碑は、向丘二丁目の駒本小前の天栄寺にある。

隅田川の千住大橋に近い、日光街道に面した足立区千住河原町には千住ヤッチャバが栄えた。同町一〇の河原稲荷神社境内に「千住ヤッチャバ紀念碑」がある。四メートル余りもある大仙台石に「千住青物市場創立三百三十年紀念碑」と刻まれている。一九〇六年（明治三十九年）五月の建立。

神田、駒込、千住は、江戸の三大青果市場と呼ばれた。

時代がくだって、寛文（一六六〇年代）の初め、数寄屋橋あたりにも青物市場ができ、遠近の村々から野菜が川筋に運ばれてきた。その後、火災に遭い、やはり、水運の便ある京橋川の北岸、紺屋町に移転した。たまたま、大根の入荷が多いことから「大根河岸」と呼ばれ、「京橋大根河岸市場」と名乗った。二百年の歴史をもち、一九二三年（大正十二年）には問屋六十八軒、仲買百五人という規模に達した。京橋大根河岸青物市場跡の碑（中央区京橋三―四）は高さ三メートル、幅一メートルほどの四角い碑で、京橋の首都高ガード下の植え込みにある。

須田町の神田市場は関東大震災で全滅し、一九二八年（昭和三年）十二月、秋葉原駅に近い、現在の東京都中央卸売市場・神田市場へ移転した。

駒込市場は、一九三七年（昭和十二年）に設立された都の豊島市場（豊島区巣鴨）に吸収された。

千住市場は一九四五年（昭和二十年）、同じく都の千住市場に組織替えした。

京橋市場は一九三五年（昭和十年）、中央卸売市場法の実施にともない、築地へ移転した。

東条一堂・千葉周作の碑（千代田区神田東松下町二二）

旧千桜小学校の跡地にある。

「東条一堂先生瑶池塾の址」「千葉周作先生玄武館の址」と刻まれた、横長の四角い大理石には、それぞれの事績が記されている。

漢学者・東条が一八二一年（文政四年）に開いた瑶池塾、千葉が二五年（同八年）から開いたお玉ガ池玄武館道場が、千桜小の位置に当たっているところから、ここに碑が建てられた。

瑶池塾と北辰一刀流千葉周作の玄武館は隣り合わせ。東条と千葉は親交があり、門人同士も行き来して、文武の道を学んだ。

一七七八年（安永七年）に千葉県茂原に生まれた東条は、皆川淇園、亀田鵬斎らについて修学し、のちには老中・阿部正弘はじめ盛岡、庄内などの藩公に召された。

『四書』『知言』『五辨』などの著書が知られている。

一八五七年（安政四年）歿。墓地がある妙源寺（葛飾区堀切三―二五）には、東条一堂先生百年祭記念碑がある。高さ二・五《メートル》、幅一《メートル》ほどもある巨碑である。東京・半蔵門の東条会館で一九五七年に開かれた追悼の一行事として、曾孫の東条卯作が建立した。

一七九四年（寛政六年）、宮城県栗原郡花山村に生まれた千葉は、父・幸右衛門に北辰夢想流の剣法を学び、松戸の浅利又七郎義信に入門して、小野派一刀流を修め、夢想流と一刀流を合わせた型を創定し、北辰一刀流をあみだした。

動乱の幕末、神道無念流の斎藤弥九郎開く九段の練兵館、鏡心明智流の桃井春蔵開く築地の士学館とともに江戸の三大道場といわれ、井伊大老を倒した薩摩の有村次左衛門も、千葉の門下にいた。

玄武館はのち、東条の瑶池塾と併合して、寄宿舎を備える日本一の道場になった。

お玉ケ池種痘所記念碑（千代田区岩本町二─五）

岩本町二丁目交差点の歩道わきにある。

横長の黒御影の碑面に刻まれた碑文は──

「お玉ケ池種痘所の記念に一八五八年・安政五年五月七日、江戸の蘭学医たちが資金を出しあって、この近くの川路聖謨の屋敷内に種痘所を開いた。

これがお玉ケ池種痘所で、江戸の種痘事業の中心になった。

ところが、わずか半年で、十一月十五日に類焼にあい、下谷和泉橋通へ移った。

この種痘所は、東京大学医学部のはじめにあたるので、その開設の日を本学部創立の日と定め、一九五八年・昭和三十三年五月七日、創立百年記念式典をあげた。

いま、このゆかりの地に、由来を書いた石をすえ、また、別に種痘所跡にしるしを立てて記念とする。

一九六一年十一月三日

昭和三十六年文化の日

東京大学医学部」

蘭学医・伊東玄朴ら十人が中心になって、種痘所創設の準備がすすめられ、江戸の開業西洋医ら八十二人からの醵出金を基金に、勘定奉行の川路聖謨の屋敷内に設けられた。

当初、四日ごとに種痘が行われ、また、西洋医学の勉強を志す医師たちが集まる場所になった。

十一月十五日の安政五年大火は午前二時ころ、神田相生町北から出火、「御堀へ運び出したる資財雑具を虚空に巻き上げ」（『武江年表』）るほどの烈風にあおられ、佐久間町、神田鎌倉横町、お玉ケ池武家地など神田一帯から大伝馬町牢屋敷や小伝馬町、日本橋、銀座まで「二百五十九町」（『同年表』）を焼きつくした。

幕府は一八六〇年（万延元年）七月十三日、下谷の種痘所を官立とし、幼児に種痘を命じた。翌六一年十月二十八日、種痘所は西洋医学所（のちの東大医学部）と改称した。

お玉ケ池種痘所記念碑から南へ百五十《メートル》ほど先のビルわきに「お玉ケ池種痘所跡の碑」（岩本町二―七）がある。

お玉ケ池は、徳川初期には不忍池ほど広く、池畔の茶屋の娘・お玉が入水した悲恋物語から、この名が起こったと伝えられている。安政のころの池は小さなものになり、現在はその面影もなく、史蹟としてお玉稲荷が祀ってあるだけである。

一八〇〇年ころ以降（寛政・享和期）、池のほとりには、梁川星巌の玉池吟社、市河寛斎の江湖詩社、大窪詩仏の詩聖堂、東条一堂の瑶池塾、佐久間象山の象山書院、北辰一刀流の剣客・千葉周作の道場や磯又右衛門の柔道道場などが開かれ、文武のメッカとして有名になった。

※関連する碑　市河寛斎の墓碑、佐久間象山の桜花賦の碑

お玉ケ池種痘所跡の碑（千代田区岩本町二―七）→お玉ケ池種痘所記念碑（一〇三ページ）

昌平坂の碑（文京区湯島一―四）

湯島聖堂わきにある。五十センチほどの高さの角柱碑である。正面に「古跡昌平坂」と刻まれ、背に「昭和十二年十二月建之　五島秀太郎」とある。

林羅山は、三代将軍の家光時代の一六三〇年（寛永七年）、幕府が賜った江戸・上野忍岡に林家の私塾を開いた。一六九〇年（元禄三年）、五代将軍・綱吉から贈られた湯島の当地に移り、孔子を祭る大成殿を中心に、書院・文庫・学寮の設備をもった学校を設立した。羅山ののち、林家は幕府の教学を司り、一八〇〇年（寛政十二年）からは、幕府の学校として、その名も昌平坂学問所と改め、朱子学の教育機関として発足した。

林述斎を中心に、「寛政の三博士」といわれた柴

昌平坂の碑

野栗山《りつざん》、尾藤二洲、古賀精里と、岡田寒泉らが教壇に立ち、旗本の子弟たちが学んだ。

現実の社会、自然、あるいは家族秩序を、上下の分でとらえ、君臣間の上下の分をも絶対視した朱子学は、封建教学の基礎となり、昌平坂学問所は封建イデオロギーの発信地であった。

別に京都に木下順庵の木門、山崎闇斎の崎門などの諸派がおこり、木門からは新井白石・室鳩巣らが出、また、崎門派は水戸学に影響を及ぼした。

全国で藩校が増え、朱子学が武士層へ普及し、幕末における尊王攘夷思想昂揚の基礎となった。

奇縁氷人石《きえんひょうじん》の碑（文京区湯島三―三〇）

湯島天神境内にある。

石柱の正面に「奇縁氷人石」と刻まれ、右の側面には「たずねるかた」、左の側面には「をしふるかた」とある。捜している人の名前、人相や似顔絵、特徴を書いた紙を右に張っておくと、心当たりのある「教える方」は、左側に「承知している。私の連絡先は……」とメモを張っておく。尋ね人用伝言板である。奇縁とは、文字通り、思いがけない縁、氷人とは、仲をとりもつ人という意味である。一八五〇年（嘉永三年）に建てられた。

江戸は、毎年のように大火があり、燃え盛る火のなかを逃げているうちに、バラバラになる家族が多い。気がついたら、子どもがいない。頼りにしたのは「迷子のしるべ」である。

安政の大地震後につくられたのは、一石橋《いちこくばし》迷子しらせ石標（中央区八重洲一―一一）と、浅草寺

（台東区浅草二―三）境内の「まよひごのしるべ」である。

一石橋迷子しらせ石標は、日本銀行近くの一石橋のたもとにある。一八五七年（安政四年）に建てられた。石柱正面には「満よひ子の志るべ」、左側の面には「たつぬる方」、右側の面には「志らす方」とある。

竹久夢二は歌っている。

思い出を　かなしきものに　誰ぞやし　一石橋の　しるべ石はも

浅草寺の「まよひごのしるべ」の碑は本堂前にある。二《メートル》ほどの角柱に「南大慈悲観世音菩薩　まよひごのしるべ　宗悦書」とあり、碑陰に「安政七年申歳三月建　新吉原　松田屋嘉兵衛」。

一七〇三年（元禄十六年）以来といわれた一八五五年（安政二年）の大地震は十月二日夜十時、激震が走ったあと、明け方まで三十数回にわたって揺り返し、倒壊家屋一万数千戸、市中約三十カ所から出火して、江戸の町をほとんど焼きつくし、死傷者は七千人に及んだ。

行方不明者が激増し、人捜しの柱は上から下まで半紙や布が束になって、ぶら下がった。柱の周囲は押し合うほどの人だかりで、家族の消息を必死になって捜す町人などが絶えなかったという。

この地震で水戸藩士・藤田東湖らが小石川（いまの文京区）・後楽園近くの藩邸内で圧死した。東湖は、別棟の家屋に飛び込んで、母親を救い出したが、自らは家の下敷きになった。五十五歳。「藤田東湖終焉地」の碑は、水道橋交差点近くの文京区後楽一―一の藩邸跡にあったが、いまは、説明板だけを残し、小石川後楽園近くへ移された。

台東区寿町二―七の永見寺境内にも「まよひ子のしるべ」の碑がある。寺の話によると、同寺にあったものではなく、寄贈されたものだという。

お茶の水の碑（千代田区駿河台二―三）

御茶ノ水橋南詰めの交番横にある。

駿河台のこのあたりは金峰山高林寺の寺領で、七堂伽藍がそびえていた。ある夜、境内で泉が突然、噴き出した。おいしい水だった。寺では早速、将軍家光に献上したところ、喜ばれ、それからは「お茶の水の高林寺」と呼ばれて、名高くなった。

高林寺は一六五七年（明暦三年）の大火で焼失、いまの文京区向丘二丁目の現在地へ移転したが、「お茶の水」だけは残って、地名となった。

御茶ノ水の渓谷を流れる神田川の補修・拡張工事が一六五八年（明暦四年）、一七二八年（享保十三年）などに繰り返し行われ、舟の往来には便利になったが、水脈が変わり、泉は枯れてしまった。

朱舜水《しゅしゅんすい》先生終焉之地の碑（文京区弥生一―一）

東大農学部構内にある。

高さ二・五メートルほどの御影石の角柱に「朱舜水先生終焉之地」と刻まれている。背面には「明治四十五年六月二日建之　朱舜水記念会」と記されている。

一六〇〇年、明《みん》の浙江省に生まれ、日本に亡命、江戸時代初期の文教に影響を与えた儒者。明朝の再興を図ってならず、日本へ亡命すること三度、一六五九年（万治二年）の四度目の来朝のさい、柳川藩の儒者で徳川光圀の賓師をつとめていた安東省安に、日本定住をすすめられ、長崎にとどまって、日本に帰化した。

一六六五年（寛文五年）、光圀に招かれ、光圀ならびに水戸藩の学者に儒学を指導して、水戸学の発達に影響を及ぼし、儒教的礼儀作法を教えた。また、聖廟や庭園のつくり方なども伝えた。本郷・湯島の湯島聖堂（のちの昌平坂学問所）は、朱舜水指導の型によってつくられた。

水戸徳川家の上屋敷の庭園・小石川後楽園も、その型で造園された。「後楽」の名は、宋の范仲庵の『岳陽楼記』にある「先　天下之憂　而憂、後　天下之楽　而楽」からとった。

舜水は、東大農学部の地にあった水戸家の別邸で一六八二年（天和二年）、歿した。八十二歳。

※関連する碑　昌平坂の碑、駐歩泉の碑

胞衣《えな》塚（文京区根津一―二八）

根津岸神社境内にある。

六代将軍・家宣の胎衣が納められた塚は、十数個の割石が積み上げられている。胞衣は胎衣ともいわれ、当時の慣習によって、母体のなかで胎児を包んでいた膜と胎盤は大切に取り扱われ、誕生地の敷地内などに埋められた。

この地は、もと五代将軍・綱吉の兄・綱重（家光の第二子）の山の手別邸で、家宣は綱重の長男として一六六二年（寛文二年）、ここで生まれた。

家宣が、綱吉将軍の跡継ぎとして江戸城に入ると、綱吉は一七〇六年（宝永三年）、千駄木にあった同社を家宣の産土神《うぶすながみ》として根津の別邸に移し、造営した。

根津神社本殿横には一八八一年（明治十四年）に建てられた胞衣塚碑がある。

緒方洪庵の碑（文京区向丘二―三七）

高林寺の洪庵の墓所にある。

四《メートル》ほどの高さの青石の碑である。上部に横書きで「追賛碑」、その下に洪庵の事績が漢文で刻まれている。森林太郎（鷗外）の撰文、大書記官などをした日下部東作（鳴鶴）の書ならびに篆額である。一九〇九年（明治四十二年）に建立された。

洪庵（一八一〇〜六三年、文化七年〜文久三年）は、備中（岡山）藩士の家に生まれ、長崎で蘭学を学び、一八三八年（天保九年）、大坂・瓦町に蘭方医を開業、蘭学塾「適々斎塾」を開いた。

開業医のかたわら、牛痘輸入の初期に江戸の伊東玄朴とならんで、大坂を中心に種痘《しゅとう》の普及に尽くし、コレラが猛威をふるって、江戸だけでも三万人が死んだ一八五八年（安政五年）夏には、治療法の啓蒙に奔走した。

ドイツの名医・フーフェランドが五十年の経験から教科書風に執筆した内科医学書の翻訳をはじめ

『病学通論』など多くの著・訳書をあらわした。

一八六二年（文久二年）、幕府から江戸に招かれ、奥医師に就任、幕府直轄の西洋医学所の二代目頭取となった。

適々斎塾では、蘭学のみならず、英、仏など西欧諸学の教育が行われ、入門者が全国から相次いだ。橋本左内、佐野常民、福沢諭吉、大村益次郎、大鳥圭介、長与専斎ら多くの人材をさまざまな分野に送り出した。洪庵の人柄、学識の広さを示すばかりではなく、絶対主義形成期の学術の動きを象徴していた。

※関連する碑　お茶の水の碑、お玉ケ池種痘所跡の碑、橋本景岳（左内）の碑

八百屋お七の碑（文京区白山一―三四）

八百屋お七の墓がある白山下の円乗寺、門前に「八百屋お七墓所」と刻まれた碑が建っている。

一六八二年（天和二年）十二月、駒込の大円寺から出た火が、折からの木枯らしにあおられて、本郷、上野、神田、日本橋へ燃え広がり、両国橋は焼け落ち、本所、深川まで焼き尽くし、三千五百人ともいわれる死者を出した。「芭蕉庵急火にかこまれ、翁も潮にひたり、烟中をのがれしといふは、此の時の事なるべし」と『武江年表』は伝えている。

駒込片町の八百屋久兵衛一家は、この大火で焼け出され、近くの円乗寺門前の家に引き移った。娘お七はそこで、寺小姓の左兵衛（吉三《きちざ》）を見初めてしまった。

転居した後、「家が焼ければ、元のように、門前に住むことができるだろう」と放火をそそのかすワルがいて、お七は逢いたさ一心から自宅に火を放ち、捕らえられる。

十五歳以下は法に問われない掟《おきて》があった。お七の心情に心ひかれた町奉行は

「お七、お前は十五歳であろうが」

と水を向けたが、彼女は

「十六歳でございます」

と答える。それでも、奉行は「それは、お前の勘違いではないか」と尋ねるのであったが、十六歳と答えてしまい、この年、八三年（同三年）三月二十九日、火刑が執行されるのである。

「丙午《ひのえうま》生まれの女性は、気が強く、放火したり、夫殺しをしたりする」などとの迷信が昔から流布し、お七の悲恋物語が例にあげられる。

『日本国語大辞典』（小学館刊）の「丙午《ひのえうま》の項に「……一説に八百屋お七を一六六六年丙午生まれとした浄瑠璃『八百屋お七』により広まったとする」とある。

彼女が奉行の尋問に答えた年齢から逆算すると、生まれた年は一六六八年（寛文八年）となるが、それはともあれ、丙午迷信は三百年以上も続いていることになる。

文京区の吉祥寺（本駒込三―一九）境内にはお七・吉三比翼塚がある。

八百屋お七・吉三発心の碑というのが、目黒区の大円寺（下目黒一―八）境内にある。

碑面に、山道を登っている僧の絵が刻まれ、

吉三発心

ただたのむ　かねの音きけよ　秋の暮

とある。

お七に放火をすすめたワルは、のちに剃髪して、「西運」と名乗り、お七の霊を弔い、大円寺近くにあった明王院に念仏堂を建てた。

明王院は明治の初めに廃寺になった。西運の墓は大円寺にある。

駒込土物店《つちものだな》縁起の碑（文京区本駒込一―六）

→神田青果市場発祥之地の碑（一〇〇ページ）

駒込土物店縁起の碑

頭光《つむりのひかる》の狂歌碑（文京区向丘二―三六）

瑞泰寺境内にある。

ひとこえも丸ではきかぬほととぎす
　半分ゆめのあかつきの頃

頭光（一七五四〜九六年、宝暦四年〜寛政八年）は、本名、岸宇右衛門。別号を二世巴人亭、桑楊庵ともいった。宿屋飯盛《やどやのめしもり》、鹿都部真顔《しかつべまがお》、銭屋金埒《ぜにやきんらつ》とともに狂歌四天王とよばれ、その社中を伯楽側と称した。

江戸・亀井町（中央区小伝馬町三丁目あたり）の町代をつとめていた。
いまでも歌われている小唄
ほととぎす　自由自在に聞く里は　酒屋へ三里　豆腐屋へ二里　という在所でも　好いたお方と
暮すなら　末は野末の菰垂《こもだ》れに　身はすて草のこのからだ
の作者としても知られている。
※関連する碑　浅草庵市人の狂歌碑

甘藷試作地跡の碑（文京区白山三―七）

小石川植物園にある。

碑には「甘藷試作地跡」と刻まれている。

一七三五年（享保二十年）二月、『蕃薯考』を刊行し、甘藷を救荒《きゅうこう》作物にすることを主張した「甘藷先生」こと青木昆陽は、この年十月、八代将軍・吉宗から試植の命をうけ、小石川植物園の前身、幕府の薬草園で試作・栽培を始めた。

甘藷は、アメリカ大陸の熱帯地域が原産で、コロンブスによってヨーロッパに伝えられ、スペインの東洋侵略とともにフィリピンへ渡り、中国、琉球を経て、十七世紀前半に種子島から鹿児島、長崎に入った。

当時は南九州の地方的物産にとどまっていたが、成長力が強く、収穫量が多いうえ、虫害に侵されにくく、長期に保存できるため、非常用食糧として注目された。

甘藷普及の功労者として、西では井戸平左衛門正朋（いも代官）、関東では昆陽（甘藷先生）が一躍、知られるようになった。

『武江年表』は「一七三七年（元文二年）」の条に「薩摩芋、此のごろより追々ひろまる。宝暦に至りて上総下総其の余の国々にて作る」と記している。

日照りや冷害、イナゴなどの害虫被害、増産志向による農地の酷使が減収をひきおこし、飢饉が相次いでいた。年貢の増徴に米価騰貴が重なって、各地で一揆が頻発し、幕政を危機に追い込んでいたから、幕府は飢饉対策として一七四四年（延享元年）、甘藷の植苗を奨励し始めた。

薬草園であったところは、五代将軍・綱吉がまだ館林藩主だったころの別荘地だった。白山台地にあるところから「白山御殿」と呼ばれた。一七一三年（正徳三年）、御殿廃止後、麻布から薬園を移し、幕府の薬草園にした。明治以降は、東大理学部付属の小石川植物園として今日に至っている。

有志が昆陽百五十年忌の一九一八年（大正七年）に募金し、二一年（同十年）に建立された。

甘藷講の碑が、菩提寺の目黒不動・滝泉寺（目黒区下目黒三―二〇）にある。一九一一年（明治四十四年）十月に建てられた。

春日局《かすがのつぼね》銅像と碑（文京区春日一―一五）

礫川公園にある。

銅像の左側にある碑には、春日局の和歌

西に入る　月を誘い　法を得て

今日ぞ火宅を　のがれけもかな

が刻まれている。

「文京区『春日』の地名は、春日局が乳母として仕えた三代将軍・徳川家光より拝領した土地に由来し、昔は春日殿町とよばれていました。また、春日局の菩提寺・麟祥院が湯島にあり、文京区は春日局と歴史的に深い縁があります」（碑文）とある。

春日局は一五七九年（天正七年）、明智光秀の重臣・斉藤利三《としみつ》の娘に生まれ、名は福。稲葉佐渡守正成と結婚し、四人の子をもうけ、一六〇四年（慶長九年）、徳川家光が生まれると乳母になり、夫と離別した。

将軍・秀忠が家光の弟の忠長を跡継ぎにしようとするのを、家康に訴え、家光をたてるのに成功した話は広く知られている。

秀忠の御台所・崇源院の歿後は、大奥を統率し、勢力をふるい、内外の畏敬を集めた。

晩年、江戸・湯島に天沢寺を建立、田安門内の屋敷は大名にも準ずる広大なものであった。一六四三年（寛永二十年）歿。六十五歳。

麟祥院（からたち寺＝湯島四―一）は、本富士署の東側にある。

銅像と碑は一九八九年（平成元年）、文京区春日局推進協議会によって建立された。

関口芭蕉庵の句碑（文京区関口二―一一）

関口芭蕉庵は、江戸川橋から上流へ三つ目の橋、駒塚橋北詰近くにある。

伊賀から江戸へ出た芭蕉は、深川芭蕉庵に移るまでの四年間、関口に住んでいた。幕府から神田上水（江戸川）の改修工事を命じられた藤堂家の家臣だった芭蕉は、一六七七年（延宝五年）、現場監督のような仕事に就いた。三十四歳だった。

いまに残る芭蕉庵の中央には瓢箪池《ひょうたん》があり、池西側の芭蕉庵には数千点の芭蕉文献、東側の芭蕉堂には芭蕉、其角、嵐雪、去来、丈草の像が安置されている。

芭蕉堂横にさみだれ塚がある。表に「芭蕉翁之墓　夕可庵馬光書」、背に「祖翁瀬田のはしの吟詠を以て是を建て、さみだれ塚と称す。寛延三年八月十二日夕可庵門生　園露什酒芬路」とある。

蕉門の人々が「五月雨にかくれぬものや瀬田の橋」の直筆をここに埋め、塚を築いた。

芭蕉は、関口台から早稲田たんぼを見渡せる広々とした風景を愛していたので、この句を選んだ。

池畔には、芭蕉自筆の軸から模刻した「古池や」の句碑。一九七三年（昭和四十八年）十月十二日、翁二百八十回忌に史蹟関口芭蕉庵保存会が中心になって建立された。

正門を入って、右手の丘の斜面に紀逸の夜寒碑がある。句集『夜さむの碑』を出版した一七五三年（宝暦三年）に記念して建立され、「二夜鳴一夜はさむしきりぐ〲す　四時庵　慶紀逸」と刻まれている。

紀逸（一六九五～一七六二年、元禄八年～宝暦十二年）は、江戸・神田に生まれ、麹町一丁目に住んでいた。稲津祇空の門に入り、『歳花集』『武玉川』などを出した。辞世の句「此の年で始めておめにかかるとは弥陀に向ひて申しわけな」。墓は龍泉寺（台東区谷中五―九）にある。

門下から初代・柄井川柳が出ている。川柳愛好家からも親しまれている碑である。

※関連する碑　初代柄井川柳の句碑

切支丹屋敷跡の碑、キリシタン殉教碑（文京区小日向一―二四）

茗荷谷から切支丹坂を上がった小日向台地の、いまは静かな住宅街になっている切支丹屋敷跡地の一角に設けられた小さな空き地に、角柱の「切支丹屋敷跡」の碑と、十字架の形をした御影のキリシタン殉教碑が並んで建っている。

キリスト教を極端に嫌った三代将軍家光は、毎年時期を定め、領民の信教状態を検察させる宗門改め役を幕府に置き、一六四〇年（寛永十七年）、大目付の井上筑後守政重にこれを命じた。井上筑後守は一六四六年（正保三年）、小日向一丁目一帯の自らの下屋敷をキリシタンの取調所とし、改宗を拒む者の牢屋とした。捕らえた信者に棄教を迫り、拷問の末、これに耐えかね、棄教した宣教師は「転びバテレン」と呼ばれたが、信者の多くは殉教を選んだ。

四《メートル》もの高塀を八十《メートル》四方にめぐらした大規模な牢獄で、全国で逮捕された信者が拷問をうけ、牢につながれ、多くの殉教者が死んでいった。

二つの碑と並んで置かれてある、おにぎり型の石は「夜泣き石」といわれている。牢につながれ、拷問をうけ、泣き苦しんだ霊魂が、石となって、毎夜、すすり泣く声が聞こえたと、言い伝えられた石である。

幕府は、キリシタンを迫害する一方で、海外事情を聞くことにも利用した。シチリア島出身の学者・ヨハン＝シドッチ神父も、利用された一人だった。シドッチ宣教師は一七〇八年（宝永五年）十月十日、日本で迫害されたキリシタンを救霊するため、九州・屋久島に潜入したが、長崎で逮捕され、小日向の牢屋敷に押し込められ、訊問を受けた。幕命を受けた新井白石が、同宣教師からヨーロッパの情報を聞き出し、『西洋紀聞』にまとめたエピソードは、よく知られている。

牢は一七二四年（享保九年）の火災で焼失、宣教師も殲滅《せんめつ》したとして、一七九二年（寛政四年）に宗門改め役が廃止されるのと合わせ、廃された。

キリシタン悲話の碑が中野区大和町四—三七の蓮華寺境内にある。

高さ一・二メートルの四角い石柱正面に「山荘之碑」と刻まれている。

キリシタンとして捕らわれ、入牢させられた遊女・浅妻は、牢役人を感心させるほどの模範囚だった。

明日、いよいよ処刑日という朝、牢役人が「なにか願いごとはないか」と尋ねると、「桜の花をひと目見たい」というので、牢屋敷の庭に案内した。いまを盛りと咲いていた桜を、浅妻は長い間、うっとりとして眺め、天真爛漫、喜びにひたっていた。そして、翌日、従容として処刑台に立った。

語り継がれている哀史を伝え聞いた間宮信士なる人が、浅妻に同情し、一八一〇年（文化七年）五月、この碑を建てた。碑に間宮信士の撰文の「浅妻物語」が漢文体で刻まれている。

※関連する碑　元和キリシタン遺跡の道標と碑

涼月塚（文京区目白台二―一四）

清土《せいど》鬼子母神境内にある。

碑面中央に

此道に出て涼しさよ松の月

右に「芭蕉桃青」、左に「文化九年壬申九月　呆山一元誌　杉浦一成　発起道了」とある。

藤田東湖終焉地の碑（文京区後楽一―三）→**藤田東湖・正気の歌の碑**（一八四ページ）

鷹の碑（文京区後楽一―六）→**徳川将軍御膳所跡の碑**（一五三ページ）

駐歩泉《ちゅうほせん》の碑（文京区後楽一―六）

小石川後楽園の西行堂跡近くで湧く泉のそばにある。

高さ三メートル、幅一・五メートルほどの碑面に、水戸藩徳川家九代目・斉昭筆の「駐歩泉」の大文字が刻まれている。

湧水池のほとりの柳のかげにあった、西行の木像を安置した西行堂は、東京空襲で焼失し、堂の敷石だけが残っている。そばに高さ一・八《メートル》ほどの自然石に西行のうたを刻んだ歌碑がある。

道の辺に清水流れる柳かげ　しばしとてこそ立止まりつれ

水戸斉昭の夫人・貞芳院吉子の筆である。泉の名を、西行のうたにちなんで、「駐歩泉」とし、泉の碑は一八三一年（天保二年）に建てられた。

六義園由来の碑（文京区本駒込六—一一六）

東京都立の庭園・六義園にある。

五代将軍・徳川綱吉につかえた柳沢吉保（一六五八～一七一四年、万治元年～正徳四年）は一六九五年（元禄八年）、綱吉から小石川の土地約四万六千坪を給せられた。吉保は築造に想を練り、邸館の後苑部に千川上水の水を取り入れ、流れをめぐらせるなど「回遊式築山泉水形式」と呼ばれる大名庭園を完成させた。芝生と池がいずれも広く対称的で、池と築山が庭園の中心部分を占め、小石川の後楽園とともに江戸の二大庭園といわれていた。工期に七年の歳月をかけた大工事だった。

名は、中国の『詩経』の「六義——風・賦・比・興・雅・頌」から付けられた。「六義」とは、詩を民間の歌謡、朝廷の歌、叙情詩、象徴詩など六つに分けた種類のことである。

千川上水は、武蔵野市北の保谷新田で玉川上水から分かれていた。

吉保は、綱吉が将軍以前の館林城主だったころから小姓として仕え、江戸城では側用人として幕政に参与し、綱吉の生母・桂昌院の信用を得て、川越城主、老中格、老中上座、さらに甲府十五万石の主に出世して、大老職に就いた。

綱吉が歿すると、新井白石らと対立し、大老から退き、晩年を六義園で送った。

明治以降は財界人・岩崎弥太郎の別邸になったが、一九三八年（昭和十三年）から東京都立の庭園になっている。

由来の碑の近くにある「六義園八景」の碑には、つぎのように刻まれている。

若浦春曙　筑波陰霧　吟花夕照　東叡幽鐘　軒端山月　蘆辺水禽　紀川涼風　士峰晴雪

お七・吉三比翼塚（文京区本駒込三―一九）↓八百屋お七の碑（一一一ページ）

第五章　青山・渋谷・目黒・世田谷

高野長英の碑 （港区北青山三―五）

善光寺の山門を入って、境内左側に建っている。横長の黒御影の上部に長英の胸像が浮き彫りにされ、その下に和文と英文の、つぎのような碑文が刻まれてある。

「高野長英先生（一八〇四～一八五〇）

先生は岩手県水沢に生れ、長崎でオランダ語と医学をおさめ、西洋の科学と文化の進歩していることを知り、発奮して、これらの学術を我国に早く広めようと、貧苦の中に学徳を積んだ、開国の先覚者である。

その間に多くの門人を教え、又、訳書や著書八十余を作ったが、『夢物語』で幕府の疑いを受け、遂に禁獄の身となり、四十七才で不幸な最後をとげた。

最後の処は、今の青山南町六丁目四三の隠れ家で、遺体の行方もわからなかったが、明治卅壱年、先生に正四位が贈られたので、同郷人等が発起して、この寺に、勝海舟の文の碑を建てた処、昭和戦災で大部分がこわされた。

よってここに、残った元の碑の一部を保存し、再建する。

昭和三十九年十月」

高野長英の碑

再建者は日本医史学会と、善光寺はじめ地元港区の有志。

水沢藩の藩医の家に育ち、十七歳で江戸へ出て、医療を学んでいたが、二十二歳の夏、シーボルト主宰の長崎・鳴滝塾に入り、一八二六年（文政九年）二月、ドクトルの称号を受けた。

シーボルト事件が起こった二八年（同十一年）は、旅路にあって、直接の被害は免れたものの、近代科学を志す交友多数が空前の大弾圧を受けた体験は、長英の思想に深い影響を与えた。

洋学研究に打ち込み、江戸の町医もしつつ、『医原枢要』などの著訳書を著す一方、一八三二年（天保三年）から渡辺崋山、小関三英らと内外の情勢を研究するグループ「尚歯会」をつくった。天保の全国的な大飢饉に当たり、救荒作物、悪疫対策などを啓蒙し、民衆の切実な課題にこたえようと活動したが、農民一揆や打ち壊しが続発する封建危機に直面していた幕府は、尚歯会に神経をとがらせ、スパイを放ち、陰謀をデッチ上げて、崋山や長英を検挙した。

無実が明らかになるや、第二弾として、崋山が著した『慎機論』を、「幕政批判の書だ」として一八三八年（天保九年）、逮捕した。幕府の異国船打払令を非難した『夢物語』の著者・長英は、自分も逮捕されると思い、その罪が主君・伊達侯に及ぶことを恐れて、翌三九年に自首した。いわゆる蛮社の獄である。

長英は終身入牢の刑の言い渡しを受け、江戸・伝馬町の牢に入れられた。

入獄六年目の一八四五年（弘化二年）、江戸大火で獄舎が焼失、長英は失踪して、奥羽、四国、九州などに潜み、一八四九年（嘉永二年）、江戸に潜入、碑文にある青山南町に身を隠し、医療と訳述に当たっていた。「隠れ家」は、いまの表参道交差点から青山通りを渋谷方面へ二百《メートル》ほどいった左側にあった。

長英の親友・横谷宗与が一八五〇年九月末、長英を連れて、勝海舟を赤坂の屋敷に訪ね、「長英をかくまって頂くわけには？」と懇願したが、断られた。

「長英、御用だ！」

十月三十日夜、青山の「隠れ家」近くを細心の注意を払いながら、歩いているとき、幕吏の十手におさえられた。覚悟を決めた長英は、その場で舌をかみ切って自殺した。

民衆の幸せのために活動し、アジアの植民地化の危機と国家の独立を訴え続けた英雄的人間を、幕府は圧殺した。

この事件後、幕府の蘭学に対する弾圧が一層、激しくなった。

最期の現場から最も近い寺、ということで善光寺が碑の建設地に選ばれた。

シーボルト事件後、江戸で医療に従事しながら、塾を開いて、蘭学を教えていた。その塾跡の碑が有志により、千代田区平河町一―六先につくられている。貝坂と呼ばれる坂に近いビル壁面に、「麹町貝坂　高野長英　大観堂学塾跡」と横書きで刻まれた黒御影の碑がはめ込まれている。

隠れ家としていた質屋・伊勢屋の離れがあったところは、もと青山百人町といい、いまの紀ノ国屋前、国道246号をはさんだ反対側の国道に面した民有地（南青山五―六―二三）だった。「高野長英隠れ家および自決の地」の碑は民有地の敷地内にあり、246号の歩道から見えるように、塀に四角い窓があけられている。
※関連する碑　高野長英大観堂学塾跡の碑

高野長英隠れ家および自決の地の碑（港区南青山五—六—二三）→高野長英の碑（一二四㌻）

お萬榎の碑（渋谷区千駄ケ谷二—二九）→装束榎の碑（一八三㌻）

道しるべの常夜燈（渋谷区本町二—四四）→大山道しるべ（一六九㌻）

道供養塔（渋谷区幡ケ谷一—一〇）→宮田橋敷石供養塔（一六〇㌻）

茶屋坂の清水の碑（目黒区三田二—一五）→徳川将軍御膳所跡の碑（一五三㌻）

お萬榎の碑

茶屋坂の清水の碑

目黒新富士の碑（目黒区中目黒二―一）

区立別所坂児童遊園にある。

三つの碑には、それぞれ「南無妙法蓮華経」「小御岳」「文政二年吉日戌申」の銘が刻まれている。

このあたりは、江戸時代の北方探検家として知られる近藤重蔵（一七七一～一八二九年、明和八年～文政十二年）の別邸だったところ。

近藤は一八一九年（文政二年）、邸内に富士山をかたどった標高一五メートルの山を築いた。目黒の茶屋坂の上に築かれていた「元富士」に対し、近藤富士は「新富士」と呼ばれ、登山口には鳥居が建てられ、重蔵の甲冑姿の石像が置かれ、「山開き」の祭りが行われる六月一日は、露店が立ち並んで、富士講などの参拝客でにぎわい、江戸名所の一つになった。

三つの碑は、新富士の登山道のあちこちに建てられていたものであるが、山は一九五九年（昭和三十四年）、都市開発にともなって壊され、碑が現場に記念として残された。

重蔵の石像は、菩提寺の正受院（北区滝野川二―四九）へ移された。

碑はもともと、近くの企業の構内にあったが、マンションの建設にともない、同公園に移された。

重蔵は通称で、名は守重。幕府の与力の次男に生まれ、御先手与力、長崎奉行手付出役などを経て、一七九八年（寛政十年）、松前蝦夷御用取扱としてクナシリ、エトロフなどを探検、辺境防備に尽力した。その功によって書物奉行に任ぜられ、著述に従事、一八二六年（文政九年）、大坂の弓奉行に転じて以降は、不遇の晩年を過ごした。著書に『金銀図録』『外蕃通書』などがある。

松崎慊堂《こうどう》の墓碑（目黒区中目黒四―一二）

長泉院境内にある。

高さ二メートル《メートル》余の碑に儒学者としての事績が漢文体の文章で刻まれている。

肥後（熊本県）出身の慊堂（一七七一～一八四四年、明和八年～天保十五年）は、十五歳のとき、江戸へ出て、浅草・称念寺に投宿し、主僧の好意で昌平黌に入った。羽沢（渋谷区東四丁目）に住み、狩谷棭斎と親交があった。林述斎に見出だされ、一八〇二年（享和二年）から一時、掛川侯の教授をつとめた。

一八三九年（天保十年）の蛮社の獄のさいは、渡辺崋山の赦免運動に奔走した。

漢学・文献考証学者で知られる狩谷棭斎の碑が豊島区の法福寺（巣鴨五―三四）境内にある。

江戸・上野の書店・青裳堂の子として一七七五年（安永四年）の生まれ。本名は高橋望之。親友の慊堂の五つ年下である。津軽の御用商人で、親族にあたる狩谷家の養子となった。神田に、晩年は浅草に住んだ。医師の伊沢蘭軒、儒学の市野迷庵、国学者の屋代弘賢らと親交があった。商いのかたわら、日本古典の考証、日本、中国の経史律令について研究し、多くの著書がある。

一八三五年（天保六年）十月歿。

※関連する碑　高野長英の碑

累塚《かさね》の碑（目黒区中目黒五—二四）

祐天寺境内にある。

芝居や講談でおなじみの『かさね物語』の塚である。

容貌に恵まれなかった下総（千葉県）羽生村のかさねは、三十過ぎても、ひとりぼっちだった。ある日、村はずれの辻堂で倒れ、苦しんでいた旅人がいるのを目にして、かさねは手厚く看病した。完治した旅人・谷五郎と、村の名主のとりなしでめでたく結婚、入り婿の五郎は、二代目・与右衛門を名乗った。思いがけない幸せをつかんだかさねは有頂天だった。

与右衛門は、そのうち、「このまずい顔の女房さえいなければ」と思うようになり、秋の大雨が降る日、かさねをおびき出し、重荷を背負わせ、土橋から、水かさの増した絹川へ突き落とした。

十数年後、美しい妻を迎え、もうけた一人娘・菊が十三歳で婿をとった。ある日、菊が発狂、「私は、かさねだ。憎い与右衛門め、殺してやる」と、絹川で殺された様子の一部始終を語り出した。

そこへ祐天上人が現れ、念仏を唱えると、かさねの怨霊は静まり、菊の狂乱が治った。

かさねの物語である。

一九二六年（大正十五年）、この物語を上演する東京の名優たちが建立した塚である。

海難供養碑（目黒区中目黒五―二四）

祐天寺境内に二基ある。

一つは灘目《なだめ》海難供養碑。高さ一・六メートルほどの碑の右面に、一七九六年（寛政八年）一月二十三日、大坂・江戸間を往復している酒荷運送船「樽回船」が、相模湾で暴風に巻き込まれたことが記されている。観力丸と永寿丸の二隻が沈没、乗組員あわせて三十三人が水死した。灘目は兵庫県灘の旧名。碑の左面には乗組員の戒名が刻まれている。

もう一つは、高さ二・五メートルほどの木綿業者組合の海難供養碑。灘目の事故から二十余年後の一八一九年（文政二年）、江戸の木綿問屋仲間「白子組」が広寿丸で遠州灘を航行中、暴風に遭遇、沈没、十四人が死んだ。犠牲者の名を刻み、一八二一年（同四年）に建立された。

二つの事故は、酒や木綿などを積んだ回船が江戸・大坂をさかんに往来していることを推察させ、遠隔地間の商品流通が広がり、幕末期の経済が発展していることを伝えている。

両国の回向院（墨田区両国二―八）には、つぎの六基の海難供養碑がある。

▽勢州白子三州高濱船溺死一切精霊（伊勢の白子港と三河の高浜港の溺死者供養のため一七八九年＝寛政元年に建立。帆掛舟型の碑）▽勢州白子参平坂溺死者供養塔（一八一四年＝文化十一年、江戸大伝馬町太物問屋仲間が白子、平坂二港に関係の溺死者供養のため建立）▽勢州白子戎屋専吉船溺死者等供養塔（一八二五年＝文政八年建立）▽海上溺死群生追福之塔（一八二七年＝文政十年に菱垣廻船十組問屋が建立）▽紀州大川福徳丸富蔵船溺死人之墓（一八五七年＝安政四年四月二十日、富蔵船

の乗組員七人が江戸から大川＝いまの和歌山市大川へ帰郷途中、遠州相良沖で遭難）▽溺死者四十七人墓（一八六九年＝明治二年、函館戦争援軍として横浜を出港した熊本藩の蒸気船が、いまの千葉・勝浦沖で沈没、多くの犠牲者を出した）

勢州白子は伊勢の国白子港。

行人坂敷石造道供養碑（目黒区下目黒一―八）**↓宮田橋敷石供養塔**（一六〇ジペー）

八百屋お七・吉三発心の碑（目黒区下目黒一―八）**↓八百屋お七の碑**（一一一ジペー）

キリシタン灯籠（目黒区下目黒三―一）**↓キリシタン殉教碑**（一一八ジペー）

永代橋落下事件遭難者の慰霊碑（目黒区下目黒三―二〇）

海福寺境内にある。

一《メートル》ほどの高さの角柱。正面に「永代橋沈溺横死者亡霊塚」と刻まれ、側面には「文化四丁卯年八月十九日卒　施主木場」とある。

碑の後ろに建つ石造りの宝篋《ほうきょう》印塔（供養塔）の塔柱四面には死者の住所・戒名がぎっしり刻印さ

れ、事件の経過も刻まれている。

一八〇七年（文化四年）の深川富岡八幡宮大祭の八月十九日午前十時ごろ、八幡宮へ行き来する人で大混雑する永代橋が通行止めになった。一橋侯を乗せた舟が橋の下を通過するというのである。両詰めで縄を張って、人の流れを止めていた橋の番人たちが、同侯の舟が通り過ぎたのを確認し、合図を交わして縄を解くや、群衆がなだれ込んできた。その途端、木橋の軋《きし》むギーという音がしたかと思うと、途中から折れて、橋脚もろとも崩れ落ち、悲鳴があがり、人々は折り重なるようにつぎつぎに川面へ投げ出され、後から来るものも、押され押されて、どうにもならない状態だった。橋上では浴衣姿の女、子どもがバタバタ倒され、下駄や草鞋《わらじ》、風車、赤や黄の手まり、お手玉など、祭りの品が散乱した。十五日からの雨続きで、川は水かさが増し、「川下の水屑となりしは、凡そ千五百人といふ」（『武江年表』）。

現場は隅田川下流の、諸国への回船が行き交う要衝で、橋上がいたって高くつくられているところから、被害が一層大きくなった。遺体を探し、引き取りに来る家族は江戸中はいうにおよばず、近在からもひっきりなしで、河畔の各所で野辺の送りが行われた。

海福寺は深川二丁目にあり、慰霊碑が建てられたが、一九一〇年（明治四十三年）、下目黒の現在地へ移転したのである。

永代橋が木の香りも新しく復旧したのは、翌一八〇八年（文化五年）十一月であった。

甘藷講の碑（目黒区下目黒三―二〇）→甘藷試作地跡の碑（一一四ページ）

白井権八・小紫の比翼塚（目黒区下目黒四―二〇）

目黒不動仁王門近くの道沿いに石垣に囲まれて建っている。

鳥取生まれの権八は、一六七二年（寛文十二年）、地元で傷害事件を起こし、逃れた江戸で、新吉原の遊女・小紫となじんだが、金に困って、強盗殺人事件を引き起こした。目黒の東昌寺（下目黒三―一七＝廃寺）にひそんでいた一六七九年（延宝七年）、捕らえられ、鈴ケ森で処刑され、東昌寺に葬られた。小紫は、権八のあとを追って、墓前で自殺した。人々はあわれみ、比翼塚を建てた。

目黒比翼塚保存会が一九六二年（昭和三十七年）、東昌寺跡にあった塚を現在地に移し、再建した。

※関連する碑　鈴ケ森遺跡の題目塔

大山道への道標（世田谷区三軒茶屋二―一三）

→大山道しるべ（一六九ページ）

大山道への道標

太田道灌築城五百年の碑（世田谷区三宿二―二七）→**太田道灌公追慕之碑**（九六㌻）

長州藩邸没収事件関係者慰霊碑（世田谷区若林四―三五　松陰神社）→**吉田松陰先生終焉之地の碑**（二四㌻）

桜田殉難八士之碑（世田谷区豪徳寺二―二四）→**桜田烈士愛宕山遺蹟碑**（五〇㌻）

杉山杉風《さんぷう》の墓句碑（世田谷区宮坂二―二四）→**採茶庵跡の碑**（二五六㌻）

寺子屋の碑（世田谷区瀬田一―七）

法徳寺境内にある。

碑面に「筆塚」と大きく刻まれ、その横に「為大塚貞三郎先生　門人等建之」とある。一八八一年（明治十四年）五月に建立された。

大塚貞三郎は、一八一九年（文政二年）生まれの瀬田の農民で、農業のかたわら、法徳寺で寺子屋を開き、瀬田や用賀、岡本など近在からの子たちが大勢集まった。

一八九九年（明治三十二年）に歿している。八十歳。

都内では、寺子屋の師匠を顕彰する碑はほとんど見られないが、江戸の寺子屋は一七二二年（享保七年）、すでに八百軒もあり、年々増えていた。

都市でも農村でも、商品・貨幣経済が発展を続ける幕末、読み・書き・そろばんの実用的な技能を身につけようと庶民の要求が高まり、子弟を寺子屋へ通わせる親が急増した。

天保年間（一八三〇年代）のころからは、全国でも、年によっては一年に五百軒の寺子屋が新しく生まれ、とくに、信州がその数では全国一を占めた。幕府は幕藩体制の動揺に対処して、封建秩序の再建をめざす儒教倫理の指導を薦める場として、天保改革の時期などには寺子屋の開設を推奨した。

明治政府は一八六九年（明治二年）、府県に対し小学校設置奨励策を出し、東京府がその方針に従い、同年三月に開校させた小学校は、芝の増上寺のなかの源流院、牛込の万昌院、浅草の西福寺など六つの寺に受け継がれてきた寺子屋を転身させたものであった。

増上寺の子院・源流院に創設された小学第一校の在学年限は、男子は八歳から十五歳、女子は八歳から十二歳まで。読み、算、書の三科目の五時間授業。二分の授業料を納めた。

同校はのち、鞆絵《ともえ》小学校と称し、芝区西久保町へ移り、桜田小と統合して、御成門小学校となった。源流院に創設された小学第一校の跡地（港区芝公園一―一）には「日本近代初等教育発祥の地」と刻まれた黒御影の碑が建てられている。

小学校設置奨励策が出されてから四年後の一八七三年（明治六年）には、東京の官公立小学校数は十八校（生徒数一、〇六九人）になっている。それに対し、私塾は四十八（三、七二一人）、家塾（教員免許のない教師による教育施設）千百二十三（五万五九五人）となっている（東京都史紀要『東京の英学』）。官公立小学校の授業料が高いため、塾へ通う児童の方が多かった。

第六章　四谷・新宿・早稲田

四谷鮫河橋地名発祥之所の碑（新宿区南元町二〇）

みなみもと町公園にある。五十《チ》《セン》ほどの高さの碑に、つぎのように刻まれている。

「四谷鮫河橋地名発祥之所
　沙美津川　千どり来なける古の　里の名ごりを伝う石ぶみ
　昭和五拾年参月吉日　建之
　　　建碑主　長尾　登女
　　詞と字　長尾　保二郎」

四谷と青山の台地にはさまれた谷間の、このあたりには「桜川」と呼ばれた細い川が流れ、赤坂の溜池に注いでいた。千日谷の一行院や四谷の西念寺の境内で湧く泉を水源としていたようで、鮫河橋は「桜川」にかかっていた。文学や俗謡に出てくる橋として、当時は知られていた。川柳に「蒲鉾《かまぼこ》の板ほどあって鮫ケ橋」というのがあるから、小さな橋だったらしい。

いまは川も橋もないが、このあたり一帯の地名のもとになった橋の跡地に、碑が建てられた。いまの地名は南元町となっている。

『江戸名所図会』は書いている。「鮫河橋　紀州公御中館の後、西南の方、坂の下を流るる小溝に架すを云う。今、この辺の惣名となれり。里諺《りげん》に、昔、この地、海につづきたりしかば、鮫のあがりしゆえに名とす、といえども、証とするにたらず……」

江戸勧進角力旧跡の碑（新宿区四谷四―四）→**力塚の碑**（二七五ジペー）

御鷹の松の碑（新宿区霞ケ丘一）→**徳川将軍御膳所跡の碑**（一五三ジペー）

四谷大木戸跡の碑（新宿区四谷四丁目交差点近く）

「四谷大木戸跡」と刻まれている。

『江戸名所図会』は四谷大木戸について記している。「甲州及び青梅への街道なり。土俗云ふ。霞が関或いは旭の関とも云ふとぞ。御入国の頃までは、この地の左右は谷にて一筋道なり。この関にて往還の人を糺問《きゅうもん》せらる」

四谷は四方が谷になっていたが、東西は、江戸城の堀の揚げ土で埋め立て、平坦にした。四谷四丁目の地形も、北側は低地で湿地帯、南は渋谷川が流れ、樹木が生い茂る渓谷で、甲州街道は馬の背のようなところを通っていた。

一六一六年（元和二年）、東海道の高輪大木戸と同じように道の両側に石塁が設けられ、木戸がつくられ、甲州街道の関所とした。

一九五九年（昭和三十四年）、新宿通りで行われた地下鉄敷設の工事中、その昔、玉川上水に使われた導水用の石樋《とい》が地中から出てきた。新宿区は同年十一月、この石で碑を造った。

※関連する碑　高輪大木戸跡の石塁

駿馬塚《しゅんめ》（新宿区内藤町一）

多武峰《とうのみね》内藤神社境内にある。

江戸城入府後の家康は、甲州街道筋に神経をつかった。四谷、角筈方面の原野へ何人もの探偵を放って、武田、北条の残党の動静を探らせ、譜代の家臣・内藤清成には新宿原野を領地として与え、警備の任に就かせた。

責任感の強い清成は、愛馬にむち打ち、武蔵野の原野を日々、疾走し、にらみをきかせた。過労から、ついに斃れた白馬の功を称え、内藤家が文化十三年に建てたのが、この碑である。

駿馬については、もう一説ある。新宿領地の贈与のさい、「お前の馬が一息で一巡できた範囲の土地を与えよう」と家康から言われた清成は、新宿二丁目辺りにあった榎の大木を中心に四谷・大久保・代々木・千駄ケ谷・四谷と駆け巡った。駆け終わった途端、斃れた愛馬を弔い、建てた塚ともいわれる。

新宿が宿場町として開かれるのは、一六九〇年代・元禄期のころからである。一六九八年（元禄十一年）、浅草の名主・高松喜兵衛、浅草の町人・市左衛門、忠右衛門、嘉吉、五兵衛らが「新宿の甲州街道すじに宿場を開きたい」と幕府に出した請願が許可されて以降、この年六月、五十軒の旅籠に、百五十人の飯盛女もいる内藤新宿が開宿、品川、千住、板橋とともに江戸四宿といわれた。

俳人・嵐雪が「五十にて四谷を見たり花の春」と詠んでいるように、江戸城に近い四谷でさえ人通りが少なかったから、新宿の景気は一向にふるわなかった。

東海道を行き来する大名数は三十三、中仙道三十六、奥州街道四十六に対し、甲州街道は信州高遠の内藤家、飯田の堀家、高島の諏訪家の三家だけ、ということもあった。

宿駅費用の負担が年々、重くなるばかりとして、二十年後の一七一八年（享保三年）に幕府から廃駅を命じられたが、それから五十四年後の七二年（明和九年）に再開された。

内藤家の屋敷跡は新宿御苑として残っている。

玉川上水記念碑（新宿区内藤町八七）

内藤町の新宿通りに面して、「四谷大木戸跡の碑」の近くに建っている。

上水の計画・施行者であった庄右衛門、清右衛門兄弟を顕彰する言葉が刻まれている。

家康の江戸開府六十年後、四代将軍・家綱は関東郡代・伊奈忠治を玉川上水開削奉行に任命し、工事は一六五三年（承応二年）四月から始まった。

多摩川の羽村取水口から四谷大木戸まで全長四十三キロ（落差一〇〇メートル）、幅二間（三・六メートル）の水路である。福生、立川、国分寺、小平、小金井、武蔵野、三鷹と、武蔵野台地の尾根をねらって、掘りすすめられた。上水に雨水など泥水・汚水が流れ込むのを防ぎ、武蔵野開発のための分水を可能にする対策だった。尾根探しの測量は夜、続けられた。線香の束を持った人足たちを横並びにして、火の一番高いところを前方から確認し、地面に印をつけていく。

上水完成に執念を燃やしていた兄弟は、幕府からの工費が尽きてしまうと、自らの田畑を売り払ってまでして、資金の手当てをした。

着工して一年二カ月、五四年（同三年）六月に完成した。

玉川上水開削の功により、兄弟には二百石が下賜され、苗字帯刀が許され、玉川姓を名乗った。

羽村の堰《せき》（＝取水口）手前の公園には、一九五八年（昭和三十三年）建立の玉川兄弟像がある。取水口を指さしているのが兄の庄右衛門、片ひざをついているのが、弟の清右衛門である。

羽村から四谷大木戸までの上水に、三十カ所を超える分水口が開かれた時代があり、百以上の村や新田の用水路となって、武蔵野台地の農業開発にも役立った。

四谷大木戸から先の市中へは、幕府は樋《とい》による導水方法を採用した。石や木製の樋を四方八方に延伸し、町かどに設置した、地域共同の水溜めに落とした。江戸市中の樋は延べ七十㌔、水溜めの数は三千五百個に上ったという。

明治四十四年につくられた新宿・淀橋浄水場が、戦後の新宿駅西口副都心計画によって埋め立てられ、玉川上水の流れもストップした。現在、玉川上水の水は東京都水道局小平水衛所で本水路から分かれ、東村山浄水場を経て、区内へ配水されている。

「昔、神田・玉川の両上水、いまだ江城の御もとへ引かせ給はざりしその以前は、この池水を上水の用ひられしとなり。（寛永・明暦の江戸の図に、赤坂溜池に江戸水道の水源と記してあり）」（『江戸名所図会』と書かれた溜池は、清水谷の湧水や、周辺丘陵のすそから湧く泉を集め、南は麻布台、北は麹町台にはさまれた渓谷を南流して、できた池であった。

流れは、弁慶橋のある赤坂見附から日吉橋、溜池橋、葵橋を経て、虎ノ門方面へ下り、コイ、フナが放され、ハスが植えられ、上野の不忍池と並ぶ江戸の名所としてにぎわった。

玉川上水の開通によって、上水の水源としては使われなくなった溜池と堀では、一八七五年（明治八年）から埋め立て・暗渠工事がすすめられ、一九一一年（同四十四年）に完成、橋の跡形も消え、地名だけが残った。

港区赤坂一—一先の道路わきに一九九七年（平成九年）、溜池発祥の碑が建てられた。

三遊亭圓朝舊居跡の碑（新宿区新宿一—一二）

→三遊塚（二九六ページ）

三遊亭圓朝舊居跡の碑

子供合埋《ごうまい》碑（新宿区新宿二—一五）

成覚《じょうかく》寺にある。

一番上の石には「子供合埋碑」、台石には「施主旅籠屋中」と刻み、墓石のように石を積み上げた碑である。宿場遊女のことを「子供」と呼んでいる。内藤新宿の旅籠屋の主人らが一八六〇年（万延元年）十一月、亡くなった、身寄りのない遊女たちを弔い、建立した。それまでに埋葬された女たちは二千人を超えた。

遊女を抱えていた内藤新宿の宿屋は、一七九九年（寛政十一年）で上町（新宿三丁目）に二十軒、中町（同二丁目）と下町（同一丁目）にそれぞれ十六軒、あわせて五十二軒にのぼった（芳賀善次郎著『新宿の今昔』）。

新吉原から近い浄閑寺（荒川区南千住二―一）に新吉原総霊塔がある。一六六四年（寛文四年）以来、二万人にのぼる遊女が葬られた、いわゆる投げ込み寺の、その墓地に建つ塔には「生まれては苦海　死しては浄閑寺」の川柳が彫られ、今もなお香煙が絶えない。

子供合埋碑

遊女の生に思いをはせ、同寺をしばしば訪ねていた作家の永井荷風は「今の世のわかき人々」で始まる詩を書いた。総霊塔前に、荷風の詩碑が立っている。

幕末に栄えた根津遊廓（文京区）が一八八八年（明治二十一年）六月、移転させられ、洲崎遊廓ができ、一時は二百七十軒、従業婦二千人の規模の街になった。その遊廓街の跡地・江東区東陽町一―三九の東陽一丁目第二公園に洲崎遊女供養碑がある。洲崎三業組合が昭和六年に建立した。

遊女供養塔というのが、足立区中川三―三の善応寺にある。高さ二・四メートルの碑の正面には建立の経緯が刻まれている。もともとは台東区橋場町の正憶院にあって、吉原遊女供養のために建立されたものだが、同院の善応寺との合併・移転にともない、一九二九年（昭和四年）、善応寺に移された。

碑の側面には百五十余柱の戒名が刻まれ、高尾太夫の名もあるといわれているが、風化摩滅していて、判読できない。

恋川春町の墓碑（新宿区新宿二―一五）

成覚寺境内にある。墓碑の左側面に辞世の句が刻まれている。

我もまた身はなきものとおもひしが　いまはのきは丶さびしかりけり

一七四四年（延享元年）に駿河国に生まれた恋川（本名・倉橋寿平）は、駿河小島藩に仕え、江戸小石川春日町にあった小島一万石の松平信敏邸の留守居添役をつとめた。

春日町の町名からペンネームをとった。一七七五年（安永四年）に上梓した黄表紙『金々先生栄花夢』で戯作者としての地位を確立した。一七八九年（寛政元年）の『鸚鵡《おうむ》返文武二道』もヒットしたが、寛政改革の文武奨励を茶化したとして、幕府から取り調べを受けた。捜査・尋問を苦にして自殺したともいわれるが、同年、四十六歳で歿。

大田南畝書の狂歌碑（新宿区西新宿七―一二）→大田南畝隠語の碑（七四ページ）

十二社《じゅうにそう》碑（新宿区西新宿二—一一）

語り継がれている、地名をめぐるむかしむかしの物語——

一四〇〇年（応永七年）のころ、放浪のさむらい・鈴木九郎が紀州・藤代から江戸・中野に移り住んだ。生地の守り神・熊野権現を、自宅近くの丘陵をきり開いて、祠《ほこら》に祭って信心した。

ある日、飼っていたヤセ馬を葛飾の市で売って、一貫文をふところに入れ、帰る途中、浅草観音様にお参りして、一貫文を奉納した。

それからというもの、大金持ちになって、一四〇三年（同十年）、紀州の熊野三山に祭られている十二神宮を、この地（西新宿）にも祭ったところから、この名がついた（『江戸名所図会』）。

金銀財宝の盗難を恐れた九郎は、下男たちに背負わせ、武蔵野の野に埋めさせ、帰ってくる下男たちを斬殺した。たたりは、一人娘の婚礼の夜にやってきた。娘が急死して、ヘビになって、池に沈んだのだ。

犯した罪にさいなまれ、小田原の寺で懺悔して、救いを求めた。娘は、やがてヘビから元の姿に戻って、昇天した。出家した九郎は、財宝を投げ出して、中野に諸堂や塔を創建、「塔の山」の地名はその名残だという。

熊野神社境内にある高さ約二メートルの十二社碑は、一八五一年（嘉永四年）の建立。宝仙寺（中野区中央二—三三）の僧だった負笈道人《ふきゅうどうじん》の撰文、源大彭の書による漢文体の文章に、『江戸繁昌記』の著者で知られる寺門静軒の詩を織り込みながら、江戸西郊の景勝地であることが刻まれている。

江戸で一番に高い淀橋台が低地に落ち込む西端の崖線には滝があり、崖すそで湧く泉が池や流れをつくり、木々が鬱蒼と茂っていた。十二社碑は当時、その名所案内碑であった。

諸国郡邑《ぐんゆう》旅人菩提碑（新宿区袋町一五）

光照寺の墓地にある。同寺は神楽坂・毘沙門天の近くである。

碑面に「南無阿弥陀仏」、台石に「紀伊国屋」とある。神田・松永町（いまのＪＲ秋葉原駅北東側）にあった旅篭屋「紀伊国屋」で亡くなった旅人を供養して、主人の利八が一八二五年（文政八年）八月に建立した。

碑の右側面に

「為諸国郡邑旅人菩提碑

　施主　神田松永町　紀伊国屋利八

　永代金壱両　茶湯料寄付

文政八乙酉八月建之」

とある。左側面から背面へ、仏の住所、名前、死亡年月日が刻まれてある。一八一九年（文政二年）から天保年間までに亡くなった四十九人。文政八年に建てた碑に、それ以後の死人は、その都度、彫り加え、追加したのである。

死人の一覧は、たとえば

「文政六未年七月廿八日
下野国都賀郡藤岡邑　俗名　文蔵
　文政八酉年五月十日
越後国蒲原郡加茂町　俗名　林平
　文政八酉年七月廿三日
美作国吉野郡太弟邑　俗名　長左衛門
　文政十一年子年四月十七日
　　　　四月二十一日
野州安蘇郡秋山村　良助
　　　　峯松
　天保三辰年十月廿三日
越後国蒲原郡水原村　和平
　天保四巳年六月十九日
武州埼玉郡尾ケ崎村　与助
……」

といった具合である。一八二八年（文政十一年）、野州（下野、栃木県）から江戸に来ていた良助と峯松は、四月十七日と、四日後の二十一日に相次いで亡くなっている。

紅皿《べにさら》の碑（新宿区新宿六―二一）→太田道灌公追慕之碑（九六ジペー）

堀部安兵衛之碑（新宿区西早稲田三―五）→堀部安兵衛武庸之碑（二一七ジペー）

箱根山の碑（新宿区戸山の都立戸山公園内）

公園内の箱根山（四四・六メートル）の山裾にある。

公園を含む戸山ハイツのむかしむかしは、尾張徳川家の下屋敷があったところ。「戸山山荘」と呼ばれ、その広さたるや十三万六千坪、東京ドームの約十個分。回遊式庭園のなかに箱根山を見立てた築山を造成、東海道の小田原宿を模した建物など二十五景をしつらえた。江戸では小石川の水戸家の上屋敷・後楽園と並ぶ大名庭園であった。池を掘った残土を積み上げ、固めた箱根山の春は、満開の桜の花で埋まった。

その後はたびたびの火災や水害で荒廃したが、どこの藩財政と同様、尾張藩でも幕末になるほど資金のやり繰りがつかず、復興がすすまなかった。維新以降は明治六年、この地に陸軍戸山学校が開設され、敗戦まで陸軍軍医学校、陸軍の練兵場などとして使われた。

昭和二十四年から戸山ハイツが建設され、敷地の一部は都立戸山公園となって、箱根山が残されている。

ちなみに芝の愛宕山（二五・七メートル）は、天然の山としては二十三区内で最高。飛鳥山（二五・四メートル）がこれにつぎ、人工の山としては箱根山が最高。
いまは、ホームレスの人たちのたまり場になっている。

山吹の里の碑（豊島区高田一―一八）→**太田道灌公追慕之碑**（九六ページ）

彰義隊の首塚（豊島区高田一―一九）→**彰義の碑**（一九五ページ）

山岡鉄舟書の碑（豊島区雑司が谷三―一五）→**山岡鉄舟の碑**（一九一ページ）

第七章　中野・杉並・練馬

中野区役所前の史跡の碑（中野区中野四―八）→飛鳥山の碑（一八〇ジペー）

夜雪庵鴎叟《やせつあんおうそう》の句碑（中野区上高田一―二）

青原寺境内にある。

つむや雪　轄《くさび》のしまる　夜の音

一八六六年（慶応二年）十二月、四世夜雪庵金羅《きんら》によって建てられた。初めは向島にあった寺に建てられたが、のち、移転してきた。

江戸生まれの俳人・三世夜雪庵鴎叟（一七九八～一八六六年、寛政十年～慶応二年）は、名は忠左衛門。三世夜雪庵金羅と号し、別号に得意、得知。湯島に住み、書を教えていた。

夜雪庵の俳統の初代・夜雪庵金羅（一七四四～九四年、延享元年～寛政六年）は江戸の生まれ。本名は内田伝右衛門、別号・芳草林、峨眉山人。熊谷貞屋《ていおく》、谷口楼川にまなび、貞山座の点者をつとめた。操芝口露月町（新橋駅付近）に夜雪庵を結び、以後、夜雪庵金羅と名乗った。二世金羅については不詳。

一八七八年（明治十一年）、三世の跡を継いだ四世金羅（一八三〇～九四年、天保元年～明治二十七年）は、播州龍野から江戸へ出て、湯島天神町女坂に住み、お花の師匠をしていた。名は近藤栄次郎、一卍屋、三万堂とも号した。三世の跡を継いでから名声があがり、門弟数千といわれた。

徳川将軍御膳所跡の碑（中野区江古田三―九）

東福寺境内にある。

高さ四メートルほどの塔状の碑に「徳川将軍御膳所跡　小峯柳多書」と刻まれている。碑陰の説明によると、東福寺は、三代家光公が江戸西郊へ狩猟に出かけたさい、休憩地として利用された寺である。生類憐みの令以来、禁止されていた狩猟を復活させた八代将軍吉宗も、鷹狩りの愛好家。江古田・和田山周辺へ出かけた享保十三年二月十二日に同寺で休息した記録が古文書にあるという。同寺の旧本堂内陣の客殿に、休憩部屋としての「お成りの間」が保存されていたが、改築・解体されたため、一九六七年（昭和四十二年）、その跡に碑が建てられた。

千駄ケ谷、代々木の森も、江戸指折りの鷹狩り場であった。家光が休んだ木陰との言い伝えのある松を記念して建てられた「御鷹の松の碑」（新宿区霞ケ丘町）が、国立競技場の南門わきにある。江戸期の松は枯れ、一九一九年（同八年）に近くの寺から移植された二代目は、戦災に遭って焼失、いまの松は三代目である。碑は、明治神宮奉賛会によって、一九二六年（大正十五年）に建てられた。

幕府は一六四一年（寛永十八年）、鷹場についてのお触れを出し、日本橋から五里（二十キロ）以内を

徳川将軍御膳所跡の碑

将軍鷹場、その外側の五里以内を三家（尾張、紀伊、常陸）・三卿（田安、一橋、清水）の鷹場とした。同心円を方面別に葛西筋、岩渕筋、戸田筋、中野筋、目黒筋、品川筋の六地区に整理した。

　将軍や御三家の鷹狩りは、政治的に重要な意味のある行事であったとされている。大行列が頻繁に行き交うことで、一つには、江戸城周辺に常に幕府の権威・にらみをきかせ、もう一つは、周辺の情勢を、この機会につぶさに観察したという。

『目黒のサンマ』で名高い茶屋坂に「茶屋坂の清水」の碑（目黒区三田二―一五）がある。『サンマ』に登場する将軍は、目黒筋の鷹狩りを好んだ家光である。茶屋の主・彦四郎の、百姓らしい素朴な人柄を愛し、「爺《じい》、爺」と話しかけ、「爺ガ茶屋」と呼ばれるようになった。吉宗も、屋敷に続く一町ほどの土地を与えたり、来るたびに銀一枚を茶代としておくのが常だった。

　広重が『名所江戸百景』に描いた「爺ガ茶屋」は、目黒台地の斜面にあり、台地下には一面、田んぼが広がっている。斜面のあちこちで泉が湧いていたのである。

　中野筋の三鷹市には御鷹場の碑がある。同市大沢二―二の長久寺境内と、野崎一―一の三鷹市役所敷地内にある碑には「従是東西北尾張殿鷹場」と刻まれ、野崎二―一三の吉野邸の碑には「従是西北尾張殿鷹場」とある。境界用として使われていた、高さ一㍍ほどの石の杭を記念碑としている。

　岩渕筋の渕江領だった足立区には、鷹野鳥見屋敷跡の碑（千住一―一六）がある。佐藤邸の門のわきの高さ一㍍ほどの花崗岩の角柱の碑で、「鷹野鳥見屋敷跡」と刻まれている。野鳥の繁殖具合を観察し、鷹場を管理する役人の役所兼住居であった。

　鷹の供養碑もある。小石川後楽園（文京区後楽一）にある瘞鶍碑《えいよう》――「鷹の碑」とも呼ばれている。「瘞」は埋めるという意味。

水戸の七代藩主・徳川治紀《はるとし》（一七七三～一八一六年、安永二年～文化十三年）は、十一代将軍・家斉から贈られた鷹を飼って、かわいがっていたが、治紀が死ぬと、鷹もまもなく死んだ。

九代藩主の徳川斉昭は、これを悼み、園の東隅に葬り、自ら哀悼文を書き、一八二〇年（文政三年）に建てたのが、この碑である。

鷹狩り中に体調をこわす将軍もいる。一六三〇年（寛永期）のころ、隅田川河畔で腹痛を起こした三代将軍・家光は、長命寺（墨田区向島五—四）に駆け込み、体を横たえ、境内の井戸の水を飲んだところ、治ったという逸話から、井戸のわきに碑が建てられた。長命水石文の碑と題した角柱碑で、ずっと後の一八〇三年（享和三年）五月の建立。国学者・屋代弘賢の撰書で長命水の由来が記されている。逸話の一件以来、「常泉寺」の寺号を「長命寺」に改め、由緒の井戸はいまも残されている。

東村山市の高札場跡の碑（恩多町三—五）には「此地方尾州公御鷹狩場の地」と刻まれている。

先述したように、江戸城から五里以内の地域は将軍家の鷹場、五里から十里くらいの間の地域は水戸、紀伊、尾張御三家の鷹場であった。尾張家は一六三三年（寛永十年）、幕府から武蔵野一帯を鷹場として拝領した。

練馬区の大泉第一小学校（大泉町三—一六）校門わきにある高さ一・二メートル《メートル》ほどの角柱碑には「従是南北尾張殿鷹場」と刻まれている。また、石神井公園ふるさと文化館（石神井町五—一二）には「従是西北尾張殿鷹場」の碑が保存されている。南大泉一—一七先に建っていた碑である。

江戸藩邸から鷹狩りに出掛けると、十日から半月は戻らなかったから、鷹場には宿泊施設が造られた。尾張家鷹場の宿泊所は、入間や所沢などへ移転したが、一六四四年（寛永二十一年）から七六年（延宝四年）までの三十二年間は前沢村（いまの東久留米市内）にあった延命寺境内に設けられ、「前沢御殿」とか、近くを流れる小川の沢名をとって「揚流沢御殿《ようりゅうさわ》」とも呼ばれていた。当時の延命寺は八幡町二—一一にあった。

※関連する碑　蔵敷高札場の碑、高札場跡の碑

尾張殿鷹場の碑（練馬区大泉町三—一六）↓**徳川将軍御膳所跡の碑**（一五三ジペー）

江古田ケ原沼袋・古戦場の碑（中野区松が丘二—三五）↓**赤塚城本丸跡の碑**（一七二ジペー）

山荘之碑（中野区大和町四—三七）↓**キリシタン殉教碑**（一一八ジペー）

江古田ヶ原沼袋・古戦場の碑

天保用水記念碑（杉並区成田東五―二九）

弁財天の境内にある。碑面にはつぎのように刻まれている。

「武州多摩郡中野村高円寺村

　馬橋村之地平原乏水屡罹凶

早三村之民相謀上請開新渠

引池水以灌漑時県令中村氏

給費天保十二年辛丑正月工竣

　　明治十三年三月建之

　　　発起人　　三村里正

　　　　　　　　……」

杉並、中野の農家は農業用水を、神田川へ注ぐ桃園川から水田へ入れていた。水量が少ない桃園川は、日照りが続くと、渇水し、下流の馬橋、高円寺、中野の三カ村は、しばしば凶作に見舞われた。そこで、三カ村の名主が協議し、善福寺川から導水する新堀用水建設計画を立て、幕府から許可を得て、一八四〇年（天保十一年）二月に着工、翌四一年に完成させた。有志が先祖の功績をたたえ、一八八〇年（明治十三年）に建立した記念碑である。

いまの荻窪三丁目の荻窪団地近くの善福寺川から取水し、阿佐谷南一丁目の杉並区役所を経て、桃園川へ注ぐ新用水路は、全長二・二キロに及んだ。このうち約三分の一はトンネル（高さ一・三メートル、幅一・六《メートル》）である。一期工事に引き続き、翌四一年は二期工事として〇・五《キロ》の延長工事が行われた。人足は延べ二千人に及んだ。土木技術の発達をうかがわせる用水施設工事である。

一八三三年（天保四年）からの凶作による大飢饉は、三七年までの五年間、全国に拡大し、多数の餓死者が出る一方で、米価暴騰に反対する農民一揆、うちこわしが全国で続発した。

享保、天明、天保の飢饉は三大飢饉と呼ばれ、生産力水準の低い地方で被害がとくに深刻だったことから、生産増強のための整備が奨励された。天保飢饉後に行われた江戸西部の用水整備は、時代の動きに沿った農民の凶作対策であった。

※関連する碑　流民叢塚碑

儀右エ門塚（杉並区成田西四―一三）

共同墓地にある。

「儀右エ門塚
　塚主　高津儀右エ門外数名
明治四十年五月十二日建之
　祭主　野口三右エ門」

と碑面にある。

上野の戦いで負傷した高津儀右衛門ら数名の彰義隊の落ち武者が、縁続きの野口家を頼って、落ちのびてきたが、同家では、あとのお咎めを恐れ、敗残兵をかくまうのを断る。「いまはこれまで」と、切腹し果てた儀右衛門らの遺骸は庚申塚に埋葬された。

野口家では、かくまうのを断ったことを悔やみ、儀右エ門塚の霊を慰め、庚申塚に建てた、といい伝えられている。

※関連する碑　彰義の碑

二十三夜待《にじゅうさんやまち》供養塔（練馬区下石神井六―一）

天祖神社境内にある。

高さ一・一七メートルの角柱型の石塔に勢至菩薩座像が浮き彫りにされ、台石には下石神井村の講中二十三人の名が刻まれている。一八一六年（文化十三年）に建てられた。

十三夜、十七夜の月待ちもあるが、江戸時代は二十三夜の月待ちが多かった。主婦などが講をつくり、一・五・九・十一月の二十三日夜、飲食をしながら、月の出を待ち、月を拝む信仰であった。村の四辻などに残っている二十三夜塔の多くは、江戸時代のもので、全国的にさかんな娯楽的な信仰行事であった。

石神井城跡史蹟碑（練馬区石神井台一―一八）→赤塚城本丸跡の碑（一七二ページ）

宮田橋敷石供養塔（練馬区高松町二―三）

三差路道路わきにある。

高さ七十チセン《センチ》ほどの角柱。「天下泰平　敷石供養塔　国土安全」と刻まれ、碑陰には「田柄村、貫井村、中之宮、高松、石神井、小榑、谷原、土支田、保谷、栗原、牛沼、落合、荒井、野寺……」など、旧村名がぎっしりと記されている。

武州豊嶋郡上練馬高松（練馬区高松一～五丁目）の村役人・甚五郎ら有志が一八〇七年（文化四年）、相はかって、近くの石神井川にかかっていた宮田橋のたもとに建てた。架橋と道路整備の喜びと交通安全の祈願という村民の気持ちを表明したものであった。

一九六九年（昭和四十四年）、道路が拡幅され、これにともない、現在地に移された。

橋供養の碑がもう一つ、同区の東神社（豊玉北五―一八）境内にある。「安永三申年三月　奉橋供養正観世音人馬総延命所　武州豊嶋郡中荒井村　栗原村講中、下小榑講中」と碑面にある。近くを流れる千川上水に筋違橋が架けられた一七七四年（安永三年）、橋供養と、橋を渡る人、馬の安全を祈願して、橋のたもとに建てられた。千川上水が暗渠になった一九五四年（昭和二十九年）、橋が姿を消し、碑は同神社へ移された。

渋谷区幡ケ谷一―一〇に道供養塔がある。中野通りが甲州街道に突き当たった丁字路に祭られた牛窪地蔵尊わきにある。

「道供養塔　文化三丙寅年十一月吉祥日造立之　世話新町商人」とある。中野通りの西側すぐのところに鎌倉街道があって、その昔、行路者の行き倒れが多く、冥福を祈願し、道しるべも兼ね、一八〇六年（文化三年）に建てられた。昭和四十五年、甲州街道が拡幅され、現在地へ移された。

目黒区の大円寺（下目黒一―八）門前に行人坂敷石造道供養碑がある。

高さ一・六メートル。上部には梵字と蓮華が彫り出され、下には建立の由来が記されている。

同寺前の行人坂は急坂のうえ、雨や雪が降ると、ぬかるみ、凍りつき、上り下りの人びとは難渋していた。一念仏行者が目黒不動尊や浅草観音に千日参詣し、敷石道に改良した。江戸と目黒の神社や寺院を結ぶ参詣路の開発を祝い、往来安全を祈願し、一七〇三年（元禄十六年）に建てられた。

練馬大根碑 （練馬区春日町四―一六）

愛染院の参道にある。

高さ三・二メートルの巨碑に「練馬大根碑」と刻まれ、その下に歴史についての碑文が記されている。

大根といえば、練馬、といわれる練馬大根は「徳川五代将軍綱吉が館林城主右馬頭たりし時、宮重の種子を尾張に取り、上練馬の百姓又六に与へて、栽培せしむるに起ると伝ふ」（碑文）。また、一説には、綱吉公が下練馬村に栽培を命じ、旧家・大木金兵衛に年々、献上させたとも伝えられている。

江戸の人口が増えるに伴い、栽培農家が著増し、元禄期には練馬の特産物になったという。

奈良・平安時代から「オオネ」「スズシロ」ともいわれた大根の種類は、収穫時期によって春、夏、秋に分けられるが、練馬大根は、宮重・聖護院・守口・桜島などと同じく、八、九月にまいて、十、十一月に収穫する秋大根。

大量の大根が生産され、全国的に、その名をうたわれるようになったことを記念して、碑は一九四一年（昭和十六年）四月に建立された。

碑の隣に、練馬大根の品種改良や加工技術の改善に功労があった鹿島安太郎翁（一八八三～一九六五年、明治十六年～昭和四十年）の顕彰碑がある。愛染院は鹿島家の菩提寺である。

練馬区の農地は、都市化の波でかなり失われたが、あの太さでおなじみの練馬大根の生産地は各地へ広がり、練馬大根は健在である。

御浜井戸の碑（練馬区桜台六―三二）→**水神池の碑**（八五ジペー）

橋供養の碑（練馬区豊玉北五―一八）→**宮田橋敷石供養塔**（一六〇ジペー）

第八章

巣鴨・板橋・大塚・池袋

狩谷掖斎《えきさい》の碑 （豊島区巣鴨五―三四）→松崎慊堂の墓碑（一二九ページ）

振袖火事供養塔（豊島区巣鴨五―三五）

本妙寺境内にある。

塔に「一業所感焼死群類霊　妙法蓮華経干時明暦三丁酉正月十八、十九日」と刻まれてある。

江戸では一六五五年（明暦元年）から数年間は毎年、大火が頻発していたが、なかでも、五七年（明暦三年）一月十八日昼過ぎ、本郷丸山町の本妙寺から出火し、燃え広がった明暦の大火は、被災者数、被災面積のいずれでも江戸第一の大火であった。

本郷三丁目の中仙道から横道に入った菊坂近くの、奥まったところに、大火前の本妙寺はあった。巷説では、娘の命日に供養のため、父親が本堂前で燃やした紫縮緬の振り袖が舞い上がり、どこかに落ちて燃え始めたという。「振袖火事」「丸山火事」ともいわれる火事である。

燃え上がった火は、折からの乾いた烈風に煽られ、湯島、神田、浅草、京橋八丁堀から佃島、深川まで焼き尽くした。江戸城まで飛び火して、西丸を残して、本丸・二の丸はじめ諸櫓を焼いた。翌十九日も小石川伝通院前の新鷹匠町から燃え出し、牛込御門から田安、神田橋、常盤橋、数寄屋橋などの各御門へ類焼し、二十日朝になって、ようやく鎮火した。江戸城は以降、五回にわたる火難にあい、その都度、再建されたが、天主はついに再建されなかった。

明暦の大火では十万八千人が焼死し、四百とも八百ともいわれる町が焼尽に帰し、無数の貧困者を出した。一万石以上の諸大名屋敷五百軒、旗本の邸宅七百七十軒、神社仏閣三百五十宇、倉庫九千、橋梁六十が焼失した。

武家の町は、江戸開府当時からの豪壮な桃山式書院造りの屋敷が続いていたが、焼失以後、建て替えられた屋敷は、白木造りの地味な家屋に変わって、町のたたずまいは一変した。

墨田区東両国の百メートル四方の地に無縁塚を築いて、振袖火事の約十万の焼死者を埋葬・供養した。その塚の上に、その後、一寺が創建され、これが国豊山無縁寺・回向院となった。

東両国の回向院が手狭になり、一六六七年（寛文七年）、南千住・小塚原の刑場かたわらに千住の回向院がつくられた。

港区の光明寺（虎ノ門三―二五）には明和の大火死者供養墓がある。

振袖火事から百年あまり後の一七七二年（明和九年）二月二十九日午後、目黒行人坂の大円寺から出火、折からの烈風にあおられ、白金、麻布、三田、桜田から日比谷、常盤橋御門、日本橋へと燃え広がり、さらに、神田、湯島、上野、小塚原、千住、浅草、駒込、白山などを焼き尽くした。類焼の町は九百三十四、罹災の寺は三百八十二、焼失の大名屋敷は百六十九にものぼる江戸大火。

光明寺では、境内の山に避難してきた男女九十人が焼死し、寺も全焼したが、この惨事に心いためた当時の住職が焼死者を供養して建立した。

火元となった目黒大円寺には、焼死者の霊を弔い、石彫りの五百羅漢像が祭られている。このなかには赤ん坊を抱いた母親の像もある。釈迦の教えを聞き、修行して、悟りを開き、無我の境地に住む人のことを羅漢といっている。

※関連する碑　両国広小路記念碑

浦里・時次郎比翼塚（豊島区巣鴨五―三五）

慈眼寺境内にある。

蔵前の札差「伊勢屋」の若旦那・伊之助（芝居では時次郎）と、新吉原の遊女・三芳野（浦里）の悲恋物語は、新内の『明烏夢泡雪《あけがらすゆめのあわゆき》』や歌舞伎などでおなじみだ。親に反対され、一七六九年（明和六年）、心中する。伊之助二十一歳、三芳野二十四歳。

辞世のうたが刻まれている。伊之助の墓碑には「ひとり来て　ふたり連れ立つ二世の道　ひとつうてなにうける露の身」。三芳野の墓碑には「川たけの　流るる身をもせき止めて　二世の契りを結ぶうれしさ」。

尾形乾山深省蹟の碑（豊島区西巣鴨四―八）→入谷乾山窯元之碑（二〇二ページ）

二代目高尾の墓（豊島区西巣鴨四―八）→吉原遊女二代目高尾の墓碑（二三七ページ）

加賀前田家下屋敷跡の碑（板橋区加賀一―八）

加賀公園にある。

一・二メートルほどの角柱碑。「板橋区史跡　加賀前田家下屋敷跡」と刻まれている。

加賀藩前田家下屋敷は、いまの板橋区加賀一、二丁目から板橋三、四丁目にわたり構えられ、その面積は約二十一万八千坪、東京ドーム十五個分に及び、江戸の大名屋敷では最大の屋敷であった。

下屋敷は一般に、藩主ら家族の別邸だったから、保養・散策・鷹狩り、ときには園遊会などに使われ、同下屋敷もそれにふさわしく、邸内を流れる石神井川を利用して、池泉回遊式の庭園などがつくられていた。

藩主、家族が住む公邸でもあった加賀藩前田家の上屋敷は、本郷邸（東京大学あたり）だった。隠居した藩主などの住まいとなった中屋敷は、駒込邸（本駒込六丁目）だった。

幕末近くになると、時代の影響をうけ、下屋敷の邸内で大砲・火薬の製造が行われ、明治期には板橋火薬製造所から東京第二陸軍造兵廠へと発展した。

いまは、加賀公園の一角に残る築山が、下屋敷時代の面影を伝えている。

碑は一九七二年に建立された。

碑ではないが、仙台藩上屋敷表門跡の説明板が汐留の日本テレビ（港区東新橋一―六）前にある。

東京都などによる国鉄汐留貨物駅跡地の再開発がスタートするのを前に、都教委と都埋蔵文化財センターは一九九二年（平成四年）から汐留遺跡の発掘調査を開始、九五年に仙台藩上屋敷の表門の遺構を突き止めた。

一六四一年（寛永十八年）に設けられた同屋敷は、当初は下屋敷として使われていたが、一六七六年（延宝四年）に上屋敷とされた。

万延二年の『江戸の古地図』によると、浜御殿（いまの浜離宮公園）西側、溜池川をへだてた対岸にある「松平陸奥守」邸が、幕末まで仙台藩上屋敷として江戸における拠点となったところだが、一九九二年からの調査で冠木門の基礎の木組み遺構を発掘し、屋敷の位置を明確にする成果をあげた。

縁切榎の碑（板橋区本町一八）→装束榎の碑（一八三ページ）

旧水村玄洞宅跡の碑（板橋区仲宿五六―一五）

板橋宿本陣跡の碑の向かい側にある。幕府に捕らわれ、江戸小伝馬町の獄舎につながれていた高野長英は、一八四五年（弘化二年）三月の大火に乗じて脱獄・逃走、七月末の深夜に門をたたいた屋敷が医師・水村玄洞宅であった。水村はかつての門下生であった。身の危険を省みず、恩師を一両日かくまった水村は、同月三十一日、北足立郡尾間木村（いまのさいたま市緑区の一部）に住む実兄・高野隆仙宅へ赴くという高野を送り出した。

その後、奥羽から近畿、四国、九州などへ逃亡を続け、江戸へ舞い戻ったのが一八四九年（嘉永二年）であった。
※関連する碑　高野長英の碑

志村一里塚の碑 （板橋区志村一―一二）

↓一里塚の碑 （三三二ページ）

大山道しるべ （板橋区志村二―一七）

旧中仙道の志村二丁目丁字路にある。高さ約一メートル、二十センチほど四方の石柱。

正面に「大山道ねりま川こえみち」、左の面に「武州豊島郡志村講中」と刻まれている。一七九二年（寛政四年）三月に建てられた。並んで建っている一メートルほどの高さの庚申塔。正面には「庚申塔」、左側の面には「是より富士大山道、練馬江一里、柳沢江四里、府中江七里」とある。一八六〇年（万延元年）九月の建立である。

志村一里塚の碑

毎年六月の山開きから、江戸はじめ各地の職人や賭博師などが講を仕立てて、大山参りがさかんに行われた。江戸を出ると、伊勢原、秦野を経て阿夫利神社へ通じる大山街道が白衣姿の信者たちでにぎわった。江戸市中から大山街道への道しるべが、主要道路の辻にあったといわれるが、街路の拡幅や街の開発などで、そのほとんどが姿を消してしまった。

世田谷区の三軒茶屋交差点には一七四九年（寛延二年）に建立、一八一二年（文化九年）に改修された大山道への道標が建っている。高さ二・四メートルの角柱の上に不動尊像が載っている。いまは、向きが変わって、設置されているが、もともとは渋谷方面に向いて建てられていた。

正面に「左　相州通　大山道」と刻まれている。「相州通」は二子通り、旧大山通り、いまの玉川通りのことである。

右側面には「此方　二子通」とあり、左側面には「右富士　世田谷　登戸道」とある。いまの世田谷通りである。

背面には「天下太平国土安穏　寛延二己巳年建立　石工　江戸本材木町八丁目　石田屋　文化九壬申年□建　五穀成就萬民家樂」とある。

渋谷区本町の荘厳寺（二―四四）境内には「道しるべの常夜燈」がある。環状6号線（山手通り）と甲州街道との交差点に立っていたが、道路が拡幅され、現在地に移された。

灯籠の火袋の下の中台に、幡ケ谷の荘厳寺、十二社の熊野神社、杉並の大宮八幡宮、三鷹の井の頭弁財天までの道のりが刻まれている。一八五〇年（嘉永三年）の建立。台座には「内藤新宿惣旅篭屋中」など江戸内外の建立者の名が記されている。

北区赤羽の寶幢院《ほうどう》（三―四）の山門前、三差路の歩道に「寶幢院前の道標」がある。「南　江戸道」「西　西国富士道　板橋道」、もう一つの面には「東　川口善光寺道　日光岩付道」と、江戸・富士・日光の分岐点であることを案内している。背の面には「元文五庚申年十二月吉日願主了運」と刻まれている。

下町には「五百羅漢道標」というのが残っている。江東区猿江二―一六の小名木川橋北詰、橋のたもとにある。約二《メー》《トル》の高さ、周囲を雲形に刻んだ石柱である。

正面に「是より五百らかん江右川通り八町ほど先へ参り申候」と刻まれている。

左側面に「此横道四ツ目橋通り亀戸天神道」

右側面に

「享保十六辛亥年二月再建

寛政九丁巳年二月再建

文化二乙丑年八月再建

当所近隣講中」

背に「当所庚申前講中　世話人　駿河屋駿河平三郎」

と記し、五百羅漢と亀戸天神への道を示している。一七三一年、一七九七年、一八〇五年と、再建を繰り返しているのは、火災などで損傷したためか。

成田山参りの道しるべもある。江戸川区江戸川一―四八の道路わきにある高さ一・六《メー》《トル》ほどの角柱道標。正面に「成田山不動明王」、右面に「是より左江戸道」、左面に「文政九戌年十二月吉辰」、台座正面に「右行徳　左市川」、台座左右面に「下鎌田村」として六名ずつの名が連記されている。一八二六年（文政九年）に下鎌田村成田講の講中によって建てられた。成田道と呼ばれたこの道は正月、五月、九月、行き交う参詣客でにぎわった。

志村城跡の碑（板橋区志村二―一六）

↓赤塚城本丸跡の碑（一七二ページ）

赤塚城本丸跡の碑（板橋区赤塚五―三五）

板橋区郷土資料館近くにある。

一四五六年（康正二年）、足利成氏の軍に敗れた千葉自胤《よりたね》は、関東管領・上杉氏、太田道灌に助けられ、赤塚城に入った。道灌が江戸城に着工した年である。武州赤塚を本拠に勢力を挽回、武蔵、下総に威を張ったが、一五〇六年（永正三年）、この地で没した。

管領・上杉氏衰退後、北条氏に属した千葉氏だったが、一五九〇年（天正十八年）七月、小田原落城とともに赤塚城も廃城、城主・千葉氏は消息を絶った。

自胤が上杉氏に助けられ、赤塚城に入ったとき、支城となった志村城、その城跡の碑が熊野神社（板橋区志村二―一六）境内にある。碑面には「板橋区史跡　志村城跡」とある。一九六九年（昭和四十四年）に建てられた。東台、中台、西台と呼ばれる丘陵が連なり、志村三台のうち、城は東台の高みにあった。北に荒川、南には出井川が流れ、要害の地であった。

自胤が赤塚城に入城して二十年後の一四七七年（文明九年）、太田道灌・千葉勢が豊島勢と戦った激戦地・江古田に「江古田ケ原沼袋・古戦場の碑」がある。妙正寺川の渓谷をはさんでの短期決戦で、碑は川沿いの江古田公園（中野区松が丘二―三五）に一九五六年に建てられた。

赤塚の千葉勢など百五十名を超える兵が討ち死にしたが、道灌の軍勢は時を移さず、豊島氏の石神井城に攻め入り、豊島軍も善戦したものの、落城。同じ文明九年の四月十八日であった。石神井城跡史蹟碑が練馬区の石神井公園（石神井台一―一八）にある。三宝寺池の谷と石神井川の低地とにはさまれた丘の上にあって、空堀や土囲をめぐらしていた。

道灌は、長尾景春と武蔵・相模・上野・下総に戦って破り、武蔵の諸城を落とした。

稲付城の跡地の碑が北区の静勝寺境内（赤羽西一―二一）にある。同寺は、「道灌山」と呼ばれる丘陵地の上にあって、碑には「都旧蹟　稲付城跡」と刻まれ、石段の上り口に立っている。長い石段は、城山だった面影を残している。

江戸城はじめ岩槻城、川越城のいずれも道灌が築いた城だが、三つの城の連絡・中継のために、稲付城を築いたといわれている。

静勝寺は、道灌が主君・定正に謀殺された一四八六年（文明十八年、五十五歳）から十八年後の一五〇四年（永正元年）、道灌の師・雲岡《うんこう》和尚がこの地に開いた寺で、太田家の菩提寺となった。寺の名は、道灌が好んだ兵法「兵以静勝」からとった。やはり、道灌の創建になる芝の青松寺と読み方が同じになるため、「じょうしょうじ」と読む。

江戸の城数は、規模に大小はあるけれども、多摩を含め、三十八城もあって、意外に多い。二十三区内に十八城、多摩に二十城あった（講談社刊『日本の文化地理』第六巻）。

志村城、石神井城のように、河川を望む丘陵に築き、稲付城のように山地を巧みに利用するなど、自然の要害地を選んで築城し、戦乱のときにはたてこもり、また、平常の住まいの館としても使われた。築城は、江戸幕府以前、中世に属する動きだが、いずれも、江戸城を築いた道灌にかかわる城跡の碑であるので、とりあげた。

火技中興洋兵開祖の碑（板橋区赤塚八―四）→高島秋帆先生紀功碑（一七四ページ）

高島秋帆先生紀功碑（板橋区高島平八―二四）

徳丸ケ原公園にある。

碑文には、この地点から荒川までの南北一キロ、東西二キロの地域は、その昔、徳丸ケ原であったことが述べられ、「天保十二年五月、高島四郎太夫先生が幕府の命を承けて、門人百余人を指揮し、始めて洋式の歩砲兵隊操練等を行ひし処とす」とある。一九二二年（大正十一年）に建てられた。

長崎の町年寄の家に生まれた秋帆（一七九八～一八六六年、寛政十年～慶応二年）は、オランダ人に就いて洋式砲術を学んで一派を立てていた。

一八四〇年（天保十一年）、イギリス艦隊が清国沿岸に猛攻撃を開始したアヘン戦争の情報を提供すると同時に、砲術採用の建議を行った。砲術調練を認め、賞賛し、翌四一年には砲術を自由に教授することを認めた。が、砲術の採用そのものは、幕府目付の鳥居耀蔵に反対され、実現しなかった。それどころか、四二年（同十三年）十月には投獄される事態になった。讒謗《ざんぼう》をうけての下獄だといわれている。幕府の洋学者弾圧政策の犠牲になった。

反対の理由には、時代のもう一つの動きがあった。阿部正弘老中の諮問に、海防掛が「海辺防備のためには土着農兵を必要とするが、頑悪の土民は、かえって肝心の農事を怠ったり、無頼放埓の徒に引き入れられるもとになっては、国家の衰弱となるであろうから、それもできない」と答申する情勢であった。

時あたかも天保の改革期、「人返し令」が改革の大きな柱になっていた。商品生産の著しい発展によって、江戸への出稼ぎが急増し、天保前期の飢饉の影響も加わって、農村における労働力の不足、荒廃が広がっていた。

幕藩体制の搾取原則である年貢の確保を企図し、強化していくために、「余業制限・出稼ぎ制限令」は喫緊の政策であった。

沿岸警備には、農村からの莫大な人馬の徴発に迫られる。必要は認めながら、逡巡する幕府にとっ

高島秋帆先生紀功碑

て、秋帆の砲術採用の主張は沈黙させたいところであったろう。

しかし、歴史は、秋帆の主張する方向へ動いていく。日本沿岸に異国船が頻繁に近づくだけでなく、漂着、来航し、薪水食糧を要求、また、通商を求める文書を出したり、港湾の測量を行ったりするようになった。

幕府は一八四四年（天保十五年）、箱館、浦賀など全国十二カ所に砲台を築いて、守備兵を置いた。翌四五年には、いったん廃止した「文政打払令」を復活、朝廷から、海防を厳重にするよう勅諭をうけたのは、一八四六年（弘化三年）であった。朝廷が幕府に対し、政策的な課題を内容とした勅諭を下したのは、これが初めてであった。

幕府は、高島流砲術を西洋流と改称して奨励し、品川砲台を築造（嘉永元年）、洋式大砲六門の鋳造を命令する（同二年）など、秋帆の功績を見直しはじめた。秋帆は一八五三年（嘉永六年）には禁固を解かれ、晴れて江戸海岸の砲台築造や大砲製造に従った。その後、幕府の講武所砲術師範役・具足奉行格に任じられた。

板橋区の松月院（赤塚八―四）には高島秋帆顕彰碑がある。「火技中興洋兵開祖の碑」が碑名。台石に青銅で型どられた大砲の砲身が天に向かって、建てられ、周囲に四つの弾丸が並べられている。

※関連する碑　品川台場の碑

服部嵐雪の墓句碑（豊島区南池袋二―四一）

本教寺境内にある。

角柱碑の正面に「雪中庵嵐雪之墓」とあり、背に辞世の句が刻まれている。

一葉散る咄一葉散る風の上

江戸・湯島生まれの嵐雪（一六五四～一七〇七年、承応三年～宝永四年）は、江戸で新庄隠岐守や井上相模守に仕え、禅を学び、のち、蕉門に入った。雪中庵、不白軒、黄落庵などが俳号である。「草庵に桃桜あり、門人に其角、嵐雪あり」と芭蕉は語っていたが、其角とともに江戸蕉門の双璧であった。

江戸日本橋の其角の庵に寄食していたが、のち、浜町に雪中庵を結び、芭蕉の死後は江戸の俳壇を其角と二分し、多くの俳人を育てた。『其袋』『或時集』『杜撰集』『若水』などの著書がある。

※関連する碑　其角住居跡の碑

山田浅右衛門代々の碑（豊島区池袋三―一）

祥雲寺にある。

「首切り浅右衛門」の名で知られる山田浅右衛門代々の事績を記している。

「山田氏の先は、六孫王　源経基に出づ。始祖・貞武……山野氏に従て刀術を修め……江戸・平河に住し、浅右衛門と称す。子孫、之を其家号となす。
二世吉時、徳川家の御腰物御様《おためし》御用を勤め、傍、首打同心の代役を兼ぬ。後世、職となり、三世吉継、四世吉寛相承け、五世吉睦、山田流据物（罪人の死体で刀の切れ味を試す）刀法を大成し、また、刀剣鑑定家として、名声籍甚たり。
六世吉昌、七世吉利、八世吉豊、皆能く箕裘《ききゅう》（祖先伝来＝引用者）の業を紹恢し、敢て家声を堕さず、以て明治維新に至る。……」

享保（一七一六～三五年）のころから千住の小塚原や品川の鈴ケ森で首斬り同心の代役をつとめたが、本職は試刀。将軍家、大名などから依頼され、罪人の死体で切れ味を試した。

碑は、山田浅右衛門の研究家や山田家の血縁の人々によって一九三八年（昭和十三年）に建立された。

山田浅右衛門代々の碑の隣にある、斬首のたびに、その髻《もとどり》（＝昔の髪の結い方で、髪を頭の上にたばねたところ）を切って、台中に納めた髪塚の碑は、六世吉昌が建立した。

祥雲寺に七世吉利、八世吉豊の墓地がある。

酒井抱一朝顔の画碑（豊島区南池袋三―一八）→酒井抱一の碑（四二ページ）

第九章　赤羽・王子・滝野川

西ケ原一里塚の碑（北区西ケ原二―一三・四）

→一里塚の碑（二三三ページ）

西ケ原一里塚の碑

飛鳥山の碑（北区王子一―一）

飛鳥山公園の丘の上にある。

紀州・熊野の石に、尾張の山田宗純の篆額、成島道筑（鳴鳳）の全文漢文体の文が刻まれている。碑文がむずかしく、読める人が少ない難解な碑として有名。

中世期から、このあたりを拓いた関東の豪族・豊島氏一族が、紀州と関係が深かったことから、豊島景村は一三二一、二年（元亨期）ころ、新宮の飛鳥明神をこの丘陵に移して、祭った。「飛鳥山」の名の起こりである。近くを流れる石神井川は、紀州の川になぞらえ、「音無川」と名づけられた。

音無川をへだてた丘の上にある王子神社も、同じころ、紀州の熊野権現を移したもので、当時は王子権現と呼ばれた。飛鳥明神は、その後、まもなく王子権現に移された。

一七二三年（享保八年）、鷹狩りの帰りにたまたま、王子権現を参拝した八代将軍・吉宗は、自分の出身地にある紀州熊野権現を移し、祭った神社であることを知って、懐かしく、花で祭りたく思った。飛鳥山の地主には代替地を与え、飛鳥山を王子権現に寄進し、江戸の名所にもなるようにと、山に数千本の桜を植えさせたのであった。

これを喜んだ王子権現の別当・金輪寺の宥衛上人が記念として、経過を伝えようと、一七三七年（元文二年）に建立したのが、この碑である。

かくて、飛鳥山は、隅田川の堤、品川の御殿山、小金井などとともに江戸の桜の名所となった。いずれも、吉宗が桜を植えさせたところで、「花の吉宗」といわれた。

中野区役所前の史跡の碑（同区中野四―八）は、中野地域が江戸時代の初めから将軍、大名の鷹狩りの地として知られていたこと、一六九五年（元禄八年）に「生類憐みの令」を出した綱吉時代には、この地に犬小屋が設けられ、多数の犬を飼育したこと、などのほかに、一七三六年（享保二十一年／元文元年）には、吉宗が「この地の景勝を賞して、桃園を経営せしめ、……江戸士民遊歩の処とした」（碑文）ことなど、この地の歩みを略記しているが、ここにも「花の吉宗」で登場している。

※関連する碑　徳川将軍御膳所跡の碑、墨堤植桜の碑、小金井桜樹碑

飛鳥山の碑

佐久間象山の桜花賦の碑（北区王子一—一）

飛鳥山公園にある。

一八一一年（文化八年）、信濃・松代町の象山のふもとに生まれ、江戸に遊学して、佐藤一斎に朱子学を、江川太郎左衛門に洋式砲術を学んだ。四八年（嘉永元年）、洋式野戦砲を初めて鋳造した。「皇国に名華あり……」で始まる、八百字にわたる漢詩は、飛鳥山の満山の桜に自らの思想・尊王愛国の至情を託してうたったものといわれている。一八七八年（明治十一年）、門下生によって建てられた。

象山の門人で、十九歳年下の吉田松陰が企てた米国への密航事件にまきこまれ、一八五四年（嘉永七年）四月に捕まった象山は、下獄後、郷里の信州松代に蟄居《ちっきょ》を命ぜられたが、蟄居生活中の四十九歳のときに詠んだのが『桜花賦』である。

五四年三月二十八日、下田で米艦ポーハタン搭乗に失敗した松陰を調べた幕府奉行は、行李から象山の『送別の詩』や、象山加筆の「海外渡航理由書」などを発見した。

尊王絶対論は師弟とも同じであった。外国の事情への関心が強いことも共通していた。松陰が「脅されて開国するのでは、国の自立が失われる。主権回復のために、いったん攘夷した暁に開国する」ことを主張していたのに対し、象山は「殖産興業的な開国論」を主張した。「西洋の技術、東洋の道徳」を軸にした象山の開国論は、封建性を維持しつつ、近代化を図る、明治政府の政策を予見したような思想であった。

開国論と公武合体論をもって奔走していた象山は、一八六四年（元治元年）七月十一日夕、京都で尊王攘夷の志士に刺殺された。五十三歳。妻・順子は勝海舟の妹。

※関連する碑　吉田松陰先生終焉之地の碑

装束榎の碑（北区王子二―三〇）

装束稲荷の境内にある。

碑には大書した「装束榎」の文字が刻まれている。

江戸時代、毎年大晦日の夜、関東地方から飛鳥山のふもとに集まって来た狐の群れが、ここで装束を改め、王子稲荷神社に参殿したという民話に由来している。村人たちは、狐がともす狐火の輝きによって新年の豊凶を占ったという。おなじみの広重の浮世絵『王子装束　ゑの木　大晦日乃狐火』は、畑を見渡せる野道に榎がそびえ、冬枯れの、その大樹の下を稲荷神社へ向かう狐の長い列を描いた図である。

榎は街道の一里塚に植えられたが、縁結びや縁切りなど、庶民の信仰にもかかわってきた。

渋谷区の鳩森神社近くの坂道の途中わきにお萬榎

装束榎の碑

の碑（千駄ケ谷二―二九）がある。「江戸名所　お萬榎　榎稲荷」と刻まれている。碑の背後は岩肌の出た崖になっていて、あちこちの岩の上に地蔵さまが置かれている。縁結び、招福、子供の病気回復、子授かりなど御利益があるとの言い伝えから、内藤新宿の遊女たちの信仰を集めていた。

樹齢八百年といわれた榎は、空襲で焼失、一九五〇年（昭和二十五年）五月に碑が建てられた。縁切榎の碑（板橋区本町一八）もある。旧中仙道沿いにあって、板橋宿の名物であった。以前は道の反対側（本町三三）にあったが、いまの場所に移され、榎も数代目に代わって、茂みの奥に小さな社が祭られ、参拝者がいまもなお多い。

いつのころからか、この木の下を嫁入り、婿入りの列が通ると、不縁になるとの信仰が生まれ、たとえば、十代将軍に降嫁の五十宮《いそのみや》、十二代将軍に降嫁の楽宮《ささのみや》の行列は、この地域をよけて根村道から江戸入りし、十四代将軍・家茂に降嫁の和宮《かずのみや》のときには、この榎全体をコモで包み、その下を通って、板橋本陣に入ったと言い伝えられている。

初代の榎が、槻《つき》の木と双生になっていたところから、江戸の昔々、誰いうとなく、「エンツキ（縁尽き）」といわれ、所在地の「岩の坂」を「イヤナサカ」ともじって、「エンツキイヤナサカ」と呼ばれるようになった。

一八八四年（明治十七年）の大火で初代の榎が焼失後、場所移転のさい、建立された碑には、

縁のいとのむすぶもとくも人にあり誠しあらば神ぞ聞くらむ　　雪廼舎朮

と刻まれている。雪廼舎《ゆきのや》朮《おけら》は明治のころ、この近くに住んでいた歌人・相沢朮である。

稲付城跡の碑（北区赤羽西一―二一）→赤塚城本丸跡の碑（一七二ページ）

寶幢《ほうどう》院前の道標（北区赤羽三―四）→大山道しるべ（一六九ページ）

寶幢院前の道標

近藤勇・土方歳三の墓碑（北区滝野川七―八）

ＪＲ板橋駅前の小公園にある。

高さ三メートルほどの角柱に「近藤勇　宜昌　土方歳三　義豊之墓」、背に「近藤　明治元年辰四月廿五日　土方　明治二年巳五月十一日」とある。左右の面には新選組面々の名前が刻まれている。

墓碑のそばには「史蹟」の碑があり、近藤・土方の事績が記されている。

近藤は一八三四年（天保五年）、武蔵国・調布の出身。天然理心流の剣士・近藤周助に学び、養子となった。道場・試衛館を市ヶ谷柳町に開き、のち、牛込の二十騎町へ移った。

幕府が一八六三年（文久三年）、上洛する将軍・慶喜を、尊王攘夷派から警備するための浪士組を編成したさい、一門の土方歳三と参加した。

浪士組が新選組に改組されると、隊長に選ばれ、池田屋騒動をおこすなど、尊王攘夷派の志士の弾圧にあたり、幕府のために活躍した。

鳥羽・伏見の戦い、戊辰戦争などに転戦し、なお戦うことを主張して、下総・流山で隊を組織したが、勇は捕らえられて、板橋の刑場で処刑された。首は京都に送られ、胴以下はこの地に葬られた。

土方は天保六年、日野の石田の生まれ。新選組副長として勇とともに戦い、流山で勇と生き別れた歳三は、榎本武揚の軍に投じ、一八六九年（明治二年）五月、箱館の五稜郭で戦死した。

墓碑は、一八七五年（明治八年）、新選組に関係のあった永倉新八こと杉村義衛が建立した。

近藤勇辞世の詩碑が三鷹市の龍源寺（大沢六―三）境内にある。

孤軍援絶作俘囚　顧念君恩涙更流
一片丹衷能殉節　睢陽千古是吾儔
靡他今日復何言　取義捨生吾所尊
快受電光三尺剣　只将一死報君恩

龍源寺は近藤の生家に近く、碑は一九五七年（昭和三十二年）に建てられた。

また、近藤、土方の生誕地に近い日野市の高幡不動尊（高幡七三三）境内には、近藤勇・土方歳三顕彰碑がある。会津藩主で京都の守護職をつとめた松平容保の筆の篆額、仙台藩の儒者・大槻磐渓の撰文、幕府の典医頭・松本順の書で、両志士の事績が漢文体で刻まれている。

金剛寺（高幡不動尊）住職・賢雅大僧正が有志とはかり、一八八八年（明治二十一年）七月に建立した。

第十章　谷中・上野・日暮里

笠森お仙の碑（台東区谷中三―一）

大円寺にある。

江戸中で評判をよんだ明和三美人の一人、谷中の水茶屋に出ていたお仙の碑である。

享保・元文のころから、江戸町々の通り筋に出るようになった水茶屋は、いまでいえば、喫茶店であり、赤提灯の一杯飲み屋であり、小料理屋である。商人、職人、土方・人夫や、与力・同心の幕府役人など、外で飲み食いする人たちが増え、水茶屋が軒を並べる盛り場が生まれた。

そのうち、茶屋女が酌婦化し、「二十軒、茶をのませ　ちとあっちらへ」（天明二年の川柳）とうたわれたように、私娼化がすすんだ。『武江年表』には「六月二十二日より、池の端新地の茶屋五十九軒、その外、家数あまた引き払わせらる（多くの女をかかえ置きて、みだらなる事なししゆえとぞ）」（一七五二年＝宝暦二年）の記事が見える。

一八四二年（天保十三年）の水野忠邦の大改革のとき、水茶屋に酌婦を置くことを禁止する風俗取締令を受けることになった。

「笠森のわたせる見世におく茶やの　おせんを見れば目ざさめにけり」と、歌われた笠森の茶屋は、醜聞とは無縁だった。

浮世絵画家・鈴木春信の、お仙をモデルにした錦絵が一七六八年（明和五年）に出て、絵草子、双六、うちわ、手ぬぐいにまで染められ、人形にもつくられたから、お仙を一目見ようと、境内に茶屋「鍵屋」がある笠森稲荷は、参拝の客足が絶えなかった。

谷中の鍵屋五兵衛の娘に生まれ、茶屋の仕事を早くから手伝い、十八歳のころから美人の評判が立ち、御家人の倉地文左衛門の養子・政之助の女房になったのは二十歳だった。養父を継いで御庭番から、金奉行（＝幕府の金庫の出納をつかさどる奉行）へと栄進した政之助との間に二人の子をもうけた。五十九歳のとき、夫と死別し、七十九歳まで生きた。二人の墓は中野区の正見寺（上高田一―二）にある。

笠森お仙の碑は、一九一九年（大正八年）に建てられ、永井荷風の文章で「春信の錦絵に面影をとどめ、評判は今もなお高い」ことが刻まれている。

お仙の茶屋が出ていた感応寺は、その後、上野彰義隊の戦いなどで焼失、廃絶し、その場所は、現在の功徳林寺（台東区谷中七―六）の一部になっている。

いま、碑がある三丁目の大円寺にも、七丁目の功徳林寺にも、境内に稲荷は祭られてあるが、研究者からは「笠森稲荷があったのは、功徳林寺であるから、碑は本来なら、功徳林寺に建てるべきであった」との意見がある。

後世、歌舞伎にも取りあげられ、一八六五年（慶応元年）、江戸の森田座で初演された河竹黙阿弥の『笠森おせん』は、お仙の仇討ち伝説によって書かれた四幕九場ものである。

笠森お仙の碑と並んで、「錦絵開祖鈴木春信の碑」がある。「朧《おぼろ》にかすむ春の夜の夢かとばかり、淡き中に花の香の幽かに響く風情あり」と、今に残る作品を賞賛する笹川臨風の碑文が刻まれた碑は、春信の百五十回忌にあたる一九一九年（大正八年）六月に建てられた。

鈴木春信（一七二五～七〇年、享保十年～明和七年）は、それまでは黒摺《ずり》または筆彩色だった浮世絵版画を、独自の王朝風の錦絵といわれるほどに、多色摺技術の版画に発展させた。

錦絵開祖鈴木春信の碑（台東区谷中三―一）

→笠森お仙の碑（一八八㌻）

仮名垣魯文の碑（台東区谷中四―二）

永久寺境内にある。

戯作者・魯文にかかわる三つの碑がある。中央には「猫猫道人記念碑」と刻まれた主碑。「猫猫道人」とは魯文の別号。

左に魯文愛猫の「山猫めをと塚」。碑陰に「榎本武揚君、嘗て雌雄の山猫を、猫猫道人・魯翁に賜う。該猫病んで斃る。茲に標石一基を贈り、聊か追悼の意を表す。嗚呼　桂舟生書」とある。

右に、猫の顔、その下に「魯文愛猫の記」を記した碑がある。成島柳北の撰文。

いずれも一八七八年（明治十一年）に建立された。

京橋の魚屋の長男に生まれた魯文（一八二九～九四年、文政十二年～明治二十七年）は、八歳で新橋・竹川町の鳥羽屋に奉公に出され、のち、花笠文京の門に入って戯作を学んだ。湯島妻恋坂に住んでいた一八六〇年（万延元年）、三十一歳のときの作品『滑稽富士詣』が注目され、出世作になった。

引っ越した神田久右衛門町の借家の家主がたまたま黙阿弥で、これが縁で交友が始まり、三年後には、黙阿弥や福地桜痴などが住んでいる浅草馬道の「いろは長屋」へ移った。『西洋道中膝栗毛』（一八七〇年＝明治三年）、『安愚楽鍋』（七一〜七二年）で文明開化時代の世相を巧みに描いて、花形作家の地位を築いた。

政府が一八七二年（明治五年）、国民教化策として「敬神愛国」「皇上奉戴」など「3条の教憲」を発令し、戯作者、芸能家までも天皇崇拝の普及宣伝に動員していく流れのなかで、魯文は、山々亭有人らと「爾後、従来の作風を一変し、三条の御趣旨にもとづき、著作つかまつるべく……」の書面を政府に提出する有様である。

七三年、「横浜毎日新聞」記者、七四年、「仮名読新聞」を創刊、七六年、同社から退き、「今日新聞」（「都新聞」の前身）や「東京絵入新聞」の主筆をつとめた。

永久寺に墓がある。

山岡鉄舟の碑（台東区谷中五―四）

全生庵にある。

「山岡鉄舟居士之賛」の篆額は有栖川熾仁親王の筆。碑面には、鉄舟をたたえる、勝海舟の漢文体の文章が刻まれている。

江戸城明け渡しの勝・西郷会談に先立つ一八六八年（慶応四年）三月十四日、海舟の使者として駿府の西郷を訪ねた。案内役を薩摩の益光休之助がつとめたとはいえ、東海道に居並ぶ官軍の兵のなかを、鉄舟は傲然《ごうぜん》と進み、西郷に会って、会談あっせんの下工作を成功させた史実は知られている。「海舟は、江戸を幕末の混乱から政治的に救い、鉄舟は豪放さと勤皇の心で救った」といわれる。海舟は、鉄舟をたたえる碑文のなかで「死に甘んじて、難を解き、陣に臨んで、慄《おそ》る無し」といっている。

鉄舟は一八三六年（天保七年）、旗本・小野朝右衛門の子として江戸に生まれた。通称、鉄太郎。槍術の師・山岡静山が夭折したため、養子となった。千葉周作に北辰一刀流を習い、無刀流をあみだし、四谷に春風館道場を開いた。幕府講武所の剣術心得として浪士組の取り締まりに当たった。勝舟と鉄舟、山岡静山の実弟で槍の名人・高橋泥舟は、維新の三舟と呼ばれた。明治天皇の信任が厚かった鉄舟は、維新以降、静岡県権大参事、茨城県参事、伊万里県知事を歴任、侍従、宮内少輔をつとめた。

全生庵は、鉄舟が一八八三年（明治十六年）に創建した寺である。一八八八年（明治二十一年）歿。墓地は全生庵にある。

小金井市の三光院（本町三―一）に鉄舟の碑がある。頭山満の筆で「山岡鉄舟先生之碑」と刻まれた青石の巨碑。敷地は鉄舟の所有だったことがあり、全生庵に縁故の深かった西野奈良栄刀自が一九三四年（昭和九年）に創建した。遠く南北朝のころ、後醍醐、後村上帝の帰依をうけ、楠正成、新田義貞、名和長年ら多くの志士を教化したと伝えられる三光国済国師を護持する由緒の尼寺である。

山岡鉄舟書の碑が豊島区の鬼子母神（雑司が谷三―一五）境内にある。

衆生心水清　菩提影現中

正四位　山岡　鉄太郎書

「衆生の心水清く　菩提の影中に現わる」の意。

碑陰に、芝区二葉町一二番地に住んでいた琴の師匠・新倉長十郎が紀元二千六百年（昭和十五年）に建立したことが記されている。

三遊亭圓朝翁碑（台東区谷中五―四）→三遊塚（二一九六ジ）

虫塚（台東区上野桜木一―一四）

寛永寺境内にある。

高さ、幅とも一メートルほどの丸い自然石に横書きで「虫塚」の題字、下に碑文が刻まれている。撰文は詩人の菊池五山、書は大窪詩仏。

昆虫類の写生画家として知られる増山雪斉（一七五四～一八一九年、宝暦四年～文政二年）が、写生のモデルに使った昆虫を埋葬・慰霊して建立した塚である。

享保のころ、来日した、花鳥の写生画家として著名な清国の沈南蘋《ちんなんぴん》に師事し、独自の画風を開拓し、一家をなした。谷文晁、渡辺崋山らが活躍していた当時の画壇に影響を与えた。

雪斉は、伊勢の長島の藩主・増山河内守正賢の画号である。

八王子市の真覚寺（散田町五―三六）にある蛙塚は、同じ生き物の塚として名高い。心字池のほとりにある塚に「芭蕉翁　蛙塚　延享貮年貮月」と刻まれている。

三月ころ、周囲から数千、数万の蛙が鳴き合いながら集まり、群婚の大騒動を約一週間にわたって繰り広げる。合戦に似ているところから蛙合戦と呼ばれ、見せ物になっていた。周囲の丘陵の宅地化で昭和三十五年ころからヒキガエルは姿を消し、名物の合戦も消滅した。

田端の赤紙仁王で知られる東覚寺（北区田端二―七）に雀供養之塚がある。

竹の形の円筒の石塔に大田蜀山人の狂歌「むらすずめ　さわくち声も　もゝこえも　つるの林の鶴の一声」が刻まれている。

建碑の由来は、寺でも分からない。

了翁僧都道行碑（台東区上野桜木一―一四）

寛永寺境内にある。

「武州東叡山勧学講院了翁　僧都道行碑記」と題字のある碑は、高さ一・六メートル、幅八十五センチほどで、了翁の事績が漢文体で記され、最後に「元禄壬申五季四月穀旦　黄檗山万福寺第五代住持高泉敦敬撰」と結んでいる。

羽州（秋田県）尾勝郡出身の了翁（一六三〇～一七〇七年、寛永七年～宝永四年）は、十二歳で仏門に入り、十四歳のとき、一代経蔵（仏教聖典をおさめる堂）建立の悲願を立て、諸国を歩いて、修行を続けた。

不思議な夢を見た。肥前・興福寺の開山如定禅が「万病に効く霊薬だ」といって、錦の袋から出した薬を授かり、製法の教示までうけた。了翁は上野・池の端に店を出し、「錦袋円」と名づけ、売り出した。四十六歳のときだった。飛ぶように売れて、六年間で三千両の収益をあげた。

これを資金に不忍池に一島を築き、経堂を建立、教典を安置して、宿願を果たした。

のちの一六八二年（天和二年）、東叡山寛永寺から贈られた土地へ、三万余巻の書籍を納める経堂を移し、さらに勧学寮を建設、寮舎二百戸を整備、全国から常時、千人を超える僧が修行していた。

経典は、のちには、寛永寺に寄贈された。

「僧都」は僧正に次ぐ僧官名。「道行」は事績。

彰義の碑（台東区上野公園内）

西郷隆盛の銅像北側の森のなかにある。

上部に横書きの「彰義」の文字は、徳川家達の筆。その下の碑文は、彰義隊の成立、戦況、敗退の経過などを記している。

鳥羽伏見の戦いで幕軍が、江戸進撃の朝廷軍に敗れるや、十五代将軍・慶喜は「帰順の大義を尽くすべしと布告し」（碑文）、一八六八年二月十二日、江戸城を出て、上野・寛永寺に謹慎蟄居。

しかし、朝廷軍との決戦をとなえる旧幕臣が少なくなく、とくに、一橋家の随員・本田敏三郎、伴門五郎らは「君家の朝敵の汚名を雪《そそ》がむもの」（同）と檄を飛ばし、二月十二日、雑司ケ谷の「茗荷屋」に十七人の同志を糾合、さらに二十二日、四谷鮫橋・円応寺での二回目の会合には、天野八郎ら六十八人、翌二十三日の浅草本願寺には百三十人が集結して、彰義隊を結成、その後、諸藩脱藩の志士が馳せ参じ、三千人の大部隊となった。

輪王寺宮や徳川の霊廟、宝器護衛で上野の山に結集していたところ、官軍は山岡鉄舟を使者に立て、「彰義隊の即時解体」を輪王寺宮に申し入れてきたが、物別れとなった。

官軍は上野広小路に臨時参謀本部を設け、作戦本部長・大村益次郎の指揮のもと、五月十五日払暁、総攻撃を開始した。

黒門口からは薩摩、因州、肥後、本郷台の山の手からは長州、筑後、大村、新発田、尾州、浅草方面からは紀州、芸州、備州の軍が砲弾を撃ちこみ、突撃してきた。寛永寺の七堂伽藍のほとんどは焼かれ、天野八郎隊長指揮する彰義隊は挟撃されて、多数の戦死傷者を出し、敗退した。

天野隊長ら生き残った志士は逮捕、投獄されたが、明治二年の大赦令で釈放された。

生存者の一人・小川椙太が後日、政府に願い出て、墓標が一八八一年（明治十四年）に建設され、碑は一九三七年（昭和十二年）に建立された。

上野彰義隊の戦いの〝記念〟ともいえる寛永寺の黒門が、「彰義の碑」の近く、清水観音堂わきに建立されている。そばに建つ「黒門由来の碑」は「明暦、元禄、享保、明和の大火ごとに類焼しては再建され……（幕末の）五代目黒門の腐朽も甚だしかったので……遺跡に近い当所に、この六代目黒門を建てた」と刻まれている。碑文は続けて、「松材の肌に点々と見られる凹みは、九十六年前の激戦の際、旧黒門に印された弾痕を忠実に模刻したものである」。

黒門と「黒門の由来碑」は一九六四年（昭和三十九年）に上野観光連盟などによって建てられた。

豊島区の南蔵院（高田一―一九）に彰義隊首塚がある。上が三角にとがった小碑である。上野から朝廷軍に追われ、高田近くまで逃げてきて、息をひきとった彰義隊士を、土地の人が南蔵院に葬ったと伝えられている。

過去帳には明治元辰年五月十五日に戦死した明石藩士五人、同年十一月二日の欄には、さらに四人、それぞれの戒名と氏名が記されている。
※関連する碑　山岡鉄舟の碑、四谷鮫河橋地名発祥之所の碑

八橋検校顕彰碑《やつはしけんぎょう》（台東区上野不忍池・弁天島）↓**石村近江記念碑**（七〇ページ）

高久靄崖《たかくあいがい》の筆塚（台東区上野不忍池・弁天島）↓**滝沢馬琴筆塚**（二一〇ページ）

文晁碑（台東区上野公園）
東京都美術館前にある。
横長の自然の巨石に横書きの「文晁碑」の文字が刻まれている。

詩人・谷麓谷《ろくこく》の子として一七六三年（宝暦十三年）、江戸・根岸に生まれた。麓谷が田安家で儒教の講義などをして仕えていたところから、文晁は、田安家の出である松平定信の庇護を受けた。

御徒町に住んでいた狩野派の画家・加藤文麗に師事し、長崎で中国の画家から南画の手法を学び、新しい画風を創造し、一派をつくった。

写山楼、画学斎と号し、いまのJR秋葉原駅から近い台東地区センター（台東区台東一―二五）あたりに住んでいた。

門下から渡辺崋山、金子金陵、建部巣晁など一流の画家を出している。

上野公園・不忍弁天堂境内にある水舎の天井には、文晁七十歳のときの作品『雲竜の図』が飾られている。代表作は『陶淵明図』『彦山真景図』など。

一八四〇年（天保十一年）に歿。七十八歳。墓は台東区東上野六―一九の源空寺にある。

天海僧正毛髪塔（台東区上野公園）

上野公園にある。毛髪をおさめた五輪塔。同僧正の高弟・義海によって建立された。

天海僧正（確かな年は不明だが、一五三六〜一六四三年、天文五年〜寛永二十年）は福島県の生まれ。十一歳にして仏門に入り、比叡山で修行した。江戸城から隠退していた家康に招かれ、一六〇八年（慶長十三年）ころ、駿府に赴き、信任あつく、幕政に参画した。のち、川越・喜多院の住職に就き、家康が歿したときは導師をつとめ、久能山に葬り、日光廟造営の任に当たった。

秀忠、家光両将軍時代も幕政について相談を受け、「黒衣の宰相」といわれ、上野の寛永寺の造営に力を尽くした。上野の山に桜を最初に植えたのは、天海僧正といわれている。

大田南畝狂歌碑（台東区上野公園）→**大田南畝隠語の碑**（七四ページ）

黒門の由来碑（台東区上野公園）→**彰義の碑**（一九五ページ）

伊能忠敬の墓碑（台東区東上野六―一九）→**伊能忠敬の碑**（五九ページ）

高橋景保《かげやす》の碑（台東区東上野六―一九）

源空寺の墓地にある。

碑は墓と並んで建っている。篆額《てんがく》（＝碑上部の題字）の「為天下先」は徳富蘇峰。その下に漢文体で高橋景保の事績。

幕府の天文方をつとめた高橋至時（東岡）の長男として一七八五年（天明五年）、大坂に生まれた。父の後を継いで、二十歳で天文方に就き、伊能忠敬の長官として測地事業を完成させた。また、幕府に建言して、蘭書翻訳局の創設に力を尽くし、輸入の諸文献を和訳し、西洋文化をとり入れる窓口とした。先進国からの蘭学の摂取と発展に献身した。

一八二八年（文政十一年）八月、長崎から江戸参府を行ったシーボルトと交わり、『クルーゼンシュテルン世界周航記』を贈られたりした。書物奉行・高橋は「日本地図を写しとりたい」と請われ、幕府秘蔵の地図を貸し出した。間宮林蔵、伊能忠敬らの地図作製の功績を国際的な学会へ紹介する意図であった。

ところが、帰国する同年十月、転写の地図が発見され、いわゆる、幕府の近代科学への弾圧事件であるシーボルト事件が起き、高橋は投獄され、翌二九年（同十二年）二月十六日、獄死した。碑文に「……獄中で病没。享年四十五。翌天保元年、没後、死刑の宣告を受け、嗚呼、哀しき哉」（原文漢文）とある。

碑の裏面には、シーボルトが帰国後に刊行した『日本』から抜粋したドイツ語の原文と、つぎのような訳文（小沢敏夫）が刻まれている。

「余が此海路の詳細なる形図と、多少、水路学的観察とを報ずるを得たるは、吾等に同行せる日本人の好意と、下関の余の友人の援助、殊に、余の忘れ得ざる援助者たる幕府天文方高橋作左衛門に感謝せざるを得ず。

——シーボルト——」

「作左衛門」は景保の通称。

碑は一九三四年（昭和九年）十二月に建てられた。

シーボルトは、間宮林蔵の発見した海峡を、のちに「マミヤ」と名付けて、世界の学会に発表し、彼の尽力によって「間宮海峡」と認められることになった。

※関連する碑　土生玄碩先生之碑、伊能忠敬の碑、間宮林蔵瑩域の碑、目黒新富士の碑

高橋東岡《とうこう》の墓碑（台東区東上野六―一九）

源空寺境内にある。

墓石に刻まれている事績は、寛政の三博士といわれた幕府昌平黌の教官・尾藤孝肇の撰文。

高橋景保の父親・高橋東岡（一七六九〜一八〇四年、明和六年〜享和四年）の本名は至時《よしとき》。東岡は号。通称を、親子とも作左衛門といった。少年のころから算数、暦術を得意とし、天文学者・麻田剛立の門に入り、一七九五年（寛政七年）三月、麻田に推されて、幕府の天文方となった。

幕府の改暦の議にしたがい、暦の分析・研究、天文の実測などを続け、一七九七年（同九年）、西洋の暦計算をとりいれ、改めた暦法＝寛政暦を開発した。

蝦夷地（北海道）の地形解明が国防上、喫緊の課題であることを幕府に進言、一八〇〇年（同十二年）、伊能忠敬が蝦夷地の測量を開始する許可をとり、測量方法、測量機器づくりについては忠敬が尽力した。

※関連する碑　高橋景保の碑、伊能忠敬の碑

幡随院長兵衛夫妻の墓碑（台東区東上野六―一九）→丸橋忠弥の首塚（八〇ページ）

入谷《いりや》乾山《けんざん》窯元之碑（台東区北上野下谷一—一一）

昭和、言問両通りの交差点わきにある。

元禄から享保期に活躍した陶芸家・尾形乾山が、上野・入谷の地に窯を設けたときは、六十歳を過ぎていた。親交のあった上野の輪王寺宮公寛法親王のはからいで、入谷に落ち着いた。寛永寺の寺領だったこのあたりは、将軍家や輪王寺宮御用の陶工たちが住む仕事場であった。

入谷乾山窯元之碑

京都の呉服商「雁金屋」の尾形宗謙の三男に生まれた乾山（一六六三～一七四三年、寛文三年～寛保三年）は、京焼の祖といわれる野々村仁清に弟子入りして、名工の芸に触れ、一六九九年（元禄十二年）、三十六歳のとき、京都の鳴滝泉谷《なるたきいずみだに》に窯をもち、作陶に専念した。泉谷が京都の西北・乾の方角にあたるところから、窯の名、作品の銘、号を乾山とした。

泉谷の窯をやめ、京都の二条通丁字屋町に窯を開いたのは五十歳のときだった。その後、江戸に下り、一七三七年（元文二年）には下野の佐野へ招かれ、作陶の指導にあたった。

晩年は本所・六軒堀に住んでいた。

代表作は『寿老六角皿』『鎗埋向付』など。尾形光琳は次兄。

墓地がある豊島区西巣鴨四—八の善養寺に尾形乾山深省蹟の碑がある。画家の酒井抱一が追慕して、一八二三年（文政六年）に建てたものである。

善養寺は下谷、坂本にあったが、一九一一年（明治四十四年）、当時の国鉄上野駅が拡張されるのに伴い、西巣鴨に移転した。

碑のそばにある乾山の墓には辞世の歌が刻まれている。霊海深省居士は戒名である。

うきことも　うれしき折も　過ぎぬれば　ただ阿けくれの　夢計なる　霊海深省居士

乾山の陶芸は、二代乾山次郎兵衛、三代乾山宮崎富之助、四代乾山酒井抱一、五代乾山西村藐庵、六代乾山三浦乾也、七代乾山緒方乾哉、と伝えられ、七代乾山の弟子に、重要無形文化財保持者・富本憲吉や、内島北朗、バーナード・リーチがいる。

市河寛斎の墓碑（荒川区西日暮里三—一）

本行寺境内にある。

一八二〇年（文政三年）に建立され、寛斎の事歴について、幕府大学頭・林述斎の撰、市河米庵の書の漢文体の碑文が刻まれている。

上野国（群馬県）甘楽郡出身の寛斎（一七四九〜一八二〇年、寛延二年〜文政三年）は、江戸・昌平黌に学び、一七九一年（寛政三年）から富山侯に召され、藩校の教授を二十年つとめた。漢詩にすぐれ、編著『全唐詩逸』のほか『上毛志料』『日本詩紀』などの著作がある。門弟から小島梅外、柏木如亭、大窪詩仏、菊池無絃らを出した。

本行寺境内には、寛斎の長男・書家の市河米庵の寿蔵碑（存命中に建てておく墓碑）がある。自らが一八五五年（安政二年）に建立した。

米庵（一七七九〜一八五七年、安永八年〜安政四年）は亥年の亥月亥日の生まれから、名を三亥《さんがい》といった。

巻菱湖、貫名海屋とともに幕末の三筆といわれ、とくに、楷書と、唐・宋・明・清の書風を研究して、隷書を得意とした。寛斎、柴野栗山、林述斎に儒学、画法を学び、加賀金沢藩に仕官した。

寛斎の門弟・柏木如亭の碑が荒川区の養福寺（西日暮里三―三）にある。

幕府の大工職を代々つとめていた神田・三河町の家に生まれた如亭（一七六三〜一八一九年、宝暦十三年〜文政二年）は、寛斎に詩を学んで、一家をなし、大窪詩仏、菊池五山などと並んで、江戸の四大詩人といわれた。

越後や信濃、京都や伊勢などの土地を愛し、旅を好んだ放浪の詩人。京都東山のふもとで行き倒れて死んだ。

大窪詩仏が筆をふるって、一八一九年（文政二年）、この碑を建てた。

大窪詩仏の画竹碑が向島百花園（墨田区東向島三―一八）にある。高さ一・五メートル、幅七十五センチほどの自然石に大窪詩仏（一七六七〜一八三七年、明和四年〜天保八年）の筆になる竹画が彫られている。碑の背には、朝川善庵撰の「詩仏老人碑竹記」が、巻菱湖の書により漢文体で刻まれている。

常陸国田賀郡大久保村（日立市大久保町）出身の詩仏は、寛斎に師事し、のちに、神田お玉が池近くに開いた家塾を「詩聖堂」と名づけ、杜甫を祭った。

詩人ながら、画才にもすぐれ、とくに墨竹を描くのを得意とし、酒に酔えば、竹を描いたから、「詩仏の酔竹」といわれた。晩年は一時、秋田藩佐竹侯に仕官、江戸・下谷で歿。

大田南畝は「詩は詩仏、書は米庵に、狂歌おれ、芸者小万に、料理八百善」といった。

幕末の三筆の一人・巻菱湖《まきりょうこ》の伝記碑が墨田区の三囲神社（向島二―五）にある。「菱湖先生之碑」の篆額は大納言・日野資愛の書。その下に巻菱湖の事績を語る漢文体の文章が、原稿用紙のように引かれたケイのなかに刻まれている。朝川鼎の撰文、大竹培の揮毫。一八四六年（弘化三年）に建立された。

書家・巻菱湖（一七六七～一八三三年、明和四年～天保四年）は越後西蒲原郡楨村の生まれ。亀田鵬斎に師事し、のち、塾を開き、躍動する筆力は菱湖書法として知られた。

墨田区の白髭神社（東向島三―五）境内にある墨多三絶の碑は、篆額の『墨多三絶』が巻菱湖、詩文は大窪詩仏の筆の碑である。桐生の豪商・佐羽吉右衛門の甥《おい》の詩人・佐羽淡斎（一七七二～一八二五年、明和九年～文政八年）が隅田川の鴎《かもめ》舞う夕暮れの風景を歌った七言絶句三章を刻んだ碑である。

市河米庵の寿蔵碑（荒川区西日暮里三―一）→市河寛斎の墓碑（二〇三ジペー）

道灌丘の碑（荒川区西日暮里三―一）

本行寺境内にある。

青い自然石に「里は日暮らしという。寺は本行という。東都郭北（郊外北＝引用者）にあり。寺は丘にある。道灌丘という。……」の書き出しの由来記が漢文で刻まれている。

本行寺のある、このあたりは二十メートル《メートル》ほどの高台になっていて、真下にはJRの京浜東北線が走り、荒川、足立、葛飾から埼玉、千葉方面を一望できる見晴らしのきく地形になっている。本行寺は月見寺とも呼ばれたほどである。

戦略家の太田道灌が、江戸防衛のための塚を築き、見張りを置き、日夜、監視させた丘である。道灌物見塚とか、斥候塚とか呼ばれた。『江戸砂子』は「塚は境内にあり。わたり二間ばかり。高さ一丈ほど見事なる塚なり。この辺にこの類七ケ所あり」と書いている。高台に、さらに高さ三メートル《メートル》ほどの塚を築いたというのである。

いまは、塚はなく、碑が当時の面影を伝えている。

本行寺のすぐ近くの青雲寺（西日暮里三―六）に道灌船繋松の碑がある。

枝を伸ばし、生い茂っていた、本堂うしろの大松が、荒川を上下する舟の目標となっていたため、この名が付けられた。「往昔、この麓は豊島川に続きし入江にて、道灌の砦《とりで》城ありし頃は、米穀その外すべて運送の船より、この松を目当にせしものにて、つなぐといふも、あながち繋ぎとどむるの義にはあらず」（『江戸名所図会』）

鳥居清長は一七八五年（天明五年）刊の『画本物見岡』に、客たちが船繋松や茶屋のある道灌山からの見晴らしを楽しんでいる情景を描いている。

※関連する碑　太田道灌公追慕之碑

梅翁の句碑（荒川区西日暮里三―三）

養福寺境内にある。

俳人・谷素外が一七九二年（寛政四年）、西鶴の百回忌に供養して建立した梅翁（西山宗因）の碑は、花樽碑ともいわれ、高さ一・五メートルほどの角柱碑。

宗因（号・梅翁、一六〇五～八二年、慶長十年～天和二年）は談林派を大成し、その門下から井原西鶴（一六四二～九三年、寛永十九年～元禄六年）はじめ多くの逸材を出した。　碑には談林派六世までの句と名、没年を記している。

正面に

「於我何有哉
江戸をもって鑑とす也花に樽
誹談林初祖　梅翁西山宗因」

とある。右側面にはつぎの三句。

あり〱と夜の紅葉や鹿の声

六祖　五千堂蒼孤

とてもなら松の命を山さくら

四祖　曲巷　玄哲

我恋のまつ島も唯初霞

二祖　松寿軒西鶴

左側面にはつぎの三句。

時雨そめ黒木になるは何々ぞ

三祖　狂六堂才麿

名月や何所ぞの隅にほとゝぎす

五祖　活井　旧室

独居に馴てかしましかむこどり手

曲巷門古道　左簾

裏面には

「天和二年壬戌三月廿八日　初祖

元禄六年葵酉八月十日　二祖

元文二年丁巳正月二日　三祖

延享四年丁卯五月廿七日　四祖

明和元年甲申十一月廿八日　五祖

明和三年丙戌十一月六日　　　　六祖

安永八年己亥十一月廿三日　　　古道」

と刻まれてある。

素外は、花樽碑のほか「月の碑」「雪の碑」を建てている。

一六六二年（寛文二年）、郷里・肥後の八代から京都へ出た宗因は、大坂天満宮の点者に任ぜられて、その名を知られ、諸大名に招かれた。一六七〇年（同十年）に出家して、俳諧師となり、江戸に出たのは一六七七年（延宝五年）。俳風革新を志す門人に推されて、談林派を率い、のびのびとした談林風が町人層にも受けて、延宝のころから一躍風靡し、貞門俳諧は圧倒された。

三囲神社（墨田区向島二―五）の宗因句碑。

白露や　無分別なる　置ところ

浅草寺（台東区浅草二―三）の三匠句碑の宗因句。

なかむとて　花にもいたし　頸の骨

柏木如亭の碑（荒川区西日暮里三―二）

→市河寛斎の墓碑（二〇三ページ）

滝沢馬琴筆塚（荒川区西日暮里三―六）

青雲寺境内にある。

馬琴（一七六七～一八四八年、明和四年～嘉永元年）が、使い古した多数の禿筆《とくひつ》を埋めて建てた。一八〇九年（文化六年）二月、馬琴が四十三歳のときであった。篆額は狩谷掖斎、馬琴の事績をつづった碑文は、亀田鵬斎が撰し、書いている。背面には、建設費を出資した木蘭堂、柏栄堂、平林堂、蛍雪堂、方策堂、柏悦堂、雙鶴堂などの書肆の名が刻まれている。

同寺には一七九八年（寛政十年）建立の馬琴の硯塚もある。

深川・浄心寺近くの松平邸で生まれ、同邸の用人をしていた父を早くにうしない、渡り奉公で暮しをたてた。京橋の山東京伝に弟子入りし、日本橋・通油《とおりあぶら》町の版元・蔦屋重三郎のところで働きながら、戯作を続け、二十七歳のとき、飯田町で下駄・傘商をしていた伊勢屋の後家・お百と結婚した。一七九三年（寛政五年）に婿入りした伊勢屋は飯田町中坂にあった。いまの千代田区九段北一―五、マンション・東建ニューハイツ九段が建っているあたりである。

五十八歳のとき、娘婿に家を譲って、神田同朋町に借りた屋敷に移る。一八二四年（文政七年）まで住んでいた。家業を廃業し、著述に専念した住まいである。ここで自ら曲亭馬琴と号して、『南総里見八犬伝』『椿説弓張月』『俊寛僧都物語』など長編小説を続々世に出し、「其ノ著ハス所、伝奇小説大小凡ソ二百余種」（青雲寺碑文）に及んだ。

九段のマンション入り口付近には井戸が残され、「滝沢馬琴邸跡の井戸」と刻まれた碑がある。

画家の高《たか》久《く》靄崖《あいがい》の筆塚が台東区不忍池の弁天島にある。一八五〇年（嘉永三年）の建立。

高久靄崖は一七九六年（寛政八年）、下野（栃木県）に生まれ、江戸で谷文晁に師事、京都で寺を回って、所蔵の古画に学び、日本橋・薬研堀に「晩成山房」を築き、「南画は独り靄崖あるのみ」といわれるほど仕事をした。江戸の豪商・佐野屋を経営する大橋淡雅、渡辺崋山、立原杏所、椿椿山らと親交を結んだ。

滝沢馬琴宅跡の井戸の碑

馬琴が師事した山東京伝の机塚が台東区の浅草神社（浅草二―三）境内にある。

題字「書案之紀」の下に、碑の由来について京伝の弟・京山が書いた碑文が刻まれ、一八一七年（文化十四年）、京伝遺愛の机を埋め、建てられた。

一七六九年（明和六年）二月、寺子屋に入った九歳の京伝（一七六一～一八一六年、宝暦十一年～文化十三年）は、父親に机を買ってもらい、生涯、愛用し、その机で百を超える著作を執筆した。五十年も使い古したので、脚はゆがみ、使い主も老い込んでしまった――とあり、「耳もそこね　あしもくじけて　もろともに　世にふる机　なれも老いたり」の歌が添えてある。

深川の木場に生まれ、岩瀬伝蔵といった。京橋にキセルなど喫煙具を商う店をもち、京橋の伝蔵と呼ばれた。略して京伝を号とし、住まいが江戸城紅葉山の東方に当たるところから山東と称した。十八歳ころから黄表紙を書き始め、一七八二年（天明二年）の作品『御存知商売物』が大田蜀山人から激賞されて文壇に登場、その後、多くの洒落本を書き、一流の人気作家となった。

一七九一年（寛政三年）、寛政改革による洒落本禁止令をおかして、『錦の裏』など三部の洒落本を発表したことで手鎖五十日の刑を受けた。以降、洒落本の筆を折り、読本作家に転向した。

代表作に『忠臣水滸伝』『江戸生艶気樺焼《えどうまれうわきのかばやき》』『心学早染草』、読本『桜姫全伝曙草紙』『昔話稲妻表紙』、洒落本『通言総籬《つうげんそうまがき》』などがある。

※関連する碑　狩谷棭斎の碑、亀田鵬斎の詩碑、文晁碑

道灌船繋《ふなつなぎ》松の碑（荒川区西日暮里三―六）→道灌丘の碑（二〇六ページ）

雀供養之塚（北区田端二―七）→虫塚（一九三ページ）

第十一章　浅草

浅草見附跡の碑（台東区浅草橋一―一）

江戸通り浅草橋北詰西側の植え込みにある。

江戸城の周りに置かれた三十六見附の一つ。三代将軍家光の一六三六年（寛永十三年）に設置した。四方を石で覆った土塁を、道の両側に築き、開閉できる門を取り付けた。時代によって、「浅草見附門」「浅草御門」「浅草門」「浅草口」と呼ばれた。番士が常駐し、警備に当たっていた。

見附の江戸城寄りに伝馬町牢獄がある。一六五七年（明暦三年）一月の明暦大火は、本郷から燃え広がってきた。牢獄奉行の石出帯刀（常軒）は早めに手を打ち、囚人を仮釈放した。見附方面へ逃げてくる囚人服を着た群れを、集団脱走と勘違い、番士はとっさに門を閉めた。囚人、町民が猛火に追われ、逃げ場を失い、焼死したり、神田川で溺死したりで、多くの犠牲者を出した。いまは土塁もなく、面影をしのぶものは残っていないが、悲話だけが言い伝えられている。

銀座の数寄屋橋も三十六見附の一つであった。数寄屋橋公園（中央区銀座五―一）にある「数寄屋橋の碑」の碑文のなかに、つぎのような説明がある。

「寛永六年（西暦一六二九年）、江戸城外廓見附として、数寄屋橋が初めて架けられた時は、幅四間、長さ三間の木橋であった。

橋名は、幕府の数寄屋役人の公宅が門外にあったのによるという。

見附の城門桝形は維新の際に撤去され、ついで、大正大震災後の復興計画によって完成をみた近代的美観を誇る石橋が、銀座の入口を扼することとなった」

一の門と二の門の間に矩形の土地をもたせた見附門、それに続いて、長さ五・四メートル、幅七・二メートルの広幅の橋があり、門外に、殿中の茶礼・茶器をつかさどる役人の官舎があったことを伝えている。

織田信長の弟・織田有楽斎《うらくさい》（一五四七～一六二一年、天文十六年～元和七年）が数寄屋づくりの茶室のある屋敷を構えていたから、「数寄屋町」「有楽町」の地名があると伝えられている。

高さ一メートル、横二メートルの茶系の御影石の碑は、橋の手すりを模した形をしており、表にはめられた黒の御影に「数寄屋橋　此処にありき　菊田一夫」と刻まれ、背面に橋名の由来などの説明がある。

一九五九年（昭和三十四年）に数寄屋橋公園美化協力会によって建てられた。

江戸城外郭の周囲十六キロには浅草橋、筋違橋、小石川、牛込、市ヶ谷、四ッ谷、喰違、赤坂、虎ノ門、山下、幸橋、浜大手などの門がある。

内郭の周囲八キロに沿っては、馬場先、和田倉、大手、平川、竹橋、神田橋、一ツ橋、雉子橋、清水、田安、半蔵、外桜田、日比谷、数寄屋橋、鍛冶橋、呉服橋、常盤橋などの門があり、外郭、内郭あわせて三十六見附門がある。

「三十六見附」といっても、時代によって新設・廃止など変動があって、一定していないが、一説では「魚鱗の三十六」を象徴させているともいう。陣形の一つに魚鱗があり、人字の形で、中央部を敵に最も近く進出させた陣形。三十六は、鯉の側線鱗の数からきているようだ。

日銀前の常盤橋西詰に常盤橋門跡の碑（中央区日本橋本石町三―一）がある。常盤橋門の面影をいまに伝える石塁の一角に、常盤橋門跡を表示する銅版がはめ込まれている。

奥州街道へ通じる江戸城大手外郭の正門に当たり、初めは大橋と呼ばれていた。

「大橋を常盤橋と改められしは、正保の始め頃なり」（『武江年表』）とある。一六四五年ころ、三代将軍・家光の時代である。

家光は「『大橋』の名はあちこちにあって、まぎらわしい」と、町年寄の奈良屋市右衛門に橋名を改めるよう命じた。

市右衛門の家にたまたま寄宿していた浪人が、この話を耳にし、『金葉集』所収のうた「色かへぬ松によそへて　あづま路の　常盤の橋に　かかる藤波」から「常盤橋」の案を出し、徳川（松平）時代の栄光をたたえているうたでもあると、これに決まった――こんなエピソードがある。

※関連する碑　江戸伝馬町牢御揚場跡の碑

甚内橋の碑（台東区浅草橋三―一三）

鳥越神社近くの浅草橋三―一三先道路わきにある。

六十《チ》《セン》ほどの高さの角柱に「甚内橋」と刻まれている。

このあたりを東流し、隅田川へ注いでいた鳥越川にかかる木橋を「鳥越橋」といい、橋詰には、その昔、処刑場があった。

江戸時代初めのころの城下町は、八百八町四方とまではいかない、まだ小規模な町だったから、南の処刑場は本材木町五丁目（いまの中央区宝町一丁目）、北は鳥越橋際にあった。刑場が郊外の鈴ケ森や小塚原へ移転するのは、後のことである。

寛文（一六六〇年代）のころ、鳥越で処刑された幸坂甚内（一説では向坂甚内）なる人物が、橋の名前まで「鳥越橋」を「甚内橋」と変えるほど、話題になったと言い伝えられている。

盛り場での辻斬り、強盗騒ぎ、「目の上に大黒子《ほくろ》」の声に、十手は「また、甚内」と追跡するが、見えない。風のように消える大盗賊として通っていた。神田お玉ケ池近辺の道場で指南をうけ、真西流の奥義まで伝授を得ていたといわれる甚内は、剣も強かった。真夜中、鴨居に下げてあった風鈴が、突然に鳴った。一夜の宿を乞うた武蔵野の農家である。熟睡していた甚内は、風鈴の音で目を覚ますや、刀を執って、土間に下りた途端、白刃は空を切って、血潮が散った。木戸を密かに開け、侵入してきた幕吏は倒れていた。

江戸で熱病が蔓延《まん》していた。「瘧《おこり》」といわれ、平熱に戻っては、また高熱が出る症状を繰り返す熱病で、一種のマラリアとみられていた。この熱病にかかって、病床に伏している甚内を、町同心がようやく逮捕した。

処刑されるとき、甚内は「俺の死後、この病いで悩む者は、俺を祈れ、必ず治癒してやる」と言い遺したことが、口こみで広がった。橋の近くに創建された甚内神社は、いまでも参詣客が絶えない。鳥越川は埋めたてられ、橋もなくなって、いにしえの面影はない。

首尾の松の碑（台東区蔵前一—三）

蔵前橋たもとの植え込みにある。道をはさんで、反対側には浅草御蔵跡の碑がある。

碑には、大槻如電翁の筆の「首尾」が刻まれ、一九一〇年（明治四十三年）に建てられた。

「首尾」については諸説ある。
①一七八〇年（安永九年）六月、大雨が降り続き、二十六日、隅田川が大氾濫。将軍・家光が蔵前で現場を視察、濁流を渡る者を募ったところ、阿部忠秋が引き受け、馬を躍《おど》らして、対岸まで渡り、将軍、これを賞したという。首尾よく渡河したということで、近くの岸辺に生い茂っていた松を、「首尾の松」と命名した。
②柳橋あたりから吉原通いの舟に乗った客は、岸を離れて間もなく、このあたりで「今夜の首尾よき」を念じたという。
松は枯れてしまったが、枝を川面まで伸ばした大木は、川を往来する人々の目印として親しまれ、

今宵は雨か月さえも　かさ着ていずるおぼろ夜に　濡るるかくごのふねのうち　粋にもやいし首
尾の松

と歌われた。

浅草御蔵《おくら》跡の碑（台東区蔵前二—一）

蔵前橋西詰、国技館側の植え込みにある。

浅草御蔵に建てられた米倉庫は、最も多いときで九十四棟が大川（隅田川）の川岸に立ち並び、常時五十万石が貯蔵されていた。

歴史的な蔵の町であったことを伝承しようと、浅草南部商工観光協会が一九五六年（昭和三十一年）六月、「開都五百年」を記念して建てた碑である。

幕府は一六二〇年（元和六年）、鳥越神社（同区鳥越二丁目）の丘陵を切り崩した土砂で、いまの蔵前一、二丁目あたりを埋め立て、米倉庫を建設した。蔵と蔵の間には、舟運に便利な掘割をつくった。この近辺の大川と運河は、東京湾から上り、また、関東各地から下ってくる米俵を積んだ舟が集まって、混雑をきわめ、とくに新米収穫時期からは身動きできないほどの舟ラッシュであった。

藩元の城下町と、江戸に多くの家臣をかかえていた大名は、家臣を養う人件費、藩政のための行政費の資金繰りに四苦八苦していた。農民から受け取る年貢米を換金するのに、江戸や京都、大坂など三都の大市場を利用しなければならなかった。藩の城下町では米の需要に限りがあったからである。商品生産、貨幣経済が発展すればするほど、大名たちは蔵前に依存することになった。時代が下り、藩財政が苦しくなるにつれ、藩は自立性をますます失って、中央に首根っこを押さえつけられる情勢だった。

江戸城内の紅葉山や北の丸など数カ所にあった米倉庫も、浅草御蔵に集められた。

米俵に、受取人の旗本や後家人の名札を差し、藩に代わって売却・換金して、手数料を受け取っていた札差だったが、時代が変わって、金融にも乗り出し、藩の台所が赤字になればなるほど繁盛を極め、「つぶれ武士」や「乞食旗本」からも高利をまきあげ、巨利を得ていた。「蔵前ふう」などといわれて、札差が旗本や後家人より粋《いき》な暮らしをするようになったのは、一七七〇年（明和／安永）のころからである。「江戸十八大通」とか呼ばれて、金を湯水のように使う遊び人も出てきた。

初代柄井《からい》川柳の句碑（台東区蔵前四—三六）

龍宝寺にある。

木枯や跡で芽をふけ川柳

右祖翁柄井川柳之遺詠

後学　川柳久良伎謹書

とある。

最初の碑は五十回忌の天保十年（一八三九年）に建てられたが、関東大震災で壊れ、一九三〇年（昭和五年）に再建、戦災で再び崩れ、いまの碑は五五年（同三十年）に建てられた。

川柳（一七一八～一七九〇年、享保三年～寛政二年）は、浅草龍宝寺門前町の名主をつとめ、前句付の点者として活躍した。卓抜な選句眼で声望を集め、句会には数千句が集まるほどだった。

墓も同寺にある。川柳忌の九月二十三日には毎年、ファンが同寺につめかける。

墨田区の木母寺《もくぼ》境内に四世川柳の句碑がある。「東都俳風狂句元祖　川柳翁之碑」と刻まれている。

京橋八丁堀に住み、同心をしていた四世川柳・眠亭賎丸（一七七八～一八四四年、安永七年～天保十五年）は、評者として選んだ川柳を「俳風狂句」と呼び、自ら元祖をもって任じていた。

本名を人見周助といい、「柳多留」のうえで吟者、評者として活躍、一八二四年（文政七年）、四世川柳を襲名、四十七歳。

一八三七年（天保八年）、五世を水谷金蔵に譲った。

香のあるを思出にして翻れ梅

辞世の句。

五世川柳・水谷金蔵（一七八七〜一八五八年、天明七年〜安政五年）の句碑が住吉神社（中央区佃一—一）と、三囲神社（墨田区向島二—五）にある。いずれの碑にも同じ句が刻まれている。

和らかでかたく持ちたし人ごころ

大流行のコレラに罹って死んだ。七十二歳。辞世の句に「めでられし雅を思出に散る柳」。

三囲神社には六世川柳、九世川柳の句碑がある。六世の号は和風亭川柳（一八一四〜八二年、文化十一年〜明治十五年）。

つまらぬといふはちいさな知恵袋

九世川柳（一八三五〜一九〇四年、天保六年〜明治三十七年）は五世の姪孫。

出来秋もこゝろゆるむな鳴子曳

花屋久次郎（?〜一八一七年＝文化十四年）の遺跡の碑が足立区伊興本町一—五の東岳寺にある。一九五六年（昭和三十一年）一月三十一日の命日に「きやり吟社」など愛好家たちによって建てられた。墓もこの寺にある。

下谷竹町で書肆《しょし》・星運堂を営み、初代川柳の弟子・呉陵軒可有《ごりょうけんあるべし》（号は木棉《もくめん》）が一七六五年（明和二年）に出版した『俳風柳多留』の版元になった。一般から募集した付句の厳選作品集『柳多留』が好評を博し、川柳が江戸庶民の文芸として普及した。

「桜木の花屋へ柳樽を積み」と花屋を歌った。桜木は版木のこと。

文京区関口二―一一の関口芭蕉庵に、初代川柳が師事した紀逸（一六九三～一七六一年、元禄六年～宝暦十一年）の碑がある。

※関連する碑　関口芭蕉庵の句碑

三味線堀跡の碑（台東区小島一―五）

三味線市場のビル前にある。

三味線堀は、上野の不忍池から忍川という細流を伝って流れてくる水をうけていた。鳥越川は、三味線堀を水源に隅田川へ落ちた。三味線堀は一六三〇年（寛永七年）、幅十㍍ほどの鳥越川を、小島町の部分だけ、東西五十㍍、南北六十㍍に掘り広げてつくった堀である。隅田川からの船が鳥越川を往来でき、堀は船着き場として使われた。

堀が三味線の海老尾（＝棹《さお》の上端のエビの尾のように反ったところ）、そのすぐ下流に天神橋があって、鳥越川を棹に見立てて、三味線の形に似ているところから、この名がついた。

古地図では、天神橋の文字でなく、「転軫橋《てんじん》」の名をつけている。三味線の糸を巻く部分の名称・転軫そのものを使っている。

三味線堀は一九一七年（大正六年）ころまでに埋め立てられ、鳥越川も姿を消して、市場にその名が残っているだけである。

※関連する碑　甚内橋の碑

葛飾北斎生誕二百年記念碑（台東区元浅草四―六）

誓教寺の境内左側にある。

一メートルほどの高さの、矩形の赤大理石に、富士山の形の白大理石をはめこんだ、いわゆる赤富士の図柄。生前、愛用の花押の図案を碑にかたどった。白の部分に「北斎」と刻まれている。

背面には「北斎生誕二百年記念碑建立委員会　題字　高橋誠一郎　設計　近藤市太郎　施行　戸田組　昭和三十五年九月」とある。

碑の周囲には那智石が敷きつめられ、バックには白い塀が屏風のように建てられている。

碑の横に、北斎の『富嶽百景』（一八三四年＝天保五年）の序文を刻んだ碑がある。

「畫狂老人卍述

己れ六歳より、物の形状を写すの癖ありて、半百の頃より、屢々、畫図を顕はすといへども、七十年畫く所は、実に取るに足るものなし。

七十三歳にして、稍ゝ禽獣虫魚の骨格、草木の出生を悟り得たり。故に八十歳にしては、ますます進み、九十歳にして猶ほ、其奥意を極め、一百歳にし

葛飾北斎生誕二百年記念碑

て正に神妙ならんか。

百有十歳にしては、一点一格にして生くる如くならん。願くは長寿の男子、予が言の妄ならざるを見たまふべし」

一七六〇年（宝暦十年）、江戸・本所割下水の川村某の子に生まれた。徳川家御用達の鏡師で本所松坂町に住む叔父の中島伊勢の養子となったが、中島家に子どもができたので、同家を出た。

貸本屋の小僧、木版彫刻の住み込み見習いなどをして、二十歳ころから勝川春章の門に入って、浮世絵を習った。狩野派の画風をひそかに学び、春章に知られて、破門された。

司馬江漢らに洋画の遠近法、写生技法を学び、一七九九年（寛政十一年）、『江戸八景』『近江八景』などの風景画で、独自の画風をきりひらいた。『北斎漫画』『富嶽三十六景』などの傑作を生み、欧州のキュービズムや印象派に影響を与えた。

新しい画風に達すると、画名を改め、春朗、東周、宗理、辰政、畫狂人などと名乗った。

一八四九年（嘉永二年）四月十八日、九十歳で死んだ。

北斎がよく参詣に通ったといわれる柳島の妙見さま（墨田区業平五—七　法性寺）は、『柳島妙見堂』『妙見宮』などとして北斎の多くの作品に描かれた。

同寺は一九七〇年代なかごろ（昭和五十一年ころ）、境内に建設したマンションの一、二階に入って、かつての面影はないが、敷地内の「葛飾北斎辰政翁顕彰碑」と刻まれた黒大理石の碑は、北斎との深い縁を物語っている。

※関連する碑　初代安藤広重の記念碑

かっぱ川太郎の墓碑 （台東区松が谷三―七）

曹源寺境内にある。

波形の台石に建つ碑の正面には「てっぺんに手向の水や川太郎」の句が刻まれ、碑の上には河童をかたどった焼き物が載っている。

この土地で雨合羽商を営んでいた合羽川太郎、一名・合羽屋喜八は文化年間（一八〇四～一七年）、私財を投じ、掘割工事にとりかかった。低地になっているこの周辺は、雨が続くと、道が冠水して、人々が難儀をするからだった。

川太郎の一人作業で、なかなか進まない現場を見ていた、隅田川の河童たちは、川太郎の義に感じ、夜間に大挙上陸し、堀を開削する工事を応援、トントン拍子で進捗させ、完成させた。

松が谷に降った雨水を集め、隅田川へ勢いよく導水する掘割の流れを見て、川太郎は一八一四年（文化十一年）に没した。曹源寺に埋葬され、工事を手伝った河童たちも祭られている。街の人々は「カッパ寺」と呼んでいる。

まよひ子のしるべ （台東区寿町二―七）→奇縁氷人石の碑（一〇六ページ）

浅草観音戒殺碑（台東区雷門二―二）

区立駒形公園の駒形堂境内にある。

殺生禁断の碑。そのいわれは、千三百年以上も前にさかのぼる。推古天皇の三十六年（六二八年）三月、桧前《ひのくま》浜成、竹成兄弟が、隅田川の駒形流域で魚捕りをしていたところ網にかかった仏像が、浅草寺本尊の聖観世菩薩の像として祭られた。

駒形堂を中心に、南は駒形一、二丁目、北は浅草七丁目あたりまで、厩橋から言問橋までくらいの一・五キロを聖域・禁漁区とした。一六九三年（元禄六年）の奉行所からのお触れである。五代将軍・綱吉が「生類憐みの令」を出した一六八七年（貞享四年）から六年後の奉行所通達である。

一六九四年に建立された碑だから、破損がひどく、つぎはぎだらけの無残な形相をしている。『江戸名所図会』は「この（駒形）堂の傍に浅草寺領内殺生禁断の碑あり」と書いている。

算子《さんし》塚（台東区浅草二―三）

浅草寺の奥山にある。

『武江年表』の一八一七年（文化十四年）の条につぎのように記されている。

「十月二十六日、最上流算術の師・会田算左衛門安明卒す（七十一歳。藤田権平の門人也、文政二年卯十月、其の子弟ら、浅草奥山へ碑を立つる。亀田鵬斎先生文を撰す）」

算子を算木ともいい、会田安明《あいだやすあきら》が愛用していたものを埋めて築いたので、「算子塚」という。算木は長さ四センチ、小口五ミリぐらいの四角柱状の棒で、赤色のものは正数、黒は負数を表した。総数は約二百本で、これを並べて数を表し、高次方程式や平方根を求める計算もした。

算木を使って、高次方程式を解く一種の代数である天元術と、円や弓形の面積、円周や弧の長さなどを求める円に関する事柄が、江戸時代の数学者の間での問題であった。こうした和算の主流をなしていたのが、関孝和（?〜一七〇八年＝宝永五年）と、その弟子・流派の人々で、関流と呼ばれ、ほかにもう一つの流派として会田安明の最上《もがみ》流があった。

会田は一七四七年（延享四年）、出羽国最上の生まれ。江戸で利根川の治水工事に従事したが、幼いころから数学を学んでいた会田は、その後、関流の偉才・藤田貞資《さだすけ》の門をたたいた。貞資に、数学上の誤りを指摘されて、飛び出した会田は、貞資と論争する二十年を超える過程で最上流を創造し、多くの著書をあらわした。貞資の労作『精要算法』を批判して、一七八五年（天明五年）に『改精算法』を出版したのをはじめ、代表作に一八一〇年（文化七年）の『算法天生法指南』がある。

会田は浅草で歿した。

奥山にはもう一人の数学者・植松栄三郎の碑＝明数碑がある。算子塚と向きあっている。

関流の植松（一七九〇〜一八六二年、寛政二年〜文久二年）は上総・山武郡（千葉県）の生まれ。中村勝次郎といった。江戸で関流の日下誠に学んだ。山武の植松氏の女婿となって、植松栄三郎に改め、村で算術を教えていた。一八一〇年（文化七年）には『豁《かつ》術一矩』を出版した。二十二歳。一八三一年（天保二年）、再び、江戸へ出て、日下誠の門弟・和田寧に入門、自分は塾を開いていた。

碑は一八五八年（安政五年）、植松が六十九歳のとき、門人たちによって建てられた。

明数碑（台東区浅草二―三）→算子塚（二二六㌻）

百瀬耕元の碑（台東区浅草二―三）

浅草寺境内にある。

百瀬流書道の祖・百瀬耕元（一七三七～一八一四年、元文二年～文化十一年）の事績を述べた碑文は、大田蜀山人の撰、耕元二世・百瀬元山の書。

蜀山人の一首が添えられている。

　澗《たに》水の藍よりいでて藍よりも　青き百瀬の淵とこそなれ
歿した翌年の一八一五年（文化十二年）に建てられた。

信濃の出身。江戸に出た一七四八年（寛延元年）、十二歳くらいから書を学び、六五年（明和二年）ころから住んだ麻布で塾を開き、延べ二千人を超える門弟がいたという。

耕元の門弟・百瀬雲元（一七六三年＝宝暦十三年生まれ、歿年不詳）の筆塚が稲城市の妙見尊（百《も》村《むら》一五八八）境内にある。雲元の手による銘文が刻まれている。

百村の名主・榎本六左衛門の次男に生まれた冨八郎は後年、江戸で後家人をつとめ、耕元に師事し、雲元と称し、多くの門人を育てた。還暦を迎えた一八二三年（文政六年）、門人たちによって建てられた筆塚である。

まよひごのしるべ（台東区浅草二―三）

→奇縁氷人石の碑（一〇六ページ）

竹本津賀太夫碑（台東区浅草二―三）

→近松門左衛門の碑（二八〇ページ）

まよひごのしるべ

河竹黙阿弥顕彰碑（台東区浅草二―三）

浅草神社境内にある。

高さ一・八メートルの黒御影石に事績が刻まれている。

狂言作者として江戸末期から明治中期まで五十年にわたって活躍、著作は三百五十余編、江戸歌舞伎後半期の第一人者の地位にあり、とくに世話物を得意とした。

洗練された台詞《せりふ》と舞台技巧で江戸の風俗をとらえ、その音楽的効果や味わいは、黙阿弥調として知られる。

代表作に『青砥稿花紅彩絵《あおとぞうしはなにしきえ》』（白浪五人男）、『三人吉三廓初買《さんにんきちざくるわのはつがい》』（三人吉三）、『天衣紛上野初花《くもにまごううえのはつはな》』（河内山）などがある。

一八一六年（文化十三年）三月、日本橋通二丁目の商家・四代越前屋勘兵衛の長男に生まれ、幼名を吉村芳三郎といった。

二十歳で狂言作者・五世鶴屋南北に師事、二世河竹新七の名を継いだ。

一八四三年（天保十四年）、江戸三座が浅草・猿若町に移転すると、黙阿弥も、芝から浅草の正智院の地内に居を移し、四世市川小団次に多くの世話物を書いた。

明治維新後は、九世市川団十郎、五世尾上菊五郎、初代市川左団次のために、世話物、時代物、舞踊劇を執筆した。一八八一年（明治十四年）、河竹黙阿弥と改名し、その後も劇作を続け、一八九三年（同二十六年）一月歿。七十八歳。

一九六八年（昭和四十三年）、東京百年を記念し、上条貢・台東区長によって建立された。

黙阿弥が寺領内に住んでいたという正智院は、雷門から入って、仲見世一番奥の右側にあった。

向島百花園（墨田区東向島三―一八）にきょうげん塚がある。黙阿弥の功績をしのんで、歿年の翌九四年、三世河竹新七らによって建てられた。
※関連する碑　江戸猿若町市村座跡の碑

浅草庵市人《あさくさあんいちんど》の狂歌碑　（台東区浅草二―三）

浅草神社境内にある。

ほと、ぎす　なかぬもうれし　まつうちは　世のうさきかぬ　耳とこそなれ

浅草庵社中によって一八一八年（文政元年）に建てられた。

浅草東仲町で質屋をしながら、狂歌を詠んでいた浅草庵市人（一七五五～一八二〇年、宝暦五年～文政三年）は、壺々陳人、都響園、二世巴人亭などと号し、蜀山人と親交があった。

頭光《つむのひかり》の狂歌連・伯楽側に入っていたが、のち、頭光から巴人亭の号を譲られ、壺側と称する一派を起こした。晩年は向島に隠居し、剃髪して、隆山と名乗った。著書に『狂歌柳の糸』『東都勝景色一覧』『狂歌伊勢の海』『古今狂歌集』がある。

※関連する碑　大田南畝隠語の碑、頭光の狂歌碑

並木五瓶句碑　（台東区浅草二―三）

浅草神社境内にある。

月花のたわみこころや雪の竹

大坂・道修町生まれの歌舞伎狂言作者・初代並木五瓶（一七四七～一八〇八年、延享四年～文化五年）は、大坂、京都で作家活動をしていたが、一七九四年（寛政六年）、江戸に下って、四代市川団

蔵、四代松本幸四郎、尾上松助、沢村源之助に作品を書き、初代桜田治助とともに江戸・歌舞伎狂言作者の双璧といわれた。

碑には「なにはづの五瓶、東武に狂言を出して、あまねく貴賤の眼目を驚かし、金竜の山中に雪月花の碑を築て、永く繁栄を仰ぐ、つづくらん百三十里　雪の人　普子堂大虎」とある。一七九六年（寛政八年）建立の碑である。

並木五瓶の名は明治のころまで四代、受け継がれ、歌舞伎狂言作者として知られている。

山東京伝の机塚の碑（台東区浅草二―三）→滝沢馬琴筆塚（二一〇ページ）

芭蕉の句碑（台東区浅草二―二九）

「宮戸座跡之碑」の近くにある。

象潟や雨に西施がねぶの花

秋田・本庄藩主だった六郷公は、下屋敷を構えた浅草三丁目のこのあたりを六郷公地元の景勝地・象潟《きさかた》九十九島にちなんで、「象潟町」と呼んだ。

一九六六年（昭和四十一年）の住民表示変更までは象潟一～三丁目の地名があったが、いまは浅草三～五丁目になった。

こうした歴史的な縁から秋田県象潟町（いまのにかほ市象潟町）と台東区馬道地区町会連合会は交流を深めていたが、一九九三年（平成五年）七月、同町と同町会連合会は「姉妹地」の盟約を結び、二〇〇三年、盟約締結から十年目を記念して、句碑を建立した。

なお、宮戸座は、一八九六年（明治二十九年）から一九三七年（昭和十二年）まで、歌舞伎などを演じていた東京の代表的な劇場だった。

助六の歌碑（台東区花川戸二―四）→助六・揚巻の比翼塚（三一二ジ）

江戸猿若町市村座跡の碑（台東区浅草六―一八）

待乳山聖天《まつちやましょうてん》の西二百メートルほどの住宅・商店街の道路わきにある。

石柱の正面に「江戸猿若町市村座跡」と刻まれている。

右面に「猿若三座由来記」として、

「天保期、一丁目に中村座、二丁目に市村座、三丁目に河原崎座（のち守田座となる）があって、わが国初めての芝居町を形成していた。これが、いわゆる猿若三座である。猿若は江戸役者の始祖・猿若勘三郎に因んだ町名で、江戸歌舞伎の王国として、この地は華美を誇り、殷賑を極めたのである」

と記されている。

この碑は、猿若二丁目だったところに一九六四年（昭和三十九年）に建てられた。建立者は「家の工事で地面を掘ったとき、芝居小屋の敷石とみられる大きな花崗岩が埋まっていた」と話している。

それ以前の三座は、堺町（いまの中央区日本橋人形町三丁目あたり）、堺町隣の葺屋町（堀留町）、木挽町（銀座付近）にあったが、一八四一年（天保十二年）の火事で焼け出され、猿若町へ移転した。

碑から五十メートルほど離れた道路わきに、江戸猿若町守田座跡の碑（浅草六―一八）がある。一九七七年（昭和五十二年）に建てられた。

幕府は一六五一年（慶安四年）に中村座、市村座、河原崎座（守田座）の三座のほかに村山座を加えた四座を大芝居として公認していた。将軍・家継の生母・月光院づきの女中・絵島（江島）が、歌舞伎役者の生島新五郎と密通していたことが明るみに出た一七一四年（正徳四年）の絵島事件によって、村山座は廃絶させられた。

各座はそれぞれ、中村勘三郎、市村羽左衛門、森田（のちに守田）勘弥の名をもって、代々世襲制度のもとに興行権が許された。梨園に門閥世襲の弊が再生産されることになった。

明治維新後は三座制は廃され、森田座が新富町に進出した。

※関連する碑　江戸歌舞伎発祥の地の碑

江戸猿若町守田座跡の碑（台東区浅草六―一八）→江戸猿若町市村座跡の碑（二三二ページ）

庄司甚右衛門の碑（台東区千束三―二二）

吉原弁財天境内にある。日本橋葺屋《ふきや》町（人形町）に一六一八年（元和四年）、公認の遊廓を建設した吉原の創始者。碑は一九二六年（大正十五年）五月に建てられた。

慶長（一六〇〇年前後）のころまでは、江戸に定まった花街はなく、駿府、伏見、奈良から移ってきた傾城屋が、麹町、鎌倉河岸、常盤橋、柳町（日本橋の近く）などで、いずれも十五、六軒が相寄って営業していた。

公娼の制度化を主張していた甚右衛門は、傾城屋を説得して、幕府に公認願いの陳情書を出していたが、ようやく聞き入れられ、人形町に一六一八年、二町四方の地を賜って、江戸の散娼をここに集めた。甚右衛門、通称・甚内が営んでいた柳町の娼家や、甚内が面倒をみていた駿府の元吉原から出てきた娼家二十五軒も、一六二六年（寛永三年）までにすべて新普請の傾城街へ移転した。俗称、吉原と称し、甚内が町名主を仰せつけられた。

三十年後の一六五六年（明暦二年）、浅草の北の地へ移れと、幕府から申し渡され、その矢先の明暦大火（三年五月）。焼け出されて、移転を終えたのが同三年八月であった。

移転にさいし、幕府は敷地を旧地の元吉原（人形町）より広い約二万坪とし、引越料を下付した。新吉原と称し、のち、吉原と呼ばれた。

庄司甚右衛門（一五七五～一六四四年、天正三年～寛永二十一年）は、小田原北条家に仕え、一五九〇年（天正十八年）、江戸に出て、傾城の世界に入った。歿後は子の甚左衛、孫の甚之丞、その後、代々、又左衛門と称した子孫が町名主をつとめた。

吉原弁財天の境内には、花吉原名残りの碑がある。「昭和三十三年四月一日、売春防止法の完全施行を期して、僅か一夜にして消滅、……二万七百余坪の旧地、悉く分散して、辛くも瓢池一半を残すのみ。……」(碑文)として、地元有志が中心となり、一九六〇年(昭和三十五年)五月に建てられた。

花吉原名残の碑 (台東区千束三―二二) →庄司甚右衛門の碑 (二三五ジペー)

神田青物市場符牒の碑 (台東区東浅草二―一二)

東禅寺の本堂左手の木戸から入った庭にある。寺に頼むと、快く見せてくれる。

「小楠之碑」と刻まれ、その下に記されている文語調の碑文を、現代風に改めると――

東京都内と周辺で蔬菜《そさい》・果実の取引の際に使われている符丁「ヲクステウシヤミセ」は、「小楠丁子屋店」をカタカナ書きにしたもので、つぎのようなことが、その起こりになっている。

徳川幕府の開府以来、江戸人口の増加とともに、野菜・果実の需要が次第に伸びはじめ、いまから二百五十年ほど前、その取引のため、神田多町に青物市場が組織された。そのころ、神田須田町に住む丁子屋小楠伝兵衛という人がいた。

小楠の姓と、丁子屋の屋号とを合わせて、「ヲクステウシヤミセ」という符号をつくりだし、青物取引の符丁として普及したのである。

日々、便利に使っている人びとも、その濫觴《らんしょう》（起こり）を知らず、忘れ去られようとしている。そこで、丁子屋に因縁のある人びとが集まり、丁字会を組織し、この創生者の功績を永遠に記念するため、この碑を建立したのである。

昭和五年四月八日　　神田青果市場丁字会

ヲクステウシヤミセは、ヲが1を表し、クが2、スが3……と、9までの数字をいい表した符牒である。セリのときに、たとえば、四十六は「テシ」、五十八は「ウミ」というふうに使われた。しかし、表現に限られたところがあって、いまは、改良された別の符丁が使われているが、「ヲクステウシヤミセ」は、それらの原型というわけである。

※関連する碑　神田青果市場発祥之地の碑

吉原遊女二代目高尾の墓碑（台東区東浅草二―一―四）

春慶院の本堂右手の墓地入り口にある。墓石の左右両側面にはハスの花が浮き彫りにされ、右側面には辞世の一句が刻まれている。

寒風にもろくもくちる紅葉かな

一六五九年（万治二年）十二月五日歿。十九歳。法名は転誉妙身信女。

高尾を名乗る「おいらん」は、十一代に及び、いずれも名花とうたわれたが、なかでも、吉原京町の三浦屋四郎左衛門抱えの二代目・高尾は絶世の美女として知られた。

歿年が万治だったことから「万治高尾」、塩原生まれで「塩原高尾」、仙台侯伊達綱宗に切り殺された伝説から「仙台高尾」と、死後はいろいろに呼ばれて、物語が創作された。

通いつめる綱宗に、高尾が「君はいま、駒形あたり　ほととぎす」と名文句の手紙を書いた逸話は有名だが、意中の人に操を立て、綱宗をふった高尾は、大川（隅田川）の舟の上で綱宗の刃に斬殺される筋書で、浄瑠璃や芝居は仕立てられている。

一説では、病いにかかり、春慶院近くの三浦屋の別荘で静養していて、歿したともいわれている。

二代目・高尾の墓は、吉原土手から豊島区西巣鴨四―八へ引っ越した西方寺にもある。法名も辞世の句も同じだが、歿年に一年の違いがある。どちらが本物か、論議が続いている。

采女塚《うねめづか》（台東区清川一―一三）

出山寺《しゅっさんじ》にある。

寛文（一六六一～七二年）のころの遊女をめぐる悲恋物語――吉原・堺町の雁金屋のうねめに恋い焦がれ、通い続けた僧に、楼主が出入り禁止を申しつけた。逢いたさ一心、うねめの格子の前で自ら命を絶った。うねめはその夜、出山寺近くの浅茅ケ原の鏡ケ池に投身自殺した。

池畔の松の木の枝に小袖と短冊がかかっているのを、夜明けに草刈りの農民が見つけた。

名をそれとしらずともしれさる沢の　あとをかがみが池にしずめば

遺骸をとりあげ、埋葬して、築いた塚である。

碑が建てられたのは、時代がずっとくだって、一八〇四年（文化元年）。大田蜀山人ら文人たちが建てたもので、高さ一メートル、幅三十センチほどの石柱の碑面上に横書きで「采女塚」と刻まれ、下に由来が記されている。

蜀山人得意の隠語と、歌も書かれている。

「金之竟合水也　相比綵無糸　嬉而不喜　土可以封　言可以己　車之所指無田　即是一人十口　潭辺無水
鏡てふかけし誠はむかしなり　いまぞ照そふ池のおもかげ
今は名のみさへいつしかさる沢の　さるにても実にむかし恋しき」

隠語の読み方は、たとえば、「金之竟」は鏡、「合水也」は池。「綵無糸」は采、「嬉而不喜」は女、「即是一人十口」は即ち是大田、「潭辺無水」は覃、などである。

覃《たん》は本名。
※関連する碑　大田南畝隠語の碑、永代橋落下事件遭難者の慰霊碑

桑田立斎の碑（台東区橋場一―四）

保元寺境内にある。

蘭方医・桑田は一八一一年（文化八年）、越後国新発田の生まれ。本姓は村松、名は和。江戸の蘭

方医・坪井信道に師事し、坪井の世話で四一年（天保十二年）、種痘医・桑田玄真の養嗣子となり、牛痘法を習得、深川万年橋のたもとに診療所を開いた。人痘接種法の施術につとめ、四九年（嘉永二年）、オランダ商館医モーニッケによって、日本にたまたま伝来した牛痘苗を佐賀藩医・伊東玄朴から入手し、種痘の効果を宣伝した。一八五七年（安政四年）、蝦夷地に痘瘡が流行するや、幕命を受け、現地へおもむき、強制種痘を実施、以来、牛痘接種法の普及に貢献した。一八六八年（慶応四年）七月歿。『牛痘発蒙』『引痘要略解』『種痘新編』などの著書がある。

※関連する碑　お玉ケ池種痘所記念碑、青木芳斉の碑

平賀源内墓地記念之碑（台東区橋場二―二二）→平賀源内電気実験の地の碑（二五〇ジペー）

寺門静軒の碑（台東区橋場二―二二）

平賀源内墓地記念之碑がある同じ敷地内にある。門人らによって一八六九年（明治二年）に建てられた。碑面に、静軒の事績とみられる文章が刻まれているが、判読できないくらい風化している。

儒学者・寺門静軒（一七九六～一八六八年、寛政八年～慶応四年）の出身地は江戸とも常陸（茨城県）ともいわれている。

江戸の儒者・山本緑陰の家に居候して、史学などを学び、のちに、克己塾を開き、多くの門弟が集

まった。

一八三一〜三六年（天保二〜七年）に刊行した『江戸繁盛記』（全五巻）は評判を呼んだ。相撲・吉原・浅草・両国の花火・書画会・日本橋の魚市場、銭湯、芝居など、名所を描くなかで、天保時代の江戸の世相、人情の表裏を平易な漢文体で風刺的に、独特の名文で描写している。

風俗の取り締まりに名をかりて、文学や評論、芸術に加えた、老中・水野忠邦による弾圧のきびしさは、寛政の改革のとき以上であった。

江戸時代末期、商品生産がさらに発展し、都市では盛り場がつぎつぎに生まれ、農村では農産物流通の在郷商人や出稼ぎが増え、村の状況が変わった。百姓一揆や打ちこわしに震憾させられる幕府は、崩れ始めた年貢収集の封建機構を再建すべく、質素倹約、人返しと出稼ぎ禁止などを強行する天保の改革を打ち出したのである。

幕政を風刺した『江戸繁盛記』がやり玉にあがり、静軒は江戸から追放され、本書は絶版、三七年（天保八年）、塾も閉鎖させられた。

十二年後の一八四九年（嘉永二年）、許されて江戸に戻り、越後美人を素材にした『新潟繁盛記』を書いた。末尾に『孝子録』を、木に竹をついだように添えたのは、風俗取り締まりの難を逃れるためであった。『新潟繁盛記』もベストセラーになった。

静軒は死ぬまで江戸町奉行・鳥居耀蔵をののしってやまなかった。

『繁盛記』の手法は影響を与え、成島柳北の『柳橋新誌』（一八七四年＝明治七年）もその一つであった。

第十二章　深川・城東

横綱力士碑（江東区富岡一―二〇）

門前仲町の富岡八幡宮にある。本殿前を右手に入って右側。

横綱力士の碑らしく巨石である。一個が五千五百貫もあるといわれる御影の角柱三基が組み合わさっている。中央の碑には「横綱力士碑」と深彫りされている。右の副碑には出雲の陣幕久五郎、左の副碑には肥後の不知火光右衛門両横綱の取り組みの図が刻まれている。一八五七年（安政四年）正月、両国・回向院で行われた大相撲興行二日目の大取り組みである。

この碑は、十二代横綱・陣幕久五郎の肝いりで一九〇〇年（明治三十三）年に建立された。

江戸相撲の嚆矢《こうし》は、浅草・蔵前八幡境内での相撲だが、八幡社が火事に遭い、場所を富岡八幡へ移したのが元禄のころ。当時、このあたりは海辺で、砂地であった。年々、人気を集め、一七五〇年代（宝暦年間）ころから、相撲といえば、富岡八幡と、全国から注目されるようになった。

横綱力士碑

土俵はその後、神田明神や芝の西久保八幡などへ移ったが、一八三三年（天保四年）から両国の回向院で興行されるようになった。

歴代横綱の碑が墨田区の野見宿弥《のみのすくね》神社（亀沢二―八）にある。日本相撲協会が一九五三年、相撲の神様を祭った同神社に建立した。

白御影の石に初代横綱・明石志賀之助から四十六代目の朝汐太郎までの力士名が刻まれている。もう一基の碑には、四十七代柏戸剛から以降の力士名が刻まれている。

明石志賀之助は一六六一～七二年（寛文年間）の力士で、横綱免許が正式に出されるようになったのは、それから百年余り後の一七八九年（寛政元年）。この年に谷風梶之助や小野川喜三郎が横綱免許を得ていたといわれている。

港区の宝生院（三田四―一）には、寛政期に活躍した陣幕島之助の碑と、幕末期の横綱・陣幕久五郎の碑がある。並んで建てられ、いずれも高さ二・七㍍ほどの四角の石柱。

表に「寛政九季東方大関陣幕島之助碑」とあり、背には「伊豫国三ケ浜生　阿州侯抱」とある。島之助（一七七一～一八〇九年、明和八年～文化六年）は大坂の陣幕長兵衛に弟子入りし、江戸へ出て、藤島に入門、一七九〇年（寛政二年）春に西関脇、雷電をのどわで破った同年六月の上覧相撲は、陣幕ファンをわかせた。大関に昇進後はふるわず、三十九歳で歿。

もう一方の碑の表には「日下開山横綱力士陣幕久五郎碑」とあり、背に「島根県出雲国意東村生

父　石倉伊左衛門　母　かね子　明治三十四季　七十三歳　陣幕久五郎　土師通高　建之」とある。

大坂力士の久五郎（一八二九～一九〇三年、文政十二年～明治三十六年）は、一八五四年（嘉永七

年)、江戸へ出て、五六年一月に幕下、四場所で入幕、横綱昇進後は二場所をつとめ、幕末・維新の動乱期には大坂に戻り、相撲頭取総長に推されて、後輩力士の頌徳碑を各地に建てた。

木場の角乗りの碑（江東区富岡一―二〇）

富岡八幡宮の境内にある。

角材を横倒しにした形の碑の正面に、横書きで「東京都無形文化財　木場の角乗り　東京木場角乗保存会」と刻まれている。本田正次理博の書である。

角乗りはもともと、貯木場として使われていた堀や川に浮かした材木を移動・運搬・整理する労働技術のなかから生まれた。

江戸入府間もなくの慶長年間に埋め立てられた深川一帯は、仙台堀川、大横川など大小さまざまの掘割が縦横に造られた。いかだ師や引き船は、東京湾に着いた原木をいかだに組んで、大川を上り、狭い水路では、川並衆《かわなみしゅう》（＝いかだ師）が材木に乗って、竹ざお一本で調子をとりながら、ため池などの貯木場に搬入した。

家康は、呼び集めた、紀伊、尾張、三河、駿河などの材木渡世の者を神田岩本町や日本橋に住まわせて、江戸城普請に使い、深川の海から日本橋、神田一帯の川を貯木場にした。

一六四一年（寛永十八年）と一六五七年（明暦三年）の大火後、木場を結集することになり、永代島（いまの永代、佐賀、福住あたり）に創設、一七〇一年（元禄十四年）、江東区の木場に移った。

小名木川の南・冬木町から平野町・木場二、三、四丁目一帯は木場と呼ばれ、川や水路沿いに材木商が集まった。現在は、東京湾頭の豊洲に建設された大貯木場に移転している。

一八二〇年（文政三年）、新宿の熊野十二社権現の池で木場の川並衆が角乗りを披露し、山の手はじめ江戸中の話題になったのが、名物芸を見せ物にした始まり。

明治になってからは、三島警視総監時代の一八七〇年（明治三年）、水防出初め式に浜町河岸で披露、アメリカ十八代大統領グラント将軍が七九年（同十二年）来朝のさいは、上野・不忍池で催すなど、正月恒例の行事になった。

猿江恩賜公園（江東区住吉二―二八）に猿江材木蔵跡の碑がある。角柱の碑の正面に「猿江材木蔵跡」と刻まれ、側面に由来が記されている。

葦《あし》生い茂る沼沢の地を開拓した深川八郎右衛門は一五九六年（慶長元年）、深川で初めての集落をつくり、本村町と称した。幕府は一七三四年（享保十九年）、この一帯を直轄地として、本所横網町（墨田区）にあった材木蔵を移し、猿江材木蔵と称した。幕末まで幕府の貯木場として旗本寄り合衆が管理した。

明治以降は宮内省所管として引き継がれ、一部は大正十三年、猿江公園として開放した。

和田氏歴世碑（江東区富岡一―二〇）

富岡八幡宮にある。

深川で魚問屋を営み、名主をつとめた和田源七が一八三四年（天保五年）、先祖の来歴を記し、建立した碑である。

江戸開府のころ、摂津の大和田村から大勢の漁師を引き連れてきた大和田清左衛門が、江戸・大和田家の第一号。大和田家はのち、姓を和田と改めた。

幕府から小田原町（中央区築地六、七丁目）に屋敷を与えられた清左衛門は、漁師たちを深川に住まわせ、漁師町をつくった。

江戸時代初めの江戸の水産を支えたのは、佃島と深川の二大漁師町であった。日本橋の魚河岸には深川と佃島から、東京湾でとれた魚介類が毎朝、運び込まれた。

※関連する碑　佃島渡船跡の碑、日本橋魚河岸記念碑

歌仙桜の碑（江東区富岡一―一四）

深川公園にある。「歌仙桜の碑」と刻まれた卵形の石である。

芭蕉の死後、一七〇五年（宝永二年）、其角を頼って、伊勢から江戸へ出て、富岡八幡宮前で眼科医をしていた斯波園女《しばそのめ》が「歌仙桜」と呼ばれていた。一七一〇年（正徳期）のころ、八幡宮境内に三十六本の桜の株を植えたことから、三十六歌仙にちなみ、この名がついた。

一七二六年（享保十一年）に歿。六十三歳。園女の墓は雄松院（江東区白河一―一）にある。

一七五五年（宝暦五年）、二世園女が桜を植え足し、歌仙桜の碑を建てた。

その後、桜は大震災で焼失したため、有志により昭和の初め、三十六種類を選んで植えられたが、これも戦災で焼けてしまった。

一六九四年（元禄七年）九月二十七日、大坂の眼科医・斯波一有（園女の夫）宅で開かれた句会からまもなく、芭蕉は下痢が続き、十月十二日に亡くなった。斯波宅でご馳走になった茸にあたったとする説と、これを否定する論がある。

三十三間堂跡の碑（江東区富岡二—四）

富岡八幡宮の東側、国の重要文化財に指定されている八幡橋の東詰に近い歩道にある。

幕府が、京都の三十三間堂を模して創建した弓術練習場の跡地である。

士族らからの稽古場新設の請願にこたえ、南北六十間（約百二十《メートル》）、二間ごとに柱を建て、周囲は廊下をめぐらした豪壮な弓道場が建設され、江戸の名所にもなった。

八幡宮境内では相撲興行があり、材木が集積する木場が広がり、岡場所もできた門前町は年中にぎわう盛り場にかわって、「深川でする居続きは武のほまれ」などと、「居続き」と「射続き」をかけて、うたわれた。

江戸の三十三間堂が最初に建設された場所は、一六四二年（寛永十九年）、浅草だった。九八年（元禄十一年）九月、新橋から燃えひろがった火事で全焼し、深川に建立された。俳人・其角は歌った。

　若草やきのふの箭見も木綿売

以降、三十三間堂は災害に再三見舞われ、再建工事が繰り返されるが、それはまた、江戸の災害史を象徴するものでもあった。
▽一七一三年（正徳三年）十二月の下谷からの火事で延焼焼失、一六年（同六年）に再建された。
▽一七三〇年（享保十五年）八月、こんどは大風に吹き潰された。まもなく改修。
▽一七六〇年（宝暦十年）二月、神田旅籠町からの火事で焼失、六四年（明和元年）に建立された。
▽一七六九年（明和六年）八月、大風雨、雷鳴の台風で倒壊。一八〇五年（文化二年）に再建。
▽一八三三年（天保四年）八月、大風雨で半分倒壊。修復。
▽一八五五年（安政二年）十月二日の江戸の安政大地震で壊滅。六〇年（万延元年）修復開始。六二年（文久二年）完工。
▽一八七二年（明治五年）五月、その後の地震で半壊していたが、三十三間堂は二百三十年の歴史に終止符を打ち、廃止された。

伊能忠敬居宅跡の碑（江東区門前仲町一―一八）→伊能忠敬の碑（五九ページ）

平賀源内電気実験の地の碑（江東区清澄一―二）

清洲橋の江東区側橋詰近くの道路わきにある。

御影石の角柱の石標に「平賀源内電気実験の地」とあり、側面、背面に事績が記されている。事績の説明のなかで「わが国最初の電気学者にして、安永五年、エレキテルを完成し、この付近、深川清住町、現在の清澄一丁目私宅において電気実験を行ない……」と書いている。

一七二八年（享保十三年）、高松藩の藩士の家に生まれ、藩の医員として長崎で蘭語や医学、江戸で本草学など和洋の学を学んだ。

持ち前の才智を生かし、朝鮮ニンジンや甘藷の栽培、製糖法の開発、毛織物の試作、石綿の製造、製陶の研究、水準器、寒暖計などかずかずの創作、工夫品を手がけた。エレキテル（医療用の摩擦起電機）は江戸時代の中期、オランダから日本に輸入されていたが、源内は長崎でそれを入手し、独自に製作・完成して、一七七六年（安永五年）、自宅で実験した。

田沼時代の営利的風潮にのって、日本最初の物産会を一七五七年（宝暦七年）に湯島で開き、注目されたが、為政者は源内の研究の所産を用いようとせず、企業化の動きもなかった。

失望して戯作者に転じ、作品のなかで社会を批判した。風来山人のペンネームで『風流志道軒伝』『根無草』などの滑稽文学、福内鬼外《ふくうちきがい》の筆名で『神霊谷口渡』などの浄瑠璃を書き、喝采を博した。

一七七九年（安永八年）、人を過って殺し、獄中で死んだ。

台東区の総泉寺跡地（橋場二―二二）には「平賀源内墓地記念之碑」がある。事績が刻まれてあり、平賀源内顕彰会が一九三〇年（昭和五年）に建立した。

資本の発展が弱く、科学的な合理主義が育たず、ルネサンスの運動もなかった日本の封建社会のなかでの自然科学者の在りようを象徴している存在であった。

芭蕉墨直しの碑（江東区清澄三—四）

臨川寺境内にある。

蕉門の各務支考《かがみしこう》によって京都の本山・双林寺に建立された墨直しの碑を、延享期（一七四四〜四八年）のころ、神谷玄武房が拓本をとり、同じものを建てたのが臨川寺の芭蕉墨直しの碑である。

恒例の墨直しの会が開かれる三月十六日には、碑前に多くの俳人が集まり、碑文に墨を入れ、句会を催し、芭蕉をしのんだ。

碑には、つぎのように刻まれている。

「我師は、伊賀の国に生れて、承応の頃より藤堂家に仕ふ。その先は桃地の党とかや、今の氏は、松尾なりけり。

年まだ四十の老をまたず、武陵の深川に世に遁れて、世に芭蕉の翁とは、人のもてはやしたる名なるべし。

道はつとめて月の変化をしり、俳諧は遊びて、行脚の便を求てといふべし、されば松島は明ぼののの歌に笑ひ、象潟はゆふべの雨と泣きてこそ、富士吉野の名に対して、吾に一字の作なしとはいにしへを、はばかり今をおしふる辞にぞ。

漂泊すでに廿とせの秋くれて、難波の浦に世に見はてけん、その頃は神無月の中の二日ありけりたるを、湖水のほとりにその魂をとどめて、彼木曽木の苔の下に千歳の名は朽さつまし。東花坊ここに此碑を建る事は頓阿西行に法縁をむすびて、道に七字のこころを伝ふべきと也」

芭蕉庵跡の碑 （江東区常盤一―三）

小名木川にかかる万年橋の北詰を、隅田川寄りへ入ったところに芭蕉庵跡がある。

永井荷風は『深川の散歩』（昭和十年）のなかで書いている。

「万年橋をわたると、河岸の北側には大川（隅田川＝引用者）へ突き出たところまで、同じような平たい倉庫と、貧しげな人家が立ちならび、川の眺望を遮断しているので、狭苦しい道はいよいよせまくなったように思はれてくる。わたしはこの湫路《しゅうろ》（狭い道＝同）の傍に芭蕉庵の址《あと》が神社となって保存せられ、柾木稲荷の祠はその筋向いに新しい石の華表《かひょう》（鳥居＝同）をそびやかしているのを見て、東京の生活はいかにいそがしくなっても、まだ伝統的な好事家の跡を絶つまでには至らないのかと、寧ろ意外な思いをなした」

小名木川の、隅田川への合流点を見下ろす高めの二十平方《メートル》ほどのところが庵の跡で、芭蕉翁の像、石造りの蛙をおさめたほこらや、「古池や」の句碑がある。

江戸前の魚を江戸城に納める、幕府の魚御用をつとめていた、芭蕉の門弟・杉山杉風《さんぷう》は、小名木川河口の、このあたり一帯の土地持ちで、魚のいけすや番屋を置いていた。

芭蕉庵跡の碑

一六七二年（寛文十二年）、伊賀国から江戸へ出た芭蕉は、小名木川河口近くの杉風の別荘・採茶《さいと》庵（いまの江東区深川、茶とは、菊科の多年生草・ニガナのこと）にわらじを脱いだが、その後、知人、門人の家を転々としていた。

一六八〇年（延宝八年）、杉風は番屋を芭蕉に提供、奥の細道に旅立つ一六八九年（元禄二年）までの安定した住まいとなった。芭蕉三十九歳、杉風三十四歳。

門人の李下が庵に一株の芭蕉を植えたことから、「芭蕉庵」と呼ばれるようになり、「桃青」と名乗っていた芭蕉は、俳号を「はせを」と改めた。

※関連する碑　採茶庵跡の碑

旧新大橋跡の碑（江東区常盤一―六）

万年橋近くの歩道わきにある。

旧新大橋は日本橋・浜町と、当時、埋め立て開発がすすむ深川（新大橋三丁目）を結ぶ交通の要求から、一六九三年（元禄六年）七月に着工、五十二日間で隅田川に架設され、長さは約一八一《メートル》、幅員五・七《メートル》の、隅田川筋では三番目に古い橋であった。隅田川では、日光街道の千住大橋が最も古く、両国橋が、それについでいる。

両国橋を、当時は「大橋」と呼んでいたので、「新大橋」と名づけられた。

広重描くところの『名所江戸百景・大はしあたけの夕立』でおなじみだが、近くの芭蕉庵に住んで

いた芭蕉は、大橋の工事中、
　初雪やかけかかりたる橋の上
と詠み、橋の完成をみて、
　ありがたやいただいて踏む橋の霜
と詠んだ。
新大橋は、一九一一年（明治四十四年）、いまの鉄橋に架け替えられるが、位置は、旧新大橋より
やや上流に架設されている。
※関連する碑　芭蕉庵跡の碑、初代安藤広重の記念碑

芭蕉翁時雨塚（江東区森下二―一二）

長慶寺にある。

碑の表に「芭蕉翁桃青居士」、背に「元禄七甲戌年十月十二日」と刻まれてあったが、戦災などで崩れ、台石が残っているのみである。

杉風、其角、嵐雪ら江戸の門人が、芭蕉の死後、翁を慕い、落歯と、「世にふるも　更に宗祇の宿り哉」の自筆の短冊を埋め、建立したのが、この塚である。

翁は、近江の義仲寺に葬られたが、江戸では、ここ時雨塚で命日などの法要が行われた。

採茶庵《さいとあん》跡の碑（江東区深川一―九）

仙台堀川に架かる海辺橋の南詰にある。

芭蕉の門人・鯉屋杉風《さんぷう》は、いまの中央区室町一丁目で代々、幕府の魚御用をつとめ、深川芭蕉庵もその持家であった。海辺橋付近にあったとされる採茶庵は、杉風の別荘として建てられ、記録によると、間口二十七メートル、奥行き三十六メートルの屋敷（約三百坪）だった。みずからも採茶庵と号した。

芭蕉はしばしば、この庵に遊び、

白露もこぼさぬ萩のうねりかな

の句をよんだことがある。

元禄二年、奥の細道への旅は、この採茶庵から出で立った。舟で大川（隅田川）をさかのぼり、千住で舟を上がって、日光街道へ出たのである。

杉風（一六四七〜一七三二年、正保四年〜享保十七年）は姓名を杉山元雅、通称・鯉屋市兵衛といい、屋号「鯉屋」の魚問屋を日本橋の小田原町（室町一丁目）で営んでいた。

碑石が建っているところには、旅に出で立つ姿をした芭蕉像が飾られている。

墓がある成勝寺（世田谷区宮坂二―二四）には辞世の句、

痩がほに団扇をかざし絶しいき　杉風

を刻んだ句碑がある。句の下に杉風の座像が刻まれている。大正・昭和の俳人・臼田亜浪の書。

※関連する碑　芭蕉庵跡の碑

間宮林蔵塋域《えいいき》の碑（江東区平野一―一四）

本立院境内にある。

間宮林蔵（一七八〇〜一八四四年、安永九年〜天保十五年）の業績をたたえた鳩山一郎総理（当時）書の碑文が刻まれている。

常陸（茨城県）の農家に生まれ、数学の才を見いだされて、幕府の普請下役となった間宮は、一八〇〇年（寛政十二年）、蝦夷地御用雇の任を受けた。

蝦夷地北辺にロシア人の来航がしげくなった十八世紀末は、幕府は蝦夷地の調査と開拓を進めていた時期であった。間宮は、伊能忠敬について学んだ測量術を駆使して、北海道北部、千島の一部を測量・調査し、この調査結果は伊能忠敬の蝦夷地図に取り入れられた。

幕命により、一八〇八年（文化五年）、松田伝十郎とともに樺太に渡り、二手にわかれて、東西の海岸線を北行、半島と見られていた樺太が島であることを発見した。

ついで、再び、樺太の西海岸を北行、小船で海峡を渡って対岸の黒竜江下流を探検した。この探検を『東韃紀行《とうだつきこう》』としてまとめた。『北蝦夷図説』『北夷考証』の著書がある。

間宮は、シーボルト事件で幕府天文方の高橋景保を密訴したことで、世の非難を浴びたが、その業績は、のちに、高橋作左衛門やシーボルトによって世界の学界に紹介され、彼が発見した海峡は「間宮海峡」と命名された。墓は本立院にある。

塋域とは墓地という意味。

※関連する碑　高橋景保の碑、土生玄碵先生之碑、目黒新富士の碑

安宅丸由来の碑（江東区新大橋一―五）

新大橋橋詰近くの新一公園にある。

碑表に横書きで「新大橋一丁目安宅丸由来」、その下に新大橋周辺の延宝七年（一六七九年）の江戸切絵図が刻まれている。碑陰には、江東史談会が記した「由来記」。

安宅《あたか》丸は北条氏が造船した木造船で、四百人の水夫が二百本のオールで交替に漕いでいたと伝えられている。多くの将兵・軍馬のほか、米四千石（一万俵）も載せられるほどの超弩《ど》級の軍船だった。その後、豊臣、徳川の手に渡り、伊豆下田港におかれていたが、一六三三年（寛永十年）には江戸に回航され、御船蔵《おふなぐら》と呼ばれたこの地に繋がれた。江戸切絵図には安宅丸が描かれているほど、御船蔵と結びついていたが、補修管理が困難になって、一六八二年（天和二年）、解体された。

幕末のころの船蔵に格納された艦船は、史料によると、三十八隻にものぼったが、明治期になると、二隻が政府に引き継がれ、ほかは民間に払い下げられた。

「由来記」は町名の移り変わりを説明している。御船蔵跡一帯を明治二年七月、安宅丸の威容をたたえて「深川安宅町」とし、近くの埋め立て地帯を同三十八年、「深川新安宅町」とした。その後の地番整理で現在の町名に変わった。

右のように記す「安宅丸由来の碑」は、新大橋一丁目町会が一九七三年に建立した。

新大橋の橋詰には江東区が建てた「御船蔵跡」と刻まれた角柱の石標がある。

新大橋一丁目の隅田川沿いは船舶を格納した大小の倉庫十四棟が立ち並び、「御船蔵」と呼ばれた。御船蔵に入った最初の官船は安宅丸。幕末には三十八隻の官船があった。明治政府に引き継がれたのは国市丸と大川御座船の二隻で、その他は民間に払い下げられた。

御船蔵跡《おふなくら》の碑 （江東区新大橋一―二） ↓安宅丸由来の碑 （二五八ジペー）

中川船番所跡の碑 （江東区大島九―一）

川にも関所があった。中川から小名木川に入る川口のところに架けられた番所橋の北詰にある。

橋のたもとに一六六一年（寛文元年）から置かれた番所に、三千石以上の旗本三人が中川御番衆に任命され、交替で勤番し、出入りの舟の検問に当たっていた。通行する舟は、積み荷の証明書・手形を提示し、荷物の検査を受けたのち、通行を許された。

川関所も、街道関所と同様、決め事が多く、中川番所も、たとえば、一六八六年（貞享三年）の掲示板でみると、厳しい禁止事項を掲げている。

一、夜中の出入りについて、江戸への入り舟は差支えないが、出舟は一切認めない。

一、番所前では笠頭巾を脱ぎ、積載の駕籠《かご》などの乗り物は戸を開いて通行する。

一、鉄砲三挺までは確認したうえで通すが、それ以上の場合は、番所の検閲結果に従う。その他の武具についても同じである。
一、人間が忍び入ることができるほどの器物については、内部を点検する。
一、万一、不審の点があるときは、舟を留置することを申し付ける。
一、囚人、傷害者、死人などを載せている場合は、証明書がなければ、通行できない。
などである。

江戸時代の初め、千葉の行徳から塩を運ぶために開削された小名木川は、中川と隅田川を結ぶ重要水路であった。幕府は最初、小名木川の隅田川口（江東区常盤一丁目）の万年橋北詰に舟番所を置いていたが、寛文期に中川口に移し、明治初年まで置かれていた。

※関連する碑　小仏関所跡の碑

紀伊國屋文左衛門之碑（江東区三好一―六）

清澄庭園東側近くの成等院、道路に面した塀を内側へ下げた三十平方メートルほどの敷地に建っている。三メートルほどの高さの青い石に「紀伊國屋文左衛門之碑」と深々と彫られている。碑の右手には紀州のミカンの木が植えられ、左手には墓が置かれ、道路側は鉄の格子門で閉められている。碑前の小さな青石には「紀伊國屋文左衛門記」として、つぎのように刻まれている。

「紀伊國屋文左衛門は寛文九年（一六六九年）、紀州に生れ、幼名を文吉と云う。

性豪放、東海の荒波を冒し、命を賭して、江戸に蜜柑を搬び、豪商の礎を築く。

明暦の江戸大火に際して、木曽、熊野に木材供給の途を拓き、江戸の復興に盡し、商利一世を凌ぐ。

後、幕府の木材御用商人となり、京橋八丁堀に居を構え、全盛を極む。

人のため、蓄財に執着せず、永代橋の架設、清澄庭園の創始、深川八幡宮の神輿奉納など、幾多の貢献をなす。紀文大盡の名、茲に生ず。

他面、千山と号し、其角に師事して、俳諧を嗜み、書画にも長ず。

晩年、深川八幡附近に閑居し、六十六才にて没す、と伝えらる。

紀文の風格を慕い、有志相謀り、爰に記念碑を建立す。

　昭和三十三年四月」


五代将軍綱吉時代、ときの老中首席・柳沢吉保、勘定奉行・荻原重秀などと結んで、上野・寛永寺中堂の建設用材を納入し、また、頻発していた江戸の大火事のあとには材木供給を引き受けた。このほか、幕府の鋳銭事業も請け負い、一七〇一年（元禄十四年）、亀戸（いまの江東区亀戸二―六）にあった銭座で十文の大銭をつくって、利益をあげた、といわれている。

紀伊國屋文左衛門之碑

※関連する碑　永代橋落下事件遭難者の慰霊碑、亀戸銭座跡の碑、木場の角乗りの碑

干鰮《ほしか》場跡の碑（江東区白河一―五）

ケイ・インターナショナルスクールの校門前にある。

角柱碑正面に「干鰮場跡」と刻まれ、ほかの面に由来が記されている。

「ほしか」は干鰯とも書いた。脂をしぼったイワシを乾かした干鰮は、乾燥肥料として農業の発展に役立った。生産の本場は千葉・九十九里。一六二〇年代・寛永のころから舟運で江戸に入っていたが、幕府が相次いで出す一六四二年（寛永十九年）の煙草栽培の禁止令、四三年の木綿、菜種の作付け禁止令にみられるように、関東から関西にかけての農村で商業的農業が発展していた。農産物商品化の進展にともない、肥料需要が急増、江戸への搬入量が年々増え、荷揚げ場が必要になった。

深川の干鰮問屋や千葉・銚子港の荷主が、一六九五年（元禄八年）、小名木川沿いの深川西町横町（森下三丁目）に荷揚げ場を造った。その後、手狭になったため、一七〇〇年（同十三年）、いまの町名でいえば、白河一丁目に移った。

九十九里から銚子港に集められ、舟積みされた荷は、利根川をさかのぼり、江戸川、船堀川、中川を経て、小名木川まで川筋を運ばれてくるので、荷揚げ場を「銚子場」ともいい、周囲は肥料問屋が軒を並べていた。

干鰮の荷揚げ場は、このほかに「永代場」や「江川場」（深川一丁目）があった。

関東のみならず、関西からの荷受け業者が押し寄せ、藍やミカンの肥料用として引き取っていった。

江戸の川筋には、深川の干鰮場、日本橋の魚河岸、京橋の大根河岸、八重洲の薪河岸、江戸橋の塩物河岸などと、各所に荷揚げ場ができていて、揚げ荷の種類によって河岸の名がついていた。

五百羅漢道標（江東区猿江二―一六）→大山道しるべ（一六九ページ）

猿江材木蔵跡の碑（江東区住吉二―二八）→木場の角乗りの碑（二四六ページ）

津波警告の碑（江東区木場六―一三と、同区牡丹三―三三の二カ所）

木場の碑は洲崎神社境内、牡丹の碑は平久橋詰にある。

碑面には「津波警告の碑」とあり、一七九四年（寛政六年）に建てられた。

深川、洲崎は海岸線で、江戸の景勝地だったが、ときに、高潮による洪水、津波が押し寄せる災害頻発地帯でもあった。たとえば、『武江年表』につぎのような記録がある。碑が建てられる三年前の九一年（同三年）九月四日のことである。

「巳刻高潮深川洲崎へ漲《みなぎ》りて、あはれむべし。入船町、久右衛門町壱丁目弐丁目と唱へし、吉祥寺門前に建てつらねたる町家、住居の人数と共に、一時に海へ流れて行方を知らず。弁才天社損じ、拝殿別当其の外流出、其のかへしの浪、行徳、船橋、塩浜一円につぶれ、民家流失す。其の外諸方家屋吹損じ、川々水溢る……（諺に云ふ、蟹《カニ》陸へ多く這上るは津波の兆也と。此の時既にしかりといえり）」

津波警告の碑は、津波による災害再発防止のため、実施された対策を碑文に記している。「此所、寛政三年、波あれの時、家流れ、人死するもの少なからず、此後、高なみの変はかりがたく、流死の難なしといふべからず。是によりて西は入船町を限り、東は吉祥寺に至るまで凡そ長さ二百八十五間の所、家居取り払ひ、空地になし置かるるものなり」と。幕府は東西五百十八メートル、南北五十五メートル、総面積一万八千平方メートル余を買い上げて、空地とし、その東西に「津波警報の碑」を建てた。

品川区の海蔵寺（南品川四―四）に津波溺死者供養塔がある。一八六五年（慶応元年）の建立。

1794年に建てられた津波警告の碑（右）

関係があるかどうか定かではないが、「同年六月十五日夜、風雨烈しく、明け方いよいよ強く、深川あたり高潮みなぎりて……近在の村々洪水……溺死の者多し」の記録が『武江年表』にみえる。

洲崎遊女供養碑（江東区東陽町一―三九）→**子供合埋碑**（一四三ジペー）

刀工・左行秀《さのゆきひで》旧跡の碑（江東区北砂一―二）

三島橋の東詰にある。角柱の碑に「刀工・左行秀作刀旧跡」とある。

一八六二年（文久二年）、土佐から江戸・砂村の三島橋近くの土佐藩邸へ移り、同邸で刀を制作していた刀匠の記念碑。

左行秀（一八一二〜八五年、文化九年〜明治十八年）は、もともとは筑前（福岡県）の生まれ。号を東虎と称し、江戸へ出て、刀工・清水久義（水心子正秀の門人）の弟子に入り、一八四六年（弘化三年）、土佐藩の御用鍛冶・関口勝広に認められ、土佐の勝広邸で作刀した。その後、江戸の土佐藩邸に移った。実戦用の刀剣をつくり、復古調の作品が人気をよんだ。

八王子市下恩方町一二六の辺名バス停近くには下原刀《したはらとう》鍛冶発祥の地の碑がある。一九六八年（昭和四十三年）に建てられ、「市史跡　下原刀鍛冶発祥の地」と刻まれている。

時代はさかのぼって、永正期（一五〇四〜二〇年）、ときの領主・大石氏の招きにより、恩方下原に移って来た周重と名乗る刀匠が、鍛刀した刀を「下原刀」と呼んだ。

周重は北条氏、徳川氏の庇護を受け、以来、一族十家に広がり、その作刀は全国に及んだ。独特の鍛冶法によって、下原肌といわれる作風を表す、数多くの名刀を残している。

釜屋跡の碑（江東区大島一―一）

釜屋堀公園にある。

江戸の古地図「本所深川絵図」に、大島村の小名木川に面して、「釜座」というのがある。猿江御材木蔵と、堀をはさんで、すぐ南である。なべ・かまの日用品から、梵鐘《ぼんしょう》、仏像、天水桶《おけ》などを鋳造し、店で販売し、また、舟を使って出荷していた〝鋳物工場〟である。

釜座の祖先は太田氏釜屋六右衛門、田中氏釜屋七右衛門。通称・釜六と釜七は、一六四〇年（寛永十七年）、近江（滋賀県）から江戸に出て、芝に落ち着いた。ところが、増上寺の拡張工事で移転を余儀なくされ、大島に引っ越してきて、鋳物業を始めた。江戸市中からの注文相次ぎ、商売繁盛し、釜六は代々、明治まで、釜七は大正まで鋳物業を続けた。大島町の名主もつとめた。

釜座に出入りする人でにぎわい、近くに腰掛茶屋（藤茶屋）が店開きし、一八三三年（天保四年）には料理屋釜長に衣替えするほどであった。

碑は江東区が一九五八年（昭和三十三年）に建てた。

五百羅漢跡の碑　（江東区大島四―五）

江東区総合区民センター敷地内にある。

等身大の五百羅漢を彫刻した松雲元慶禅師が一六九五年（元禄八年）、これらを安置するために創建した羅漢寺の跡地である。当時は東都第一の名所といわれ、広重や北斎の錦絵にも描かれた。一八五五年（安政二年）の、いわゆる安政の大地震で大破し、八七年（明治二十年）、本所・緑町へ引っ越し、一九〇八年（同四十一年）、目黒不動近く、目黒区下目黒三―二〇へ移った。

開基・元慶は九兵衛といい、京都の仏工になった。二十歳のとき、父母に死に別れ、二十二歳から鉄眼禅師に師事した。

全国行脚中、大分県・耶馬渓で見た岩石の五百羅漢像に感嘆、都会に五百羅漢像をつくって、民衆を救おうと決心、鉄眼禅師から賛意と激励を受け、浅草に居を定め、木材を購入して、作業を開始した。もともとが貧僧だったから、たちまち資金に困り、昼は托鉢で浄財を集め、彫刻は夜間に専念、この熱意が江戸市中に伝わり、蔵前の札差十七人衆が金品を集めて、寄付した。伝え聞いた五代将軍・綱吉は、松雲を激励し、亀戸の土地千五百坪を与え、将軍の母堂・桂昌院からも寄進があって、仕事に専心できるようになった。

十五年の歳月が流れ、羅漢寺が創建され、仏像が安置された。松雲、四十八歳。

木像は、長い年月の間に破損し、目黒に現在ある羅漢は三百体である。

女木《おなぎ》塚の句碑（江東区大島五―三九）

大島稲荷神社境内にある。高さ一米《メートル》ほどの碑の表に

女木塚

　秋に添て　行ばや末は　小松川　翁芭蕉

背面に「其月庵社中造立」とある。

芭蕉庵に近い小名木川沿いには、芭蕉を慕う江戸っ子俳人が多く、小名木川に舟を浮かべ、俳人宅での句会がしばしば開かれた。「秋に添て……」の句は元禄五、六年ころ、江戸っ子俳人の一人「桐奚」宅での句会でよまれた一句。

※関連する碑　芭蕉庵跡の碑

亀戸銭座跡の碑（江東区亀戸二―六）

亀戸二丁目市街地住宅団地の西側道路の歩道わきにある。亀戸天神の近くである。

江戸では浅草、芝、深川などにあり、全国各地にあった銭座の一つで、一六六八年（寛文八年）から一七六九年（明和六年）まで各種の寛永通宝銭を鋳造した。一六三六年（寛文十三年）から明治の初めまで二百三十年間にわたり流通した代表的な銭貨であった。

高層団地の建設が始まった一九六六年（昭和四十一年）ころ、工事現場から多くの寛永通宝銭が出

た。円形中央に四角い穴がある鋳貨の表に、「寛永」の縦書き文字、「通宝」の横書き文字が浮き彫りにされている。銅で造られたもの、鉄製、真鍮製のものもある。

『武江年表』の一六六三年（寛文三年）の条に「今年より天和三年に至って、亀戸村に銭を鋳さしめらる（平安方広寺の銅仏を毀《こぼ》ちて鋳る所と云ふ。俗に耳白《みみじろ》といふ。其の後度々亀戸で鋳銭あり。『梅翁句集』、江戸本所新銭座にて、『す、風や吹出す天下一貫文』）」とある。

亀戸銭座で鋳造が始まった時期を、『武江年表』は一六六三年としている。

寛永通宝のうちでも、良質の銅銭を耳白とか耳白銭と呼んだ。真鍮銭には二十一本（明和五年鋳造）、または十一本（同六年鋳造）の波模様が刻まれていたので、波銭と呼ばれた。

墨田区の本所税務署近くには小梅銭座跡の碑（業平一—七）がある。『武江年表』の一七三六年（元文元年）に「十月、小梅村にて銭を鋳させらる（背文小の字あり。今年、猿江にても鋳銭あり）」と記されている。

中江兆民の碑（江東区亀戸三—六）

亀戸天神社境内にある。

高さ一・五メートルほどの碑面に大きな文字で「中江兆民翁」と刻まれている。板垣退助、大隈重信らが発起人になり、一九〇七年（明治四十年）に建立された。

中江兆民（一八四七〜一九〇一年、弘化四年〜明治三十四年）は土佐の生まれ。一八七一年（明治四年）にフランスに留学、帰国後、外国語学校の校長になったが、辞職し、仏学塾を開いて、フランス思想についての教授を行った。帰国後の翌年八一年に創刊した東洋自由新聞で、自由民権の論陣を張り、民権運動左派の理論的指導者になった。幸徳秋水、酒井雄三郎ら門下生に深い影響を与えた。

一八八二年（明治十五年）から発行の『政理叢談』に、ルソーの社会契約論を漢訳した『民約訳解』を連載、「東洋のルソー」と呼ばれた。八八年（同二十一年）から大阪で刊行した東雲新聞に『新民世界』を掲載し、部落解放問題を論じた。

遺稿に『一年有半』がある。主権在民を基礎にした明治専制政府批判論は痛烈をきわめた。

二世、三世豊国の碑（江東区亀戸三―六）→**初代歌川豊国の碑**（二八一ページ）

木遣音頭の碑（江東区亀戸三―五七）→**木遣音頭碑**（三一五ページ）

水神森の碑（江東区亀戸四―一一）→**水神池の碑**（八五ページ）

第十三章　本所・向島

杉山検校《けんぎょう》頌徳碑 （墨田区千歳一―八）

江島杉山神社境内の碑には、上部に杉山検校の胸像、その下の碑文は点字で刻まれている。

一六一〇年（慶長十五年）、伊勢の生まれ。幼年にして失明し、江戸に出て、山瀬検校に鍼術《しんじゅつ》を学び、のち、杉山流管鍼術を編み出した。湘南・江ノ島の弁財天にこもり、断食、祈願し、霊験を得て、つくり出したものと言い伝えられている。碑の後ろには、江ノ島弁財天の岩窟と同じものがつくられている。

杉山検校頌徳碑

江島杉山神社には、彼が生前、信仰し、弁財天を祭った江島神社と、彼を祭った杉山神社の二社がある。

一六八五年、七十六歳のとき、五代将軍綱吉の病いを治療して、信任を得、一六九二年（元禄五年）には奥医師、関東総検校に任ぜられた。翌九三年、いま、江島杉山神社がある一之橋付近の宅地およそ八千九百平方メートル（二千七百坪）を与えられたので、杉山検校は学校を創設して、子弟の教育に力を入れた。盲人教育の開祖である。

一六九四年（同七年）五月に歿。八十五歳。墓地は墨田区立川一丁目の弥勒寺にある。

『療治之大概集』『選鍼三要集』『医学節要集』の著作は、杉山流三部書と呼ばれている。

最初の頌徳碑は一九二四年（大正十三年）、正五位が贈られたのを記念して建立されたが、戦災に遭って、一九五九年（昭和三十四年）に財団法人杉山検校遺徳顕彰会によって再建された。

検校、別当、勾当、座頭などの官位があって、検校は上級官位、総検校は検校のなかから選ばれた。総検校はもともと京都にいたが、元禄期に関東では初めて、杉山検校が総検校になった。のちに、官位を金銭で売買する弊害が起き、一八七一年（明治四年）、この制度は廃止された。

点字碑文の終わりに

花は笑み　浪はさざめく　ぬばたまの　闇をはらひて　日のいづるとき

点刻者　伊藤　福七

と記されている。

雪中庵蓼太《りょうた》の句碑（墨田区千歳二―一）

要津寺《ようしん》境内にある。

碑《いしぶみ》に　花百とせの　蔦植む

信州生まれの雪中庵蓼太（一七一八～八七年、享保三年～天明七年）は、江戸に出て、日本橋・横山町で幕府御用の縫物師をしていた。本姓は大島。

桜井吏登《りとう》に俳諧を学び、一七五〇年（寛延三年）、雪中庵三世を継ぎ、天明期の俳諧中興に活躍した。雪中庵・服部嵐雪は吏登の師である。

横山町に住んでいた蓼太は、一七七二年（明和九年）の目黒行人坂の大火で焼け出され、剃髪して、空摩と号し、要津寺の庵に移った。門弟三千人といわれ、江戸俳壇で高い地位を占めていた。

この句碑は、一七八二年（天明二年）四月、芭蕉翁百回忌の法要句会をいとなんださい、建立された。碑陰の説明によると、病弱の身だから、百回忌（寛政五年＝一七九三年）まで生きられるかどうか、自信がないので、繰り上げ法要を行って、碑を建てたという。

要津寺には雪中庵の碑がある。自然石に円形の石を載せたもので、服部嵐雪を開祖とする雪中庵の歴代の名が刻まれている。

四世完来、五世対山、六世椎陰、七世鳳州、八世梅年、九世雀志、十世宇貫、十一世東枝……。

※関連する碑　服部嵐雪の墓句碑

両国橋の句碑（墨田区両国一―一一）

両国橋児童遊園のなかにある。

日の恩や　たちまち砕く　厚氷

とあり、背に「昭和三年十一月十日建之」と刻まれている。

赤穂義士討ち入りの元禄十五年十二月十四日の夜、堀部弥兵衛と大高源吾が、吉良邸の隣家・土屋主税の玄関にあらわれ、「討ち入りには、どちらにも加勢くださらぬよう、また、火の元に用心なさ

るように」頼んで、外へ出る。そのとき、土屋家にたまたま居合わせた俳人・其角が、弟子の大高（俳号は子葉）に

我雪と　おもへはかろし　笠のうえ

と詠んだ。

本懐を遂げ、謝辞を述べに再び訪れてきた大高が、帰りしなに詠んだ句が、碑の「日の恩や……」である。

討ち入り当夜と、大高再訪の土屋邸でのことは、後日、其角が梅津半右衛門へ書き送った書簡の文章として記録に残っている。

ただ、土屋家に謝辞を述べに行ったのは、史実によると、大高ではなく、片岡源五衛門と赤埴《あかばね》源蔵だったこと、書簡末尾の宛名・梅津氏の俳名を「文隣」としている（文隣は別人）ことの二点から、書簡文の真実性に疑問が投げかけられている。碑の建立者は不明。

力塚の碑（墨田区両国二―一〇）

旧国技館前、両国回向院近くにある。

「力塚」と深彫りした碑は一九三六年（昭和十一年）、相撲協会が歴代相撲年寄の霊を祭って建立した。

宝暦期（一七五一～六三年）ころから盛んになった勧進相撲は、深川八幡宮境内など江戸市内各地

で行われていたが、両国回向院境内での興行は、一七六八年（明和五年）九月が最初だった。その後、七二年（安永元年）、七三年、七七年と開かれ、八一年（天明元年）から一八三〇年（文政十三年）までは回向院で行われていた。回向院が定場所となるのは、三三年（天保四年）からで、国技館が完成する一九〇九年（明治四十二年）までの七十六年間、毎年二回の興行が境内の土俵で行われた。

勧進相撲興行場の一つ、新宿区の長善寺、通称笹寺（四谷四—四）に江戸勧進角力旧跡の碑がある。笹寺での興行は一六六一年（寛文元年）、江戸で最も早い。明石志賀之助が横綱だった寛文番付表が同寺に保存されていたが、東京空襲で焼けてしまったという。

力塚の碑

大正初め、「小常陸」のしこなで力士になった、寺近くのてんぷら屋の若い衆の骨折りで、東京角力協会（当時）が一九一七年（同六年）、寛文の勧進相撲を記念して建立された。

※関連する碑　横綱力士碑

海難供養碑（墨田区両国二—八）→**海難供養碑**（一三一ページ）

赤穂義士遺蹟 吉良邸跡の碑（墨田区両国三―一三）→**浅野内匠頭邸跡の碑**（四〇ジペー）

吉良家家臣二十士碑（墨田区両国三―一三）→**浅野内匠頭邸跡の碑**（四〇ジペー）

勝海舟生誕之地の碑（墨田区両国四―二五）

両国公園にある。

碑面に「勝海舟生誕之地　法務大臣　西郷吉之助書」と刻まれ、背に由来が記されている。明治百年を記念し、勝海舟両国顕彰会などが一九六八年（昭和四十三年）十二月に建立した。

下級旗本・男谷《おだに》小吉の子として一八二三年（文政六年）に生まれた。両国公園は男谷邸の跡地である。のち、勝家へ養子として移った。

十五、六歳のころから真心影流の達人・島田見山（虎之助）に剣道、赤坂の永井青崖に蘭学を学び、兵学、砲術、航海術、測量術を研究した。

一年かかって手書きで写したオランダ語辞書を二部つくり、一部は自分の勉強用、もう一部は売って、生活費にあてた話は有名だ。

対外的危機を強く意識していた勝は、右近将監・大久保忠寛にすすめられ、一八五四年（嘉永七年）、兵学校新設の必要性を説いた「海防に関する意見書」を幕府に提出、この建議が、ときの老中・阿部正弘に認められ、まもなく、三十俵の御家人から百俵の旗本にとりたてられた。五五年（安政二年）正月、蕃書翻訳掛、長崎の海軍伝習所伝習生を命じられ、咸臨丸で太平洋横断を果たしたのは、六〇年（安政七年）一月であった。

六三年（文久三年）、将軍・家茂の命をうけて、神戸に軍艦操縦術を教える海軍操練所を新設し、「帝国海軍」の基礎をつくった。坂本龍馬はじめ、勝に傾倒する志士が全国から集まったが、開放的雰囲気から浪人も多く入所し、のちに幕府から危険分子のアジトのように疑われて、閉鎖された。

六六年（慶応二年）九月、第二次長州征伐で幕府が窮地に陥るや、薩長につながりのある海舟が全権使節に取り立てられ、長州の全権・広沢兵助と会見、休戦・撤兵談判を成立させている。

鳥羽伏見の戦いの後、海軍奉行、陸軍総裁として幕府の重責の地位についた。

六八年（慶応四年）三月の勝・西郷会談からおよそ一カ月後の四月十一日、江戸城授受の式が行われ、慶喜（幕府第十五代将軍）は上野から水戸へ出発、田安亀之助（徳川宗家第十六代当主）は五月二十四日、静岡に封ぜられた。

海舟は家族とともに田安家に従い、静岡に移ったが、七二年（明治五年）、上京し、赤坂・氷川町に移り住んだ。この年、海軍大輔、ついで参議兼海軍卿、七五年（同八年）に元老院議官、八七年（二十年）に伯爵、八八年に枢密顧問官に任ぜられた。

九九年（同三十二年）一月十九日に歿。七十七歳。『海軍歴史』『陸軍歴史』『氷川清話』などの著書や随筆、日記は『海舟全集』（全十巻）に収められている。

静岡から移り住んだ屋敷跡＝いまの氷川武道場（港区赤坂六―六）に勝安房邸跡の碑がある。「史

蹟　勝安房邸阯　勝海舟伯　終焉ノ地ナリ　昭和五年十二月　東京府」とある。背面には「氷川小学校後援会敬建　昭和八年十二月　東京市長　牛塚虎太郎書」と記されている。

大旗本・柴田七九郎が住んでいた二千五百坪の屋敷を、海舟は家作つきで五百両で買い取った。『氷川清話』などはここで執筆している。敷地内の独立家屋数軒には親類縁者が住んでいた。

海舟は結婚後、「終焉」の屋敷に落ち着くまで、屋敷を三回替えている。念のために列記すると、四五年（弘化二年）、たみと結婚して、それまで住んでいた本所入江町（墨田区緑四丁目）から赤坂田町（赤坂二、三丁目）へ移った。田町から長崎の海軍伝習所へ単身赴任し、五九年（安政六年）に帰ったとき、赤坂・氷川町の氷川神社近くの屋敷に引っ越した。静岡へ移るときは、この屋敷を手放し、再び、江戸へ戻ってから住んだ屋敷が、いまの氷川小学校敷地内にあった。

高野長英が海舟を訪ねたのは、赤坂田町の家である。

※関連する碑　西郷南州・勝海舟会見之地の碑、西郷・勝両雄会見の処の記念碑、西郷・勝両雄顕彰碑、佐久間象山の桜花賦の碑、高野長英の碑、万延元年遣米使節記念碑

小林一茶旧居跡の碑（墨田区緑町一―三）→一茶の句碑（三〇九ページ）

歴代横綱の碑（墨田区亀沢二―八）→横綱力士碑（二四四ページ）

道灌公記念碑（墨田区太平一―二―六）→**太田道灌公追慕之碑**（九六ページ）

小梅銭座跡の碑（墨田区業平一―七）→**亀戸銭座跡の碑**（二六八ページ）

近松門左衛門の碑（墨田区業平五―七）

「柳島の妙見さま」で知られる法性寺境内にある。

浄瑠璃作家・近松門左衛門の百回忌にあたる一八二八年（文政十一年）十月、曾孫・春翠軒繊月が草稿を地に埋め、建立した。『曾根崎心中』『国性爺合戦』などの傑作を残した近松の略伝と辞世の狂歌が刻まれている。門左衛門（一六五三～一七二四年、承応二年～享保九年）は、彼の菩提寺・広済寺（尼崎市久々知＝日蓮宗）の開基檀越（施主）の一人であり、広済寺にも妙見さまが祭ってあるところから、門左衛門も妙見さまの信者であることは間違いないと、案内資料の『柳島の妙見さま』のなかで書いている。

近松の碑とほぼ同じ時期、一八二一年（文政四年）に建立された浄瑠璃塚が墨田区堤通二―一六の木母寺にある。四代目・竹本倉太夫が、宝暦・明和期（一七五一～七一年）ころに活躍した恩師の三代目・竹本紋太夫、三代目・竹本倉太夫と、その周囲の人々の功績をたたえて、建てたもので、碑に刻まれた「浄瑠璃塚」は、『浮世風呂』の作者・式亭三馬の書である。

竹本津賀太夫の碑が浅草神社（台東区浅草二―三）境内にある。

太夫自詠の一首、

　大江戸のつよきひいきの力にぞ　かかる千曳のいしぶみはたつ

が刻まれている。書は東一居士憲斉道人。

碑の背には、狂歌堂真顔の撰・書の「猿若堂操座の義太夫語り・竹本津賀太夫をたたえる」碑文が記され、終わりに真顔の一首、

　建直す檜舞台の津賀の掾《じょう》　かくほむる名は千歳朽せじ

が記されている。

碑の台石には百数十人の門下の名が刻まれている。門弟らが一八二七年（文政十年）に、師匠の還暦祝いに建立した。

初代歌川豊国の碑（墨田区業平五―七）

法性寺境内にある。

高さ一・八メートル、幅一・二メートル。碑の表には豊国の生涯が、裏には弟子三十人の名が刻まれている。

豊国の死後四年目にあたる一八二八年（文政十一年）、戯作者・山東京山が弟子たちとはかって建立。豊国が使った絵筆二百八本を埋め、供養したので、「筆塚」でもある。

関東大震災や下町の大空襲などによって、碑の傷みは激しい。

北斎と同時代の浮世絵師・初代一陽斎歌川豊国（一七六九〜一八二五年、明和六年〜文政八年）は、一七九四年（寛政六年）から発表したシリーズ『役者舞台之姿絵』が人気を呼んで、浮世絵画家としての地位を築いた。

美人画で名をうった歌麿に対し、豊国はもっぱら役者絵をてがけ、〈すい〉とか〈いき〉とかいわれた文化・文政の爛熟期の花形になった。役者絵が全国で受け入れられ、普及していったのは、豊国の作品からだといわれている。

二世、三世豊国の碑が亀戸天神（江東区亀戸三―六）境内にある。国周、国貞が描いた両豊国の肖像を陽刻した碑は、一八九三年（明治二十六年）三月、三世香朝楼国貞の発起により、市川団十郎、尾上菊五郎、錦絵問屋などからの後援をうけ、建立された。

二世豊国（一八〇二〜三五年？　享和二年〜天保六年？）は風景画『名勝八景』で知られる。

三世豊国（一七八六〜一八六四年、天明六年〜元治元年）は、初名の「歌川国貞」の方で知られている。戯作者・柳亭種彦の『偐《にせ》紫田舎源氏』に描いた挿絵は、世の好評を浴びた。

初代豊国の高弟の一人・歌川国芳の碑が墨田区の三囲神社（向島二―五）境内にある。国芳（一七九七〜一八六一年、寛政九年〜文久元年）十三回忌の一八七三年（明治六年）、建立された。

江戸・神田の京染紺屋の家に生まれた国芳は、着物の柄を描き、家業を手伝っていたが、豊国に弟子入りし、一八二七年（文政十年）、三十一歳のときに発表して評判をよんだ武者絵『通俗水滸伝豪傑百八人』が出世作となった。

武者絵を得意とした、力強い画風が、外圧に揺れ動く幕末の世相のなかで人々から迎えられた。代表作は『東都名所』『二十四孝』など。門弟から月岡芳年など多くの人材を出した。

昔ばなし柳塚（墨田区業平五―七）

法性寺境内にある。

江戸時代の落語界の一派・柳派の記念碑とみられている。碑面に刻まれた「昔ばなし柳塚」の文字ははっきり読めるが、碑の剥落《はくらく》がひどく、碑陰に刻まれた建立年代や人名は読み取りにくい。

柳派の頭取・柳亭燕枝《えんし》（一八三八〜一九〇〇年、天保九年〜明治三十三年）は、江戸・小石川の生まれ。一八五六年（安政三年）、初代春風亭柳枝に入門、春風亭伝枝と名乗った。初代柳亭燕枝と改名して、いまの小石川・小日向神社近くにあった服部坂席で真打ち昇進披露を開いたのが一八六一年（文久元年）であった。

一八八一年（明治十四年）、明治の落語界の勢力を三遊亭圓朝と二分していた柳派の頭取・柳亭燕枝が、本郷・春木座で初の落語家芝居（＝身振り入りの仕形咄《しかたばなし》）を興行、武士・侠客の演技にすぐれ、人気を呼んでいた燕枝は、その男性的な芸風で観客席をわかせた。

一八八五年（同十八年）には談洲楼燕枝と改めた。「枯れるものの終わりもありて瘤柳」の辞世を残し、墓は浅草・源空寺にある。

一方の三遊派の記念碑は、同区内の木母寺（堤通二―一六）にある。

※関連する碑　三遊塚

毛塚の碑（墨田区業平五―七）

法性寺境内にある。

言い伝えによると、一八三八年（天保九年）に江戸の町火消し「仲組」と「め組」との間で大げんかがあった。仲直りのしるしに百三十六人の面々が頭をまるめ、「以後、けんかはしない」と約束した。毛髪を納め、誓った同寺に、同じ三八年にこの碑が建てられた。碑面には「毛塚」と刻まれてある。

ちなみに、同年二月には根津門前茶屋町から出火、宮永、七軒町まで燃える火事があり、四月には日本橋から神田まで燃え広がった。十一月には佃島方面や市ヶ谷方面が焼けた（『武江年表』）。

葛飾北斎辰政翁顕彰碑（墨田区業平五―七）→葛飾北斎生誕二百年記念碑（二二三ページ）

藤田東湖・正気《せいき》の歌の碑（墨田区向島一―三）

隅田公園にある。

碑面には「天地正大の気、粋然として神州に鍾《あつ》まる。秀いでては不二の嶽となり、巍巍《きき》として千秋に聳ゆ。注いでは大瀛《だいえい》の水となり、洋々として八州を環る……」。よく知られる正気の歌である。一九四四年六月、東湖会によって建立された。東湖自筆の詩を拡大し、刻んだものである。

四四年六月といえば、太平洋戦争の末期、マーシャル群島の日本軍全滅（二月）、サイパン島でも全滅（六月）と玉砕が相次いでいるときであった。

一八四四年（天保十五年）、水戸九代藩主・斉昭が、幕府に一時、疑われ、駒込の同藩邸中屋敷（いまの東大農学部の地）に蟄居《ちっきょ》を命ぜられたとき、斉昭に郡奉行、側用人としてつかえていた東湖も、譴責され、同藩邸の下屋敷に幽閉された。下屋敷は、いまの隅田公園のところにあった。

三年間、蟄居させられていた東湖は、その間に、攘夷精神をうたった『正気の歌』をつくった。

幽谷の子として生まれた東湖（一八〇六〜五五年、文化三年〜安政二年）は、父のあとを継いで水戸藩の彰考館編修となり、ついで総裁代理となった。藩主の継嗣問題が起こると、斉昭擁立に動き、また、藩校弘道館の創設や藩政改革に力を尽くした。

一八四九年（嘉永二年）、斉昭が赦免されたのにともない、東湖も宅慎を解かれた。米使節ペリーが来日した五三年、斉昭は幕政に参与し、東湖もこの年七月、海岸防御掛として江戸詰を命ぜられ、一八五四年（嘉永七年）には学校奉行などの要職についた。

五五年十月二日夜十時ころ、江戸を襲った安政大地震のさい、小石川の水戸藩邸にいた東湖は、藩邸内の長屋にいた母を連れ出したが、火鉢の火を消し忘れたといって、戻ろうとしたので、東湖が家に飛び込んだところ、家が倒壊、下敷きになって死んだ。安政大地震では一万四千戸が倒壊・焼失し、四千人が圧死・焼死した。深川の三十三間堂が倒壊したのも、この地震によるものだった。

水道橋交差点から春日寄りの白山通りに面した、長屋の跡地に藤田東湖終焉地の碑（文京区後楽一

—一）があったが、最近、西側の後楽園近くへ移した。自然石に立てられた御影の石柱に「藤田東湖先生護母致命の処」と刻まれている。

著書に『弘道館記述義』がある。天皇に忠義をつくすべきことを論じた弘道館の教育方針書であり、明治の教育に影響を与えた。

東湖は、同藩の尊王攘夷論者として重きをなし、水戸学の代表者でもあった。

烏亭焉馬《うていえんば》の歌碑（墨田区向島一—四）

牛島神社境内にある。

青い自然石に、

いそかすは　濡れまし物と　夕立の　あとよりはるる　堪忍の虹
談洲楼烏亭焉馬

とある。一八一〇年（文化七年）に建てられた。「いそかすは」は「いそがずば」の意。

一七四三年（寛保三年）、本所相生町（墨田区両国四丁目）に生まれ、大工の棟梁、足袋屋をやっていた。その後、住まいを竪川沿いに構えていたから、立川焉馬ともいった。

天明期（一七八一～八八年）前後は目黒行人坂の大火をはじめ江戸大火が相次ぎ、浅間山の噴火、大水害、大飢饉に見舞われ、百姓一揆・打ちこわしが全国で頻発した。

民衆をたたかいに向かわせる、けわしく、暮らしにくい情勢は、世を風刺的にとらえたりして、笑いもひろがった。焉馬は一七八六年（天明六年）、向島の料亭・武蔵屋で初めてのはなしの会を開催、落語を演じて大喝采を受けた。いらい、毎年、好評を博し、江戸落語中興の祖といわれた。はなしの会の同人に大田蜀山人、大屋裏住《おおやのうらすみ》、鹿都部真顔《しかつべまがお》、森羅亭万象、桜川慈悲成《じひなり》らがいた。親しかった五世市川団十郎の名をもじって、談洲楼と号した。著書に『歌舞伎年代記』。一八二二年（文政五年）歿。

竪川にかかる塩原橋のたもと、植え込み（墨田区千歳二—一四）に「烏亭焉馬居住地跡」を示す説明板が建っている。肖像入りの説明板は、墨田区教委が二〇一〇年（平成二十二年）に建てた。

桜樹奉献の碑（墨田区向島一—四）→**小金井桜樹碑**（三二七ページ）

大田南畝漢詩碑（墨田区向島一—四）→**大田南畝隠語の碑**（七四ページ）

常夜燈（墨田区向島二—五）

三囲《みめぐり》神社境内にある。

高さ二・五メートル、安山岩。台座には奉納者六人の名が刻まれている。

武州八王子　井田林右衛門▽同青梅　小林十郎右衛門▽甲州郡内殿上　佐藤嘉兵衛▽同鶴川　志村

四郎衛門▽武州中神　中野久治郎▽同油平　戸田彦兵衛
いずれも、多摩・甲州地方で越後屋の絹仲買人をしていた人々といわれ、守護神として崇めていた同神社に奉納した。

越後屋（いまの三越）と同神社との関係は古く、京都の豪商・三井家が一六七三年（延宝元年）、江戸に進出したときから、守護神として崇めてきたという。

同社に祭られてある、隅田川七福神としての大黒神や恵比寿神は、三井家から奉納されたものといわれ、また、三越本支店の屋上などには同神社の分霊が奉祀されている。

三囲神社境内の狛犬《こまいぬ》のそばにライオン像が置かれているが、三越池袋店の店頭に設置されていたもので、同店が二〇〇九年五月、閉店したのに伴い、神社からの申し出により、移されたという。
※関連する碑　道しるべの常夜燈

木遣音頭の碑（墨田区向島二―五）**↓木遣音頭碑**（三一五ジペー）

五世川柳・水谷金蔵の句碑（墨田区向島二―五）**↓初代柄井川柳の句碑**（二二〇ジペー）

六世川柳の句碑（墨田区向島二―五）**↓初代柄井川柳の句碑**（二二〇ジペー）

九世川柳の句碑（墨田区向島二―五）**↓初代柄井川柳の句碑**（二二〇ジペー）

巻菱湖《まきりょうこ》の伝記碑（墨田区向島二―五）**↓市河寛斎の墓碑**（二〇三ジペー）

歌川国芳の碑（墨田区向島二―五）**↓初代歌川豊国の碑**（二八一ジペー）

成島柳北の碑（墨田区向島五―四）

蜀山人と同じく、漢詩文の教養に富み、時事風俗を風刺した幕末から明治初めのジャーナリストに成島柳北（一八三七～八四年、天保八年～明治十七年）がいる。「柳北仙史肖像賛并序」と題した来歴と建立由来が刻まれ、半身像を浮き彫りにした、二メートル余の高さの自然石の碑が長命寺にある。

幕府が倒壊し、公職を退いた後、明治初めに隅田川河畔の向島に「松菊荘」を建て、隠棲していたが、碑は、没した翌年、そのゆかりの地に近い同寺に建立された。

奥儒者・成島稼堂の子として浅草御厩河岸に生まれ、語学を学び、外国奉行、勘定奉行、会計副総裁になって、十四代将軍・家茂につかえた。

野に下って、明治二年、浅草本願寺内に学舎を設け、子弟の教育にあたり、本願寺東派現如上人らにしたがって渡欧、欧米を漫遊して、帰朝後は、朝野新聞社長に迎えられた。

外遊中に学んだ生命保険の知識を生かし、日本の生保の先駆「共済五百名社」の創立に協力した。朝野新聞社を辞めたあとは、文芸雑誌『花月新誌』を創刊した。

新聞社時代は民権論の論陣をはって、筆禍事件にかかって投獄され、雑誌や代表的著作『柳橋新誌』で時事風俗を諷ずるなど、明治開化期の「えせ近代」を終始、批判し続けたジャーナリストであった。

※関連する碑　寺門静軒の碑

墨堤植桜の碑（墨田区向島五―一）→**小金井桜樹碑**（二二七ページ）

長命水石文《いしぶみ》の碑（墨田区向島五―四）→**徳川将軍御膳所跡の碑**（一五三ページ）

蜀山人の狂歌碑（墨田区向島五―四）→**大田南畝隠語の碑**（七四ページ）

岩瀬鴎所君之墓碑（墨田区東向島三―五）

白髭神社の境内にある。

台石に板石を立てた鏡台型の碑の表に、事績が刻まれている。

旧幕臣・白野夏雲が発起し、幕府の目付役だった永井介堂の撰文。号にみられるように、生前、カモメ飛ぶ隅田川を愛したことから、この地を選んで一八八三年（明治十六年）に建立された。

外交・海防担当の目付・岩瀬は、幕府から日米通商条約締結の全権委員の任を受け、開港貿易調査を行い、条約の草稿を執筆、一八五八年（安政五年）、孝明天皇に勅許を仰いだが、攘夷を固持して許されなかった。同年六月十九日、下田奉行・井上清直と岩瀬らは大老・井伊直弼のもと、神奈川沖のポウハタン号上で勅許なしの条約調印を行った。アメリカ側の全権委員は、駐日総領事タウンゼント・ハリスであった。

岩瀬はその後、外国奉行として蘭、露、英、仏各国との通商条約の調印に当たった。

将軍継嗣問題では徳川慶喜を推したため、徳川慶福（家茂）を推す井伊に左遷された。吾妻橋近くの隅田川河畔にあった別荘・岐雲園に隠居したが、一八六一年（文久元年）七月、死去。四十四歳だった。

※関連する碑　橋本景岳（左内）の碑、桜田烈士愛宕山遺蹟碑、万延元年遣米使節記念碑

墨多三絶《すみださんぜつ》の碑（墨田区東向島三―五）→市河寛斎の墓碑（二〇三ページ）

初代河竹新七追善しのぶ塚（墨田区東向島三―一八）

向島百花園にある。

碑面につぎのように刻まれている。

「二世河竹新七記

隅田川よ、二面よと、歌舞伎にも浄瑠璃にも、世にもてはやさる〻、葱売は、安永四とせ、中村座の春狂言に、初代中村仲蔵が務め、前の河竹新七の作なり。

その正本を、或人より贈られて、久しう秘蔵せしは、名を嗣ぐ者の幸と、悦びしが、此度、ここに埋《うづ》みて、昔をしのぶ墳《はか》と名づけ、その故よし記しつくるは、隅田川の流れ絶へず伝て、二面の二つなき功績を、後の世に遺さんとてのわざになんありける。

明治十三年六月」

安永・天明期（一七七二～八八年）に歌舞伎狂言作者として活躍した初代・河竹新七（一七四七～九五年、延享四年～寛政七年）は、十八歳で中村座に初めて名を連ね、一七七八年（安永七年）、守田座の立作者、その後、中村座の立作者になった。

作品の大半を中村仲蔵のために書いたが、とくに中村座で一七七五年二月に上演された常磐津『葱売』は喝采を浴び、名作としてうたわれた。

※関連する碑　河竹黙阿弥顕彰碑

墨沱梅荘記《すみだばいそう》の碑（墨田区東向島三―一八）

向島百花園にある。

亀田鵬斎の撰ならびに書の開園由来記が漢文体の文章で記されている。

冒頭は、「墨沱の瀬、葛坡の傍、荒圃を鋤して、新園成り。之に植うるに梅一百株。毎歳、立春伝信の候より、二月の啓蟄の節にわたり、樹々、花を着け、満園、雪の如し。之を望むならば、すなわち、白浪、空に翻るがごとく、蓬来銀閣、水底に在るがごとし……」で始まる。

一八一四年（文化十一年）の建立である。本所中ノ郷に住んでいた北野屋平八が買った、寺島村の多賀藤十郎の屋敷一万平方メートルに花園を開いたのが、百花園の始まりである。

仙台生まれの平八は、一七八二、三年（天明期）ころ、江戸に出て、骨董屋をしていた。加藤千蔭、村田春海、亀田鵬斎、大田南畝、酒井抱一、大窪詩仏、鹿津部真顔《しかつべのまがお》、朱楽菅江《あけらかんこう》、谷文晁らから引き立てられ、大きな商人になった。名を菊屋宇兵衛と改め、佐原鞠塢《きくう》と号した。

鞠塢は、花園に菅原道真公を祭る小堂を建て、親交の文人墨客に梅の木の寄進を求めたところ、数百本が集まった。

「梅は百花のさきがけ」の言葉にちなんで、「百花園」とも、また、「花屋舗」「新梅屋敷」「七草園」「菊塢亭」とも呼ばれた。

一九三八年（昭和十三年）、東京都に寄付されて以降、都立の公園になった。

※関連する碑　亀田鵬斎の詩碑、大田南畝隠語の碑、酒井抱一の碑、市河寛斎の墓碑、文晁碑

きょうげん塚（墨田区東向島三―一八）

→河竹默阿弥顕彰碑（二二九ページ）

大窪詩仏画竹《がちく》碑（墨田区東向島三―一八）

→市河寛斎の墓碑（二〇三ページ）

哥沢芝金《うたさわしばきん》之碑（墨田区東向島三―一八）

向島百花園にある。

篆額「哥沢芝金之碑」は榎本武揚の書。その下に初代芝金の事績、芝派の由来などが記されている。

幕末の端歌から新曲が生まれた。リズムはもっとゆっくりとした低音、伴奏的に入るだけの三味線、渋く、重厚な感じのうた沢が、酒宴や盆踊りで端唄、小唄なみにはやった。料理屋や邸宅で三味線弾きに演奏させて聴く観賞用音楽にもなってきた。

もともとは、端唄、小唄好きの火消したちがグループをつくってあみだした。世話役は本所生まれの幕臣・歌沢笹丸（一七九八〜一八六〇年、寛政十年〜万延元年）。畳屋の平田虎右衛門、後家人の柴田金吉、火消しの辻音、蛇の茂兵衛、稲荷の滝、魚屋の定吉らが本所割下水の歌沢の屋敷に集まって、試作の演奏会を繰り返し、一八五七年（安政四年）に笹丸が家元になった。

隠居した笹丸のあと、平田が歌沢寅右衛門と改名して継ぎ、柴田が哥沢芝金と名乗って、仲間から独立した。寅派と芝派の二派に分かれた。

江戸・高砂生まれの哥沢（一八二八〜七四年、文政十一年〜明治七年）は、親交のあった劇作家・默阿弥の紹介で中村座の音曲の出しものに出演するなど、人気の歌い手になった。

寅派との区別をはっきりさせたいとして、「歌」の字から欠を除いた「哥《うた》」にした。寅派のうた沢は、おっとりした調子で町人風なのにたいし、芝派は強い調子で武士風といった感じである。

元杢網《もとのもくあみ》の狂歌碑（墨田区堤通二—一七）

隅田川神社境内にある。

高さ二メートルほどの角柱碑。上のところに丸い大きな穴があいている。

「けふよりは衣も染めつつ墨田川
　流れわたりに世をわたらめや

天明のはじめの歳卯月十日あまり四日の日、年頃の本意遂て角田川のほとりの水神森にてかしらおろし侍りてよめる俳諧　木阿弥」

元杢網の狂歌碑

いまの埼玉県東松山生まれの元杢網（一七二四〜一八一一年、享保九年〜文化八年）は、江戸・京橋の北紺屋町（八重洲六丁目あたり）で銭湯を経営しながら、国文学を独習し、一七七〇年（明和七年）ころ、唐衣橘洲、四方赤良が開いた狂歌会に参加していらい、狂歌にのめりこみ、年々、名をあげて、芝西久保の神谷町に移ってから多くの門弟を持つようになった。

天明のころ、仲間から元老格に推され、妻（狂名・知恵内子《ちえのないし》）ともども国学を好み、狂歌師として活躍した。

一七九一年（寛政三年）五月、発心して、藤沢の遊行上人に弟子入りし、修行を積み、江戸に戻ってからは、剃髪して、隅田川神社近くに住んだ。そのときに詠んだ歌が、碑に刻まれている。

三遊塚（墨田区堤通二―一六）

木母寺の境内にある。

高さ五《メートル》ほどもある巨石に、山岡鉄舟書の「三遊塚」の文字が彫られている。三遊派祖・初代円生、二代目円生を追悼して、三遊亭圓朝（一八三九〜一九〇〇年、天保十年〜明治三十三年）ら門人が、一八八九年（明治二十二年）に建立した。

馬喰町に住んでいた初代円生（一七六九〜一八三八年、明和六年〜天保九年）は、「身振り、声色、芝居掛り、鳴り物入り」の元祖。歌舞伎を落語に仕立てる芝居噺《はなし》を得意とし、天明・寛政期の江戸で多くのファンをわかせた。浅草の堂前（台東区松が谷）に住んでいたころは、「堂前の師匠」として慕われた。著書に『東都噺者師《はなしか》弟系図』がある。

二代目円生(一八〇八~六二年、文化五年~文久二年)は、初代円生の門人で、四谷に住んでいた円蔵が襲名、滑稽噺で人気をさらった。門下に音曲師の橘屋円太郎、その子に、のちに三遊亭圓朝となる出淵次郎吉がいた。

湯島切通しに生まれた次郎吉は、六歳のとき、小円太と名乗って、江戸橋の通称「土手倉」の寄席に初出演、圓朝を名乗ったのは十六歳から。真打ちにすすみ、「根津の清水の下から駒下駄の音高く、カランコロン、カランコロン……」と巧みな話術で演じる芝居噺、人情噺に落語ファンは喝采をおくった。

仮名垣魯文、河竹黙阿弥ら文人、粋人らがつくった「粋狂連」に入り、斬新な題材を仕入れるなどして、落語に趣向を加え、江戸落語から東京落語を創造した。

三遊亭圓朝舊居跡の碑が新宿区の花園公園(新宿一―二一)にある。

一八七六年(明治九年)秋、浜町からいまの墨田区亀沢町に引っ越した圓朝が、「本所に過ぎたるものが二つあり、津軽大名炭屋塩原」とうたわれた『塩原多助』の一代記を完成させたのは、この地であった。三十七歳のころである。両国回向院界隈で出演していた時分から名人といわれ、木戸銭三銭が、彼が出る席に限って四銭に上がるほどであった。

亀沢町から、いまの新宿花園公園あたりへ移転したのは八八年(同二十一年)。千平方《メートル》に及ぶ屋敷は四つ目垣で囲まれ、小砂利を敷いた回遊式庭園には孟宗の竹やぶ、松、杉、柿の木が茂り、母屋と渡り廊下続きの離れは「円通堂」と呼ばれた。寄席から隠退後は禅・茶道に精進した。

墓地がある全生庵（台東区谷中五―四）山門に三遊亭圓朝翁碑がある。歿後六年目の一九〇六年（明治三十九年）七月に建てられた。

墓地には、山岡鉄舟（一八三六〜八八年、天保七年〜明治二十一年）の墓と並んで、圓朝の墓がある。鉄舟の書で「三遊亭圓朝無舌居士」と刻まれている。生前、参禅などで親しかった圓朝に揮毫したものである。

八月十一日は圓朝忌。
※関連する碑　山岡鉄舟の碑、昔ばなし柳塚

亀田鵬斎の詩碑（墨田区堤通二―一六）

木母寺境内にある。

一八二〇年（文政三年）三月に書かれた『隅田堤桜花』を、鵬斎の筆跡で刻んだ碑である。

漢詩調を日本文になおすと、「長堤十里白痕《あと》無く、訝《いぶか》る澄江月と共に渾《にご》るに似たるを。飛蝶還えり迷う三月の雪、香風吹き渡る水晶村」。

鵬斎（一七五二〜一八二六年、宝暦二年〜文政九年）は、中央区馬喰町のべっ甲問屋「長門屋」の番頭の子に生まれた。井上金峨に師事し、官学に批判的で、官につかえず、二十歳で塾を開いた民間の学者。江戸の儒者のなかで第一人者といわれた。

湯島聖堂の講義に朱子学以外を禁止する、いわゆる寛政異学の禁に及んだ松平定信の寛政の改革

（一七八七〜九三年、天明七年〜寛政五年）を、戸崎淡園らと厳しく批判した一人であった。

千代田区永田町の日枝神社近くに住み、神田駿河台、墨田区太平一丁目などへ移り、晩年は下谷の金杉、いまの台東区根岸四丁目の金曽木小学校近くに住んでいた。「金杉の酔先生」とよばれた。書をよくし、知り合いの大福餅の担ぎ売り屋に頼まれ、行灯用に「大福餅」と書いてやった。その字に魅かれ、「餅を全部買うから、行灯も売れ」と大金を出した客もいた。

著書に『大学私衡』『東西周考』『論語撮解』などがある。

亀田鵬斎の詩碑は荒川区の石浜神社（南千住三―二八）にもある。一八二四年（文政七年）に建立され、『隅田津二首』と題する七言律詩が刻まれている。七十三歳のときの作品である。

浄瑠璃塚（墨田区堤通二―二九）**→近松門左衛門の碑**（二八〇ページ）

吾嬬森《あづまのもり》の碑（墨田区立花一―一）

吾嬬神社の境内にある。

高さ一・四メートル、約六十センチ四方の角柱に「吾嬬森碑」の篆額。角柱三面に刻まれた漢文体の碑文の終わりに「武蔵藤原博古謹撰　友人平鱗拝書」とあるが、実際は、一七六六年（明和三年）の明和の変で捕らえられ、処刑された山県大弐《だいに》による撰文・建立の碑とされている。

兵法を教授していた大弐は、『柳子新論』を著して、尊王論を説き、幕府を非難した。上州小幡藩主にむかえられ、兵法を論じていたさい、講義がたまたま、地図上の城郭攻防論から江戸城火攻めの法に及び、「大弐らが謀反《むほん》を企てている」と幕府に密告する者があって、自宅のあった江戸・八丁堀長沢町で逮捕され、反逆罪に問われ、一味とみられた藤井右門とともに六七年（明和四年）、死罪に処せられた。同じころ、塾を開いて、尊王論を講義していた竹内式部も流刑に処せられた（宝暦の変）が、これら二つの事件は、尊王論が幕府によって弾圧をうけた最初の事件であった。日本武尊と橘媛の物語を刻した「吾嬬森の碑」は、大弐が捕らえられる直前に、大弐自らによって建立された。

大弐は山梨県巨摩郡篠原村（いまの甲斐市）の郷士の家に生まれ、二十一歳のとき、甲府勤番与力、二十七歳のとき、江戸に出て、四谷坂町に住み、のち、八丁堀へ移った。国典、兵学の学者として知られていた。

墓は新宿区舟町の外苑東通りの全勝寺にある。

第十四章

千住・足立・江戸川・葛飾

小塚原刑場跡の題目塔（荒川区南千住二―三四）→鈴ケ森遺跡の題目塔（八八ジペー）

橋本景岳（左内）の碑（荒川区南千住五―三三）

小塚原回向院にある。

大老・井伊直弼《なおすけ》は日米通商条約に、勅許を待たずに調印し、将軍継嗣には、徳川慶喜擁立を計る一橋派と抗争の末、死去した家定のあとの第十四代将軍に紀州藩主・徳川慶福《よしとみ》（家茂）を推した。一橋派と尊攘の志士は、直弼の違勅を責め立てたため、直弼は多数の公家、諸侯、志士を処罰した。連座する者百人余り。

一八五八年（安政五年）の大獄事件関係者のうち、極刑に処せられた橋本左内はじめ吉田松陰、頼三樹三郎（山陽の子）、梅田雲浜、鵜飼吉左衛門、鵜飼幸吉らを祭る墓が一列に並んでいる。伝馬町の牢獄に入れられ、死刑に処せられ、二十六歳で命を絶った橋本景岳（左内）――その巨碑は、墓の前にある。碑面には左内の事歴が、明治の歴史学者・重野安繹《やすつぐ》の文章、政治家・巌谷一六の書で漢文で刻まれている。

碑文のなかの「器械芸術は彼にあり、仁義忠孝は我に存す」は、自らの思想を表現した言葉であった。科学技術や芸術はヨーロッパから輸入しつつ、道徳は、日本古来の仁義忠孝的モラルを継承する、という「開国進取論」である。「開国進取」は、政策的には「強兵富国・攻略貿易」へ発展した。

それは、侵略的貿易により得た富で、産業を興し、軍事力を強化するという、のちの明治政府の政策と近似的であった。

※関連する碑　吉田松陰先生終焉之地の碑、桜田烈士愛宕山遺蹟碑、江戸伝馬町牢御揚場跡の碑

観臓記念碑（荒川区南千住五―三三）

小塚原回向院本堂駐車場の壁にはめこまれた横長の碑。碑文にはつぎのようにある。

「蘭学を生んだ解体の記念に

一七七一年、明和八年三月四日に杉田玄白・前野良沢・中川淳庵等がここへ腑分を見に来た。それまでにも解体を見た人はあったが、玄白等はオランダ語の解剖書ターヘル・アナトミアを持って来て、その図を実物とひきくらべ、おどろいた。

その帰りみち、三人は発憤して、この本を日本の医者のために訳そうと決心し、さっそく、あくる日からとりかかった。

そして、苦心のすえ、ついに一七七四年・安永三年八月に『解体新書』五巻をつくりあげた。

これが西洋の学術書の本格的な翻訳のはじめで、これから蘭学がさかんになり、日本の近代文化がめばえるきっかけとなった。

さきに一九二二年、奨進医会が観臓記念碑を本堂裏に建てたが、一九四五年二月二十五日、戦災を受けたので、解体新書の絵とびらをかたどった浮彫青銅版だけを、ここへ移して、あらたに建てなお

した。

一九五九年　昭和三十四年三月

第十五回日本医学会総会の機会に

日本医史学会、日本医学会、日本医師会」

小塚原は、品川の鈴ケ森とともに江戸の二大刑場。廃止される明治初めまでの二五〇年間にはりつけや首斬りなどで処刑された刑死者は二十万人に及ぶといわれる。

玄白ら三人の前で、腑分けされた老女は、江戸の高利貸しで、貸し金の取り立てからもめ、債務者の年寄り男を殺害、処刑された。

小塚原回向院は、本所回向院（墨田区両国二―八）の住職・弟誉義観《ていよぎかん》が一六六七年（寛文七年）、刑死者を弔うため、幕府に願い出て、建立した。

腑分けされた人びとの墓碑が、足立区の清亮寺（日ノ出町四二）境内にある。被解剖者の霊を弔って建てられた墓碑は新旧二基あって、一八七二年（明治五年）に建立された旧碑が破損したため、新碑が一九六七年（昭和四十二年）に建て替えられた。いずれにも「解剖人墓」と刻まれ、新しい墓石には由来の碑文が記されている。

一八七〇年（明治三年）八月、同寺で行われた解剖は、福井順道、大久保適斉、アメリカ人ヤンハンの医学者三人が執刀、被解剖者は、南千住小塚原で処刑後、小塚原の回向院で回向された後、同寺へ運ばれた十一遺体であった。

二十七歳の若者から最年長の五十五歳までの、商人や百姓の死骸であった。

※関連する碑　蘭学事始の地の碑

烈婦滝本之碑（荒川区南千住五―三三）→**桜田烈士愛宕山遺蹟碑**（五〇ページ）

新吉原総霊塔（荒川区南千住二―一）→**子供合埋碑**（一四三ページ）

亀田鵬斎の詩碑（荒川区南千住三―二八）→**亀田鵬斎の詩碑**（二九八ページ）

芭蕉旅立ちの句碑（荒川区南千住六―六〇）

素盞雄《すさのお》神社境内にある。

行く春や　鳥啼き魚の　目は泪

句の下に芭蕉の座像画が彫刻されている。

句は亀田鵬斎の筆、座像画は建部巣兆の絵筆による。一八二〇年（文政三年）、千住の文化人・山崎鯉隠によって建立された。

奥の細道へ旅立ったのは一六八九年（元禄二年）三月二十七日であった。芭蕉庵は人に譲り、この日の朝は、門人・杉風の別邸・採茶庵から知人、門人に見送られ、大川（隅田川）を舟でのぼり、千住河岸の船着き場で上がって、日光街道を奥州へ向かったのである。

日光道中の初宿・千住大橋のたもとにも、大勢の見送りの人びとが街道を埋めていた。「千じゅと云所にて船をあがれば、前途三千里のおもひ、胸にふさがりて、幻のちまたに離別の泪をそそぐ」（『おくのほそ道』）の感懐を、「行く春や……」とうたった。

建てられてから二百年経過した碑は傷みが激しく、最近、本殿回廊内へ移された。いま、境内にあるのは、拓本をもとにつくられた碑だが、本碑は神社に申し込めば、見ることができる。

素盞雄神社から日光街道の千住大橋を渡った、すぐのところにある足立区立大橋公園（千住橋戸町三一）には「おくのほそ道矢立初の碑」がある。

竜岩にはめこまれた黒御影に「行春や鳥啼魚の目は泪」が刻まれている。

※関連する碑　芭蕉庵跡の碑、採茶庵跡の碑

おくのほそ道矢立初の碑（足立区千住橋戸町三一）→**芭蕉旅立ちの句碑**（三〇五ページ）

千住ヤッチャバ紀念碑（足立区千住河原町一〇）→**神田青果市場発祥之地の碑**（一〇〇ページ）

甲良屋敷跡の碑（足立区千住旭町一〇）

区立千寿常東小学校の校庭にある。「甲良」とは、江戸幕府に仕えた大棟梁・甲良家のことで、近江国（滋賀県）の出身。代々、建仁《けんにん》寺流匠家を名乗った。初代は甲良宗広（?～一六四六年＝正保三年）といい、道賢と号した。江戸開幕のころ、家康に従って江戸に出て、慶長（一五九六～一六一四年）のころから江戸城をはじめ日光東照宮、寛永寺などの建築を手がけた、江戸時代を代表する名匠で、とくに、彫刻を得意にした。

摂津の漁民を佃島によんだ家康は、建築でも棟梁も西から招き、関西文化を東へ移す手法で都づくりをすすめたわけだ。

碑がある千寿常東小は、かつての甲良家の別荘があったところで、敷地は約一万坪（三万三千平方メートル《メートル》）、その中央に間口三十一間、奥行き二十九間の屋敷があった。

「東都嘉慶樹」とタイトルが刻まれた円形の碑面には、甲良屋敷内にあったスモモの木の由来についての主文が、漢文で刻まれている。碑の裏面には屋敷の図面が克明に彫ってある。

水戸の名刹・寿昌山を開山するさい、来朝した中国の僧・興儔東皐《こうちゅうとうこう》禅師が持参した一個のスモモの実が、この木のもとである、とのエピソードが刻まれている。文章を作ったのは小野田東川。小野田、東埠禅師ともに唐琴の名演奏家の仲間だった。

別荘は、数代後の一七五二年（宝暦二年）、甲良家と親類になった漢方医・坂上登に譲られ、碑は坂上によって敷地の一角に建てられた。

坂上登は、田村籃水《らんすい》の名の方が、当時の科学者として知られており、弟子に平賀源内がいた。

解剖人墓（足立区日ノ出町四二）→観臓記念碑（三〇三ページ）

紙漉《す》きの碑（足立区千住大川町一二）

大川町氷川神社境内にある。碑面には、

「水無月のつこもりの日　公（幕府）より帋（紙）のすき立仰付られるる時」と前書きし、

「すきかえしせさするわさ（技）は、田をつくるひなの賎らにあにしかめやも
　天保十あまり四とせ癸卯　四角斉丸勇」

と刻まれ、碑陰には、千住町の地漉《じすき》組合に加盟している問屋九軒の名が刻まれている。

天保十四年（一八四三年）六月、幕府から地漉紙《じすきがみ》を納めるようにいわれ、献上したときの喜びの歌を、記念に残した碑である。紙漉きの労働は、水田労働に劣らない重労働であることを歌っている。『新篇武蔵風土記稿』によると、紙漉き村は梅田、本木、西新井、嘉兵衛、花又などで、梅田の項には「村民戸コトニ世ニ云浅草紙ト云モノヲ漉キテ生活ノ資トス……」と記している。紙漉き村は、足立区内でも荒川沿岸に近い、区の中央地帯である。

屑紙をリサイクルしてつくったチリ紙を、浅草紙とよんでいたが、浅草、千住あたりでも江戸時代

からつくっていたので、この名がある。古紙回収業者が多かった千住に近い梅田、本木などでも、農家の副業として浅草紙生産が発展した。

明治の末近くには、浅草紙を工業的に生産する企業が千住などに進出してきたため、足立区内の紙漉業者は砂糖袋や呉服紙、包装紙など、量産のきかない製品の生産に切り替え、様変わりした。その後も工場の進出、地域開発が相次ぎ、紙漉きの地場産業は先細りになる一方であった。

石出常軒の碑（足立区千住曙町二―七）**→江戸伝馬町牢御揚場跡の碑**（一二三ページ）

鷹野鳥見屋敷跡の碑（足立区千住一―一六）

→徳川将軍御膳所跡の碑（一五三ページ）

一茶の句碑（足立区六月三―一三）

炎天寺にある。

蝉なくや　六月村の　炎天寺

やせ蛙　まけるな一茶　是にあり

二つの句碑が建っている。

鷹野鳥見屋敷跡の碑

信州・柏原村（長野県信濃町）生まれの小林一茶（一七六三〜一八二七年、宝暦十三年〜文政十年）は、十五歳で松戸市馬橋の油問屋・大川屋に奉公に入った。本所、深川、下谷などに住み、炎天寺界隈は、千住の俳人・建部巣兆や竹の塚の作家・竹塚東子《たけのづかとうし》らと散歩したところである。カエルが鳴き騒ぐ田圃が続き、一茶は『七番日記』に書いている。

「武蔵国竹の塚といふに、蛙たたかひありけるに見にまかる。四月二十日なりけり。

瘦蛙　まけるな一茶　是にあり」

一八一六年（文化十三年）四月、五十四歳のときの句である。「蝉なくや…」は同じ年九月の作。

なお、一茶の散歩の相棒・建部巣兆は一八二〇年（文政三年）、荒川区南千住の素盞雄《すさのお》神社境内に「芭蕉旅立ちの句碑」を建てている。

一茶の句碑

墨田区緑町一―三―四先には、同区教委が一九八五年に建てた「小林一茶旧居跡」の石柱がある。通称「馬車通り」と呼ばれる歩道わきにあり、このあたりの旧町名は本所相生町だった。

「二十九年に及ぶ江戸生活のなかで、文化元年（一八〇四）から足掛け五年間住んだ、この相生町の借家が一番安定した住まいでした。

故あって帰郷している間に、他人に貸されてしまい、その後は再び、弟子や後援者の家を泊まり歩く漂泊の身となった」と、石柱の説明文は記している。
※関連する碑　芭蕉旅立ちの句碑、虫塚

初代安藤広重の記念碑（足立区伊興本町一―五）

東岳寺境内にある。

屏風をコの字型に立てたような白御影の壁に囲まれている。碑は、間口二メートルほどの中央にあって、上部には「広重」、その下には辞世の歌を記した銅版がはめ込まれている。


　東路に筆を残して旅の空西の御国の名ところにみむ

コの字の背の壁面右には自画像、左には「浮世絵、風景画の大家にして、世界的な名声を博せる人……」の紹介銅版。両側の高さ五十センチほどの柱には、筆が載った皿や刷毛《はけ》が入った皿など、銅製の版画道具の模型が置かれている。

一七九七年（寛政九年）、江戸八重洲河岸の火消し同心の家に生まれた広重は、歌川豊広に弟子入りし、初めは武者絵、役者絵、美人画を描いていたが、一八三一年（天保二年）に北斎が完成させた『富嶽三十六景』に心ひかれた。これまでの浮世絵でバック扱いになっていた風景を、主題として描く北斎の斬新さに感動した。

東海道を旅して、保永堂から刊行した『東海道五十三次』が大当たりして、風景画家としての地位を不動なものとした。

北斎の動の風景画に対し、広重は、どちらかといえば、雪、雨、霧、宿場など日本の自然の、静の風景をモチーフとした。

風景版画はたちまち評判になり、『木曽街道六十九次』『六十余州名所図絵』『名所江戸百景』などの代表作を次々と発表した。北斎とともに、西洋の近代絵画に大きな影響を与えた。

コレラが流行した一八五八年（安政五年）、感染して歿した。六十一歳。

東岳寺は台東区松が谷にあったが、一九六〇年、現在地へ移転、墓、記念碑とも移された。

※関連する碑　葛飾北斎生誕二百年記念碑

柳多留《やなぎだる》版元・花屋久次郎遺跡の碑（足立区伊興本町一―五）→初代柄井川柳の句碑（二一〇ページ）

助六・揚巻の比翼塚（足立区東伊興四―五）

易行院の境内にある。

浅草・花川戸の侠客、一説では蔵前で米穀の商いをしていたともいわれる助六が、吉原三浦屋の遊女・揚巻と心中した事件は、芝居や浄瑠璃にとりあげられ、歌舞伎では十八番の一つ『助六所縁《ゆかりの》江戸桜』でおなじみ。初演は一七一三年（正徳三年）の江戸山村座で二代目・市川団十郎が演じたが、その後、内容が上演ごとに洗練され、今日のようなドラマになったのは、天保三年からである。

「助六寺」とも呼ばれている易行院の過去帳に「西入浄心信士　俗称　戸沢助六　承応二歳巳二月十一日死ス　志厚之有施主　七代目市川団十郎　無縁ヲ弔　墓所造立シ　永追福経営施主」とある。易行院は浅草にあったが、関東大震災で罹災し、足立へ移った。

台東区の花川戸公園（花川戸二―四）には助六の歌碑がある。

高さ三《メートル》ほどの円柱形の御影に

助六に　ゆかりの雲の　紫を　弥陀の利剣で　鬼は外なり　団洲

団洲は九世・市川団十郎（一八三八〜一九〇三年、天保九年〜明治三十六年）の雅号。

碑の背には、つぎのように記されている。

「六世　花沢伊左衛門　九世　市川団十郎　七世　沢村　納升　建之
市川権十郎　関　三十郎
明治十二年六月五日」

遊女供養塔（足立区中川三―三）→子供合埋碑（一四三ページ）

葛西囃子の碑（江戸川区中央四―五）

香取神社境内にある。

「東京都無形文化財　東都睦会葛西囃子之碑」と刻まれ、由来が記されている。

旧東葛西領に古くから伝わる農村郷土芸能の一つ、葛西囃子は、安政（一八五四〜六〇年）のころ、小松川鎮守の神官・秋元式弥がお囃子連中の組合を組織、近郊に奨励したのが、普及した始まりだといわれている。その後、東都葛西囃子睦会が継承・発展させ、「神田囃子、深川囃子を生み、更には、浅草・猿若三座の連中による住吉囃子、別名うら囃子にすら影響を与えたことは、その保存、育成に努めた人々が、昼は田園に鋤鍬を握る農民たちであった事実とともに、とくに意義深く記念さるべきである」（碑文から）。

碑は、一九五三年（昭和二十八年）に東京都無形文化財に指定されたことを記念し、五七年（同三十二年）に建立された。

成田山不動明王の道標（江戸川区江戸川一―四八）→大山道しるべ（一六九ジペー）

芭蕉の句碑（江戸川区江戸川五―七）

熊野神社境内にある。

茶水汲む　おくまんだしや　松の花

「おくまんさま」と呼ばれている神社前には、江戸川が流れている。川が湾曲し、水深は深く、流れが速い。堤防の浸蝕を防ぐため、「だし杭」が打たれているところから、語呂合わせのように「おくまんだしの水」として知られ、澄んでいて、うまいので、珍重された。将軍家では水船を出して、水を城中へ運んだ。

いまは、その面影はないが、松青く、水豊かな景勝の地であったことを後世に伝えようと、地元の有志が一九六八年（昭和四十三年）十月に建立した。

木遣音頭碑（江戸川区上篠崎一―二二）

浅間神社境内にある。

二・八メートル《メートル》ほどの高さの御影の円柱碑に「木遣音頭碑」とあり、由来を記した碑が、右にある。

一九五六年（昭和三十一年）に東京都無形文化財に指定された郷土芸能（江戸鳶木遣）として「後世に残し置き度き念願」から、小岩鳶《とび》睦会木遣長声会が六六年（昭和四十一年）十月に建立した。

「由来」は要旨、つぎのように刻まれている。栄西禅師は一二〇二年（建仁二年）、建仁寺の創建にさいし、木材など建築資材を運ぶ労働に合わせ、仕事

木遣音頭碑

師の衆と口ずさんだ。リズムはまだ、本調子ではなかったが、これが、この歌の始まりであった。

豊臣氏の大坂築城、その後の江戸城修築など、建設現場で継承されるなかでリズムやハーモニーが整ってきて、江戸時代には町火消しの消防歌として歌われ、鳶職の世界に伝承された。さらに、山鉾《やまぼこ》を引くときの祭礼の歌や上棟式などの儀式の歌となり、広い意味での仕事師の木遣音頭になった。

木材だけでなく、石材や米俵、野菜、魚介類の食糧など、重量のあるものを運ぶときに歌われる労働歌であって、深川の木場、日本橋の魚河岸、神田のヤッチャバ、蔵前の米蔵でも歌われた。

木遣音頭の碑は、三囲神社（墨田区向島二―五）や香取神社（江東区亀戸三―五七）にもある。

浅間山噴火犠牲者の供養碑（江戸川区東小岩二―二四）

善養寺境内にある。

一七八三年（天明三年）七月六日、浅間山が大爆発を起こして噴火、信州はじめ関東などでは熱泥流で村が押し流され、溶岩や降灰に埋まり、死者は二万人にのぼった。

江戸では同日夕四時半ころから、西北方面が鳴動し始め、翌七日は鳴動さらに激しく、真昼でも空は闇夜のように黒く、前夜からおびただしい降灰が続いて、『武江年表』は「竹木の枝、積雪の如し」といっている。

善養寺近くを流れる江戸川には、無数の死体が流れ着いた。下小岩村の人々は同寺の無縁墓地に埋葬したが、一七九五年（寛政七年）七月、十三回忌を営んださい、この碑は建立された。

浅間山大噴火は、天明飢饉と重なり、被害は極めて深刻だった。八三年（天明三年）九月、上野の農民が安中宿・高崎町などの穀屋を打ち壊し、十月には西上州の一揆が前橋や信濃の小県郡・佐久郡へ波及するなど、信濃、上野、越後三国の被災地で一揆・打ち壊しが頻発した。

葛飾区の八幡神社（柴又三―三〇）にある柴又勧農事績碑は、飢饉や洪水で荒れ果てたなかで、復興に努めた村民の功績をたたえ、子孫たちが一八二六年（文政九年）三月に建立した碑である。

疲弊した柴又村の名主・斎藤七郎右衛門が、年寄役の荻右衛門、仲右衛門、仁左衛門らと協力し、村ぐるみの総働き運動を起こし、増産に励み、幕府から一七九八年（寛政十年）、関東代官・小野田三郎右衛門を通じ、七郎右衛門に褒状と銀十枚を与え、苗字帯刀を許し、村民へも褒米を贈った。

小松菜ゆかりの里の碑（江戸川区中央四―五）

香取神社境内にある。

全国的につくられている小松菜だが、東京都の収穫量一万七百三十五トン、金額にして三十三億八千万円（二〇一〇年）がトップ。江戸川区が全都の収穫量のほとんどを生産していた時代があったが、最近は町田市、練馬区、八王子市、世田谷区などが生産を伸ばし、江戸川区は都市化の波に押され、五番目の主産地になっている。

正月のお雑煮に欠かせない青物ということから、「冬菜」といわれ、生産地の地名・江戸川区小松川が、いつしか呼び名になった。

こんなエピソードもある。

鷹狩りに出かけた八代将軍・吉宗が香取神社で休憩、時の神主・亀井和泉守永範が、餅のすまし汁に、彩りとして冬菜をあしらって差し出すと、大変喜び、この青菜をこの地にちなんで「小松菜」と名付けたという。一七一九年（享保四年）のこととされている。練馬大根、谷中ショウガ、千住ネギ、三河島菜、馬込ニンジン、滝野川ゴボウ、寺島ナスなどとともに江戸の伝統野菜となった。

碑は一九九七年、農協組合法施行五十周年の記念事業として江戸川区農業協同組合が建立した。
※関連する碑　練馬大根碑

柴又勧農事績碑（葛飾区柴又三—三〇）→浅間山噴火犠牲者供養碑（三一六ジペー）

玄恵井之記《げんけいいい》の碑（葛飾区亀有三—四二）→水神池の碑（八五ジペー）

青砥史蹟復興之碑（葛飾区青戸七—二一）
御殿山公園にある。
青砥藤綱公史蹟保存会が一九五三年（昭和二十八年）に建立した。
鎌倉幕府の名臣といわれた、評定頭の青砥左衛門尉藤綱公は、この地を愛し、本領の上総国（千葉県中央部）から鎌倉へ出仕の途中、ここで仮宿し、土地の人と語ったりして親交を深めた。

晩年、執権・北条時頼に頼み求め、この地を賜り、農業に精を出し、民生にも意を尽くした。

時代は下って、永禄年間（一五五八～六九年）、小田原北条氏の家来である遠山丹波守・直景が、藤綱公の邸宅であった青砥城跡に葛西城を構築した。

さらに時代が江戸期に変わり、三代将軍・家光は一六三九年（寛永十六年）、同城を改修し、歴代将軍用の遊猟時の休憩所として使うようになった。
※関連する碑　徳川将軍御膳所跡の碑

東条一堂先生百年祭記念碑（葛飾区堀切三―二五）

→東条一堂・千葉周作の碑（一〇二ページ）

小菅御殿跡の碑（葛飾区小菅一―三五）

東京拘置所内にある。

高さ八十センチほどの角柱に「千住御殿遺物」とある。「千住」とは「小菅」のことか。

徳川二代将軍・秀忠は、大大名が参府してくるとき、東海道方面は高輪御殿まで、中仙道は白山御殿まで、奥州路は小菅御殿まで出迎えたといわれているから、十万八百坪の小菅御殿は、高輪、白山とともに古い御殿であった。

三代将軍・家光から贈られた関東郡代・伊奈半十郎忠治は下屋敷として使った。

一七三六年（元文元年）、八代将軍・吉宗のとき、敷地内に新御殿を造営、葛西の放鷹、下総国小金原の鹿狩りのときの御膳所、止宿所、将軍家の養生所としても利用していた。鷹狩りのときなどは、隅田川を上り、綾瀬川に入って、水戸橋上流の水門から御殿へとすすむ将軍の御座舟、警護の舟が長く続いた。

一七四一年（同六年）一月十九日に火を出して全焼、再建された。

一七九二年（寛政四年）、伊奈左近将監・忠尊の時代に「不行届の罪」によって伊奈家は断絶、領地没収、下屋敷取り上げとなった。九四年（同六年）三月には、建造物一切を取り払い、一部は民間に払い下げ、残余は天領として管理していたが、明治以降、国有地として政府に引き継がれた。
※関連する碑　徳川将軍御膳所跡の碑

第十五章　武蔵野・多摩

御門訴事件記念碑（武蔵野市八幡町三―八）

五日市街道沿いの植え込みにある。

八代将軍・吉宗が断行した享保改革によって全国で新田開発が進展、天領の武蔵野では十三の新田村が開かれた。完成した玉川上水を、農地へも導水できるようになったが、武蔵野台地の主作物は麦・粟・稗・大豆などの雑穀やウドなどの蔬菜《そさい》であった。

周辺の本村《もとむら》や、遠く五日市の戸倉あたりから移住し、荒れ地に鍬をふるう開拓農民の貧困は、幕府が救済策として御救米を貸与せざるを得ないほどのミゼラブルな状態であった。

明治の世に変わって、新政府は一八六九年（明治二年）二月、凶作に備え、平年から米を貯蔵しておく「社倉づくり」として、一戸当たり米二升分の拠出を命じてきた。

「社倉」は本来、農民の自治で運営されるのが慣習だが、新政府の社倉は負担は農民、運営は役人という「上からの」中央集権的なものであった。

関野、梶野、野中、鈴木など十三の新田農民は、強圧的な施策に反対、当地の行政を担当する品川県役所に大挙して押しかけ、抗議と嘆願を繰り返した。

事件は翌三年一月に起きた。政府は直訴の名主、百姓をつぎつぎ逮捕して、弾圧し、入牢者は拷問の激しさから発病したりして、獄死した。

武蔵野、保谷、小金井、小平などの有志が、牢死した農民の霊を慰め、一八九四年（明治二十七年）二月、この碑を建立した。碑文は板垣退助らと自由党を結成し、同党副総理をつとめた中島信行。

西東京市のしらし窪墓地（新町一―一二）の招魂塔は、御門訴事件犠牲者の慰霊碑といわれている。

しらし窪墓地の招魂塔（西東京市新町一―一二）→**御門訴事件記念碑**（三三二ページ）

御鷹場の碑（三鷹市大沢二―二、同市野崎二―一三）→**徳川将軍御膳所跡の碑**（一五三ページ）

近藤勇辞世の詩碑（三鷹市大沢六―三）→**近藤勇・土方歳三の墓碑**（一八五ページ）

山岡鉄舟先生之碑（小金井市本町三―一）→**山岡鉄舟の碑**（一九一ページ）

神田上水水源の碑（武蔵野市吉祥寺東町一―一）

もともとは井の頭公園に近い、JR中央線吉祥寺駅西側のガード近くの道路わきにあった。道の拡幅工事に伴い、都立小金井公園の「江戸東京たてもの園」に預けられていたが、二〇〇七年、武蔵野八幡宮（武蔵野市吉祥寺東町一―一）へ移された。

二メートルほどの高さの角の柱正面に「神田御上水　井之頭弁財天」、左側面に「天明五歳乙巳三月吉日
これよりみち」と刻まれている。

三鷹市の井の頭池を水源として東流する用水路を神田上水といっている。徳川家康は江戸入府後、飲料水の水源を井の頭池に求め、池から東へ掘削して、導水路・神田上水をつくった。上水は途中、善福寺を水源として流れる善福寺川を杉並区和田で合わせて、助水とし、なおも神田上水と称し、新宿区落合で妙正寺川の末流と合流させ、目白台下に堰《せき》を設けて、江戸川に落として、江戸川と名を変え、小日向台から神田台下へ引いて、神田地区に入ると、神田川となり、両国で隅田川へ注いでいる。

神田上水水源の碑

三代将軍・家光は、井之頭池に水源の守護神として弁財天を祭った。

俳人の芭蕉が幕府の水役人として働いていたのは、一六七七年（延宝五年）から八〇年（同八年）の三年間。現場は江戸川と呼ばれている小日向台あたりで、文京区関口の川沿いには、芭蕉庵の遺跡がある。「江戸の水道は町年寄の所管で、その下に水役が所属して、修理作業の差配や事務などを取り扱っていたが、芭蕉の仕事は、その水役ではないかという」（宮本三郎、今栄蔵著『松尾芭蕉』）

一六五四年（承応三年）以降、江戸の上水道の主流は、完成した玉川上水に移ったが、増え続ける人口に神田上水も使われた。

神田上水は現在も井の頭池はじめ善福寺川の水を集め、都市河川の機能を果たしている。

※関連する碑　関口芭蕉庵の句碑

小金井小次郎君追悼碑（小金井市中町四—一一）

鴨下墓地にある。

小次郎の墓のそばにある六メートルほどの高さの角柱碑正面には、「小金井小次郎君追悼碑」と刻まれている。右側面には、有志が相計って、明治三十五年四月に建立したことが記されている。

小金井鴨下村（小金井市）の名主・関勘左衛門の子として一八一八年（文政元年）に生まれた小次郎は、十四歳で勘当された。玉川上水沿いの桜の植樹に功労のあったほどの勘左衛門だったが、息子は博打、喧嘩に明け暮れ、もてあました揚げ句のことであった。

一八四〇年（天保十一年）春の二ツ塚明神（小平市上水本町）で小次郎と子分十一人が博徒三十人を相手にした大喧嘩は、いまも〝ヤクザ物語〟などの素材になっている。

博打厳禁令で追及されていた小次郎は、四四年（同十五年）に逮捕され、獄に下ったが、牢で同囚の新門辰五郎と知り合い、兄弟分の契りを交わした。

四六年（弘化三年）に出所したものの、丁半とヤクザの世界から抜け切れず、三十五、六歳のころは三千人の子分をもっていたという。

五六年（安政三年）、八王子の博打で再逮捕、三宅島に流された。

島では、貯水池を造り、無縁仏のための地蔵を彫って寄進し、島民に親しまれた。「小次郎井戸」と呼ばれる貯水池が、島にいまも残っている。

七五年（明治八年）、兄貴分の辰五郎の臨終をみとり、八一年（同十四年）、六十三歳で死んだ。

一八九四年（同二十七年）、東京・市村座で菊五郎らが『辰巳の小金井』を上演するなど、浪曲、講談などでおなじみである。

無法者を、「世間」は指弾しつつ、半面、賞賛し、英雄視することもある。民衆の、権力に対する批判・反発の屈折した心情の表れだと見る人もいる。

川崎平右衛門の供養塔（小金井市関野町二―八）

真蔵院境内にある。

多摩川の羽村の堰《せき》から導水し、玉川上水を通じて農業用水が得られるようになった武蔵野では、享保年間（一七一六～三五年）ころから新田開発がすすんだ。

都市生活の発展による財政支出増から財政危機に追い込まれた幕府は、財政再建を目玉とした享保の改革を行い、八代将軍・吉宗は、年貢徴収量を積極的に増す新田開発の奨励を行った。開発は一七二二年（同七年）から急速に展開し、上水沿いのこの時期の新田村は八十二カ村に及んだ。

しかし、幕府は、経営の基礎が固まらない新田農民に年貢を早々にかけてきたため、やりくりがつかず、江戸市中や府中、八王子などの宿場へ出稼ぎにでる農家が続出した。

こうした状況のなかで骨折ったのが川崎平右衛門であった。幕府から武蔵野新田の世話役を命じられていた平右衛門は、新田農家を回って、経営の実態調査を行い、幕府に報告したが、そのさい、開発助成金の均等貸し付けを、経営困難な階層への重点貸し付けに改めるよう具申し、実施させた。

新田世話役の功労をかわれた平右衛門は、一七四四年（延享元年）、幕府代官に、その後、勘定吟味役、石見銀山奉行に昇進した。

この石塔は、武蔵野の新田農民が一七六七年（明和四年）に建立した。
※関連する碑　小金井桜樹碑

小金井桜樹碑（小平市御幸町三一八）

海岸寺の山門前にある。

一八一〇年（文化七年）三月に建立され、横書きで「小金井桜樹碑」と刻まれ、その下に由来が漢文体の文章で記されている。

八代将軍・吉宗の命をうけた府中領押立の名主で、武蔵野新田の世話役をつとめていた川崎平右衛門が一七三七年（元文二年）、大和（奈良県）の吉野と常陸（茨城県）の桜川から苗木を取り寄せ、玉川上水の小金井橋から上、下流いずれも六キロにわたる両岸に二千本余を移植したのである。

「桜は水の毒を消す」の故事にならって、上水に植えられたともいわれるが、やがて、国学者の屋代弘賢（一七五八～一八四一年、宝暦八年～天保十二年）によって観桜記「小金井橋にあそぶことは」（『不忍叢書』）が、また、詩人で儒学者の佐藤一斎（一七七七～一八五九年、安永六年～安政六年）によって『小金井橋観桜記』が書かれ、水辺の堤には茶屋が立ち並ぶほどの桜の名所となった。

江戸の西・小金井に対し、東の名所・隅田川河畔には「墨堤植桜の碑」（墨田区向島五―一）が、長命寺近くの隅田公園堤通りにある。

碑面は、榎本武揚の篆額「墨隄植桜之碑」の下に漢文体の由来記が刻まれている。

木母寺にお参りにきた四代将軍・家綱が、堤防だけの、風情のない、このあたりのたたずまいを残念に思い、桜川から移植したのが、墨堤桜の始まりである。

その後、吉宗の命で享保のころ、枕橋から北二千百余間（三・七キロ）にわたって植樹された。文化のころは百花園の主人・佐原鞠塢《きくう》が、天保～安政期は名主・坂田三七郎が補植し、弘化の大洪水で大部分の桜樹が損なわれたあとは、須崎の宇田川総兵衛が補植した。

明治初めには、成島柳北の遺志によって、向島に住んでいた大倉喜八郎らが出資し、村民が協力して、花のトンネルを再建した。碑は、これを記念して、一八八七年（明治二十年）に建てられた。

牛島神社（墨田区向島一―四）境内には「桜樹奉献の碑」がある。六樹園宿屋飯盛、式亭三馬などの狂歌師が連名で刻まれているのは、うかがえるが、碑石が震災や空襲で割れ落ち、碑文は読めない。
※関連する碑　飛鳥山の碑、川崎平右衛門の供養塔、墨沱梅荘記の碑、成島柳北の碑、水神池の碑

柳窪《やなぎくぼ》梅林の碑（東久留米市柳窪四―一五）

天神社境内にある。

碑の表に「柳窪里梅林之記」が刻まれていることから、「柳窪梅林の碑」と呼ばれている。裏には

菅原道真がうたったと伝えられる、つぎの歌が、書家・梅沢敬典の手で書かれてある。

ちとせとて　まつはかぎりあるものを　はるだにあらば　はなはみてまし

府中の大國魂神社の宮司・猿渡盛章が一八五七年（安政四年）三月に書いた「柳窪里梅林之記」を、表の碑文として刻み、村の有志によりこの年に建立された。

文語調の、かなり長文のものだが、古い祠《ほこら》のかたわらにあった「天神松」と呼ばれていた老木が枯れるのを惜しんで、村人と梅林の植樹をしたことが記されている。そのなかに「来梅《くるめ》ノ荘の里」や「来梅《くるめ》川」という名が登場する。この碑文が、現在の地名「東久留米」の起こりのきっかけになったのではないか、として、貴重な資料とされている。

蔵敷《ぞうしき》高札場の碑　（東大和市蔵敷一—四三〇）

旧青梅街道の蔵敷バス停そばにある。

碑の表には「史蹟　蔵敷高札場　東京都知事　安井誠一郎書」とあり、背には、つぎのように由来が記されている。

「高札場は、江戸幕府が政令周知のために　設けた掲示板で、各町村の中央、または代官、名主の御前等の見易い所に、二尺位の基壇の上に建てられた。

慶長八年三月の関東郷中に、一般住民の対領主代官関係の年貢訴訟等のことを布告したのに始まり、多くは正徳元年五月、親兄弟切支丹禁制條々等の六枚、享保六年二月の鉄砲取締、明和七年四月の徒党取締の制札を掛け、所により、綱吉の生物憐捨馬禁止、天明八年の取締、慶応四年の太政官布達を掲げた。

これは、旧多摩郡蔵敷村の名主・内野氏邸前に建てられたもので、昭和五年三月、東京府史蹟に指定され、府中高札場と共に　現存する唯二つのものである。

かねてから、町長・内野禄太郎氏は、私財を投じて、この史蹟の保存に努力し、郷土の文化財として、これを重視されていたが、今回、多数の賛助を得て、此処に碑を建て、その由来を明らかにし、永久後世に伝える所以である。

昭和三十年一月建之
東京都文化財調査主任　稲村坦元撰
大和町立大和小学校長　小町堆之書」

東村山市の恩多辻に高札場跡の碑（恩多町三―五）がある。高さ二メートル近い、花崗岩の角柱碑。表に「高札場跡　昭和十一年　當麻直二喜興」とあり、裏面には「地蔵堂所在地　祐天寺弟子僚覚入滅ノ地也　此地方尾州公御鷹狩の地　其使用人張當麻家ニ存ス」とある。「昭和十一年」（一九三六年）に建立されたものらしい。

恩多辻は西への道は青梅方面、東と南への道は江戸方面、北は所沢や久米川へ通じる五本の道が交わり、かつては地蔵庵というお堂があって、人通りの多い場所だった。

一里塚の碑（府中市清水が丘三―一五）→**一里塚の碑**（三三三㌻）

高札場跡の碑（東村山市恩多町三―五）→**蔵敷高札場の碑**（三二九㌻）

甲州道中一里塚の碑（府中市日新町一―一〇）→**一里塚の碑**（三三三㌻）

仙川一里塚跡の碑（調布市仙川三―二）→**一里塚の碑**（三三三㌻）

近藤勇・土方歳三顕彰碑（日野市高幡七三三）→**近藤勇・土方歳三の墓碑**（一八五㌻）

松原庵星布《せいふ》の墓句碑（八王子市元横山町二―八）

大義寺境内にある。

八王子市元横山町の榎本忠左衛門の女として生まれた星布（一七三二～一八一四年、享保十七年～文化十一年）は、十六歳のとき、母を失い、継母の仙朝から俳句の感化を受けた。品川・海晏寺の門前に住んでいた白井鳥酔、馬喰町の加舎白雄に師事した。

八王子の津戸七兵衛を夫に迎え、男の子を産んだ。喚之といった。魚淵と号し、白雄に学んだが、一八〇〇年（寛政十二年）、母に先立って歿した。

星布は一七九二年（同四年）八月四日、鳥酔の忌日に髪を下ろして、尼になった。『星布尼句集』『美登里の松』『都鳥』『蝶の日影』などの著作がある。『星布尼句集』は魚淵の編集。

墓句碑には辞世の句

咲花もちれるも阿字の自在かな

※関連する碑　加舎白雄の墓碑

新藤左右助弔魂碑（八王子市元横山町二―八）

大義寺境内にある。

篆額の「新藤左右助弔魂碑」は勝安芳の書。その下の漢文体の事績は大槻清崇の撰文、宗像義彦の書。

鉄砲の名人といわれていた千人同心組頭・新藤は一八六八年（慶応四年）三月、江戸市中にもぐり、江戸開城後の同年八月、榎本武揚らが率いる幕府の艦隊に乗り込み、品川から海路、函館へ脱走した。

ところが、折からの大風にあおられ、左右助らが乗っていた美賀保丸が犬吠埼沖合で坐礁・沈没して、同乗の兵士らとともに水死した。二十七歳。

討幕軍とたたかい、徳川家を守る姿勢を失わなかった左右助の赤心をたたえ、一八七八年（明治十一年）に建てられた。
※関連する碑　八王子千人同心屋敷跡記念碑

芭蕉の句碑（八王子市新町五）

永福稲荷の境内にある。

蝶の飛ばかり野中の日かげ哉　　桑都九世松原庵太虚書

養蚕がさかんだった八王子は、「桑の都」とも呼ばれた。松原庵太虚は、八王子出身の女流俳人・松原庵星布の門弟とみられる。
※関連する碑　松原庵星布の墓句碑

一里塚の碑（八王子市新町五）

竹の花公園にある。

碑の表に「史蹟　一里塚阯」と刻まれ、背には、つぎのように記されている。

「一里塚は慶長九年（一六〇四年）二月、江戸幕府が諸国の街道を修理し、江戸・日本橋を起点として三十六町（約四キロ）ごとに、里数の標識を築き、その上に榎を植えさせたものである。

ここは新町竹ノ鼻の内で、甲州街道が江戸より八王子横山十五宿に入る東の入り口にあたり、江戸時代を通じて一里塚のあったところである。
　昭和三十八年二月
　　　　　　　　　　　八王子市教育委員会」

江戸・日本橋から十二里を示した一里塚跡の碑である。

東京都内の一里塚跡の碑があるところは、つぎの通りである。

▽西ケ原一里塚の碑（北区西ケ原二―一三・四）▽志村一里塚の碑（板橋区志村一―一二）▽仙川一里塚跡の碑（調布市仙川三―二）▽一里塚の碑（府中市清水が丘三―一五）▽甲州道中一里塚の碑（同市日新町一―一〇日本電気府中事業所）▽木曽一里塚の碑（町田市木曽西四―一四）など。

※関連する碑　日本橋由来記の碑

八王子千人同心屋敷跡記念碑（八王子市追分町一一）

追分町で甲州街道と陣馬街道が分かれる三差路角にある。

表に「八王子千人同心屋敷跡記念碑」と刻み、背面には八王子千人同心の略史と、「その功を永く顕彰せんとす」の言葉を記し、同市が一九六〇年（昭和三十五年）に建立したものである。

北条氏を降した秀吉は一五九〇年（天正十八年）七月、北条氏の旧領・関東の地を家康に与え、家康は翌八月、江戸城に入った。秀吉は、家康の旧領・駿遠三甲信五カ国に腹心の大名を配置して、江戸を牽制する体制をつくった。家康が小仏、八王子、甲州街道を軍事的に、とくに重視したのは、五カ国と江戸との接点に当たっていたからにほかならない。

そこで、武甲国境の地理に明るい武田の遺臣・小十人頭とその配下の同心二百四十人を同年、甲州から八王子に駐屯させ、警備に当たらせたのが、八王子千人同心の成立のはしりであった。

その後、八王子と、近在の多摩川や秋川沿いの百六十二カ村から同心を順次募り、奉行・大久保長安による一挙五百人の増員で一五九九年（慶長四年）、八王子千人同心が成立した。十組に分けて、百人のトップに「百人頭」ならぬ「千人頭」を一人ずつ計十人、十人一組ごとに「組頭」を一人ずつ、計百人置く編成である。

千人町の拝領屋敷に住む千人頭と、周辺に住む配下の同心は、兵農分離の政策がすすめられるなかで半農半武士。平常は農耕に従いつつ、文武両道を研鑽し、事あるときは、集結できる態勢をとっていた。

千人同心のなかには、『東海道中膝栗毛』で名高い十返舎一九の父親もいた。

江戸時代二百七十余年間、日光東照宮の火の番や蝦夷《えぞ》地の開拓と防備、また、武相風土記稿の編纂などにも貢献。その活躍を支えたのは、私塾、寺子屋を開いて、次代の青年を教育する学識や、苗字帯刀を許された武士としての自負であった。

同市の産千代《うぶちよ》稲荷神社（小門町八二）に大久保長安陣屋跡の碑がある。「史蹟　大久保長安陣屋跡」と刻まれ、背面に事績が記されている。八王子市教委が一九六五年（昭和四十年）に建立した。

甲斐生まれの大久保石見守長安（一五四五〜一六一三年、天文十四年〜慶長十八年）は、武田家に仕え、のち、家康から八王子三万石の領主に封じられ、金山奉行として大久保忠隣のもとで諸国鉱山のことをつかさどった。また、諸国の検地を行い、石見検、石見縄の名を残した。

地元では、浅川の洪水を防ぐ「石見土手」を築いて、甲州街道を開き、千人同心を配置し、街道沿いの八幡、八日、横山には宿場を設置するなどして、開発の基礎を固め、自らの陣屋を小門町に構えた。公務を執り、住まいの場所であった。

歿後、不正が発覚し、一族は厳刑に処せられた。

極楽寺（八王子市大横町七）に塩野適斉の碑がある。一八六〇年（万延元年）の建立。

適斉は一七七五年（安永四年）の生まれ。蝦夷の開拓・警備を希望する、同心の次三男が増え始めた一八〇四年（文化元年）、三十歳のころ、幕命をうけ、北海道へわたり、同心受け入れの現地態勢づくりにあたった。

千人頭を一時、つとめ、原胤敦や植田孟縉らと『新篇武蔵風土記稿』『相模風土記稿』などの編纂に従った。著書に『桑都日記』のほか、『簗井県行記』『日光客中漫筆』があり、文化的な業績を残した。一八四七年（弘化四年）に歿。墓地は同寺にある。

本立寺（同市上野町一一—一）に原胤敦の墓碑がある。碑正面に「原了潜入道平胤敦墓」とあり、背面に事績が記されている。一七三三年（享保十八年）、千人頭・半左衛門の家に生まれ、一七七六年（安永五年）に家を継ぎ、一八〇〇年（寛政十二年）、千人同心の子弟百人を率いて、北海道へ渡り、開拓に献身した。箱館奉行の支配調役に任ぜられ、一八一〇年（文化七年）、幕命により江戸に戻り、塩野、植田らと『新篇武蔵風土記稿』の「関東編」八十冊の編纂事業に従事した。一八一二年（同九年）に稿了を献上した。翌一三年に歿。

ロシアの極東進出の動きが注目され、幕府は対策として蝦夷地の開拓問題を重要視し、北海道への移住を奨励し始めた時代であった。また、千人同心の次三男の就職・生活難が深刻になって、打開策として開拓移住が行われるようになった。

植田孟縉の碑が宗徳寺（同市滝山町一―七一九）にある。日光東照宮宮司・古川左京の篆額、歴史学者の重野安繹の撰文（全文漢文体）で事績が刻まれ、一八九〇年（明治二十三年）に建てられた。

孟縉は一七五七年（宝暦七年）、熊本自庵の子として江戸に生まれ、のち、八王子千人同心の組頭・植田元政の養子となった。『新篇武蔵風土記稿』などの編纂にあたり、著書に『武蔵名勝図絵』『鎌倉名勝図絵』『日光名勝考』などがある。一八四三年（天保十四年）に歿。

同市下恩方町一九七〇の心源院に小谷田子寅《しいん》の碑がある。塩野適斉の撰文、植田孟縉の書。碑文は風化して、読めない。一七六一年（宝暦十一年）、武州多摩郡川口村（同市川口町）に生まれ、名を小谷田権右衛門昌亮といった。学問好きで、天文学、洋学を学び、とくに医学を修め、診断、薬を乞う病人が絶えず、慕われた。

同市千人町一―二の興岳寺に石坂弥次右衛門義礼の顕彰碑がある。一九六六年（昭和四十一年）に建立され、当時の同市市長、植竹圓次の撰文、菅沼香風の書で事績がつづられている。

一八六八年（慶応四年）四月十日、千人町の自邸で自刃した千人頭。六十歳。

日光警備で在勤中、迫る官軍に無抵抗を決め、輪王寺宮を戦火から救った。戻った八王子では、帰順か抗戦かで論議が沸騰、あえて多くを語らず、「正否は歴史に任す」として、七十九歳の老父・桓兵衛徳誼の介錯をうけ、相果てた。

もともとが幕府の親衛隊であった八王子千人同心だったから、幕末の彰義隊の上野戦争にかけつけたのは当然としても、その数はごくわずかだったという。

一八六八年四月、官軍が甲州街道・八王子を通過するにあたり、同心内部で戦略をめぐる論争が沸き立ったが、結局は、帰順論が大勢を決し、官軍は堂々と江戸に向かった。

薩長藩閥の明治政府を批判して、明治十年代に全国で燃え広がった自由民権闘争に、同心の反薩長的魂が共感したか、といえば、そうではなく、闘争に参加した同心はほとんどいなかった。

大久保長安陣屋跡の碑（八王子市小門町八二）→**八王子千人同心屋敷跡の碑**（三三四ページ）

塩野適斉の碑（八王子市大横町七）→**八王子千人同心屋敷跡の碑**（三三四ページ）

原胤敦《たねあつ》の墓碑（八王子市上野町二―一）→**八王子千人同心屋敷跡の碑**（三三四ページ）

石坂弥次右衛門義礼《よしかた》の顕彰碑（八王子市千人町一―二）→**八王子千人同心屋敷跡の碑**（三三四ページ）

植田孟縉《もうしん》の碑（八王子市滝山町一―七一九）→**八王子千人同心屋敷跡の碑**（三三四ページ）

困民党の碑（八王子市犬目町一〇八四）

安養寺境内にある。

「困民党首領塩野倉之助之碑」と刻まれている。一九五三年（昭和二十八年）に建立された。

蔵相・松方正義が一八八一年（明治十四年）から開始した、西南戦争後のインフレを収束するためのデフレ（紙幣整理）政策は、折からの世界的不況と重なって、中小資本と農民に経済的破綻をもたらした。

生糸輸出が激減し、米価が暴落して、全国で窮乏農民が激増した。養蚕地帯の秩父から多摩地方でも、高利貸しからの借金をかかえた負債農民が困民党を結成。板垣退助らの自民党がかかげる自由民権と、困民党の借金返済緩和要求とが結合して、反政府運動へと発展し、八四年（同十七年）に群馬事件、加波山事件、秩父事件、飯田事件など、自由民権闘争の峰をつくった。

八王子では八四年九月五日、多摩、神奈川地方の農民数千人が、八王子・御殿峠に集結、塩野倉之助ら川口困民党の農民二百人は八王子署に「負債の年賦払いを認めよ」「借金利子の軽減」を要求して、押しかけた。「解散」を叫ぶ警察は、権力を行使して、二百人を逮捕、翌年の横浜重裁判所の公判は、倉之助に兇徒嘯聚《しょうしゅう》（＝呼び集める）罪で懲役六年の実刑判決を言い渡した。

一八二四年（文政七年）生まれの塩野倉之助の生家は、安養寺近くの多摩郡川口村唐松（八王子市川口町）の代々名主をつとめた豪農であった。

先覚之碑（八王子市泉町一三四三）→**自由の碑**（八四ページ）

小谷田子寅《しいん》の碑（八王子市下恩方一九七〇）→**八王子千人同心屋敷跡記念碑**（三三四ページ）

絹の道の碑（八王子市鑓水《やりみず》）

国道16号線は八王子市内で20号線（甲州街道）と交差している。16号線、通称東京環状を、甲州街道交差点から横浜方面へ向かって、御殿峠へ上り、多摩丘陵を下ると鑓水。市の郊外で、起伏する丘陵に囲まれている。

道のかたわらに高さ一メートルほどの道しるべが立っている。「此方　はら町田　神奈川　ふじさわ」とあり、碑陰には「慶応元乙丑仲秋吉日　武州多摩郡鑓水村」とある。横浜開港（一八五九年＝安政六年五月二十八日）から六年目に建てられた。

道しるべから多摩丘陵の細い山道を一・五キロほど上ると、海抜二一三メートルの峠に出る。道了堂そばに「絹の道」と刻まれた、白御影の碑がある。高さ三メートル、一辺三十センチほどの角柱である。左側面に「日本

絹の道の碑

蚕糸業史蹟」、右側面に「鑓水商人記念」、背に「一九五七年四月　東京・多摩・有志」とある。

横浜開港から、一九〇八年（明治四十一年）に横浜鉄道線（現在の横浜線・八王子〜東神奈川間）が敷設されるまでの半世紀、生糸輸出のため、八王子はもとより、長野、山梨、群馬県などの生糸商人が浜街道とも呼ばれたシルクロードを往来した。

原町田を経て、横浜までの五十キロの絹の道は、生糸を背負い、また、馬に背負わせた仲買いや糸商人の列が続き、鑓水には売り買いする「市」が立って、盛況を極め、「江戸鑓水」ともいわれた。シルクロード沿いには、糸商人たちが利用した館跡も残っている。

明治政府は、機械や原材料を輸入するために、生糸輸出で外貨をかせいだ。いまは、諸外国に工業製品を買ってもらうために、農産物まで輸入している。農民は縁の下の力持ちになって働き続けている。「絹の道」の碑は農民顕彰碑でもある。

蛙塚《かわず》（八王子市散田町五—三六）**→虫塚**（一九三ページ）

先賢彰徳碑（八王子市裏高尾町四二〇）

→薩摩屋敷焼き討ち事件の碑（六六五ページ）

先賢彰徳碑

小仏関跡の碑（八王子市裏高尾町四二〇）

通称、駒木野の旧甲州街道（516号線）道路わきにある。

角柱の石標正面に「史蹟　小仏関趾」とある。石標前に手付き石と手形石が置かれ、関所の遺構としては、百三十坪（四百三十平方メートル）の敷地を囲っていた石垣の一部だけである。

関所跡がある、このあたりは町名地番整理以前は駒木野と呼ばれ、旧甲州街道の宿場町であった。甲州街道の難所の一つ・小仏峠（五六〇メートル）を越えると、神奈川県相模湖町に入り、つぎの宿場は小原、与瀬と続く。

史料などで「小仏御関所」とも「駒木野御関所」とも呼ばれているのは、かつては小仏峠の頂上にあったからで、駒木野へ移されたのは、北条氏照が滝山城から八王子城へ移住した天正のころだといわれている。

四人の関所勤番の士が置かれ、通行できるのは朝六時から夕六時まで。これ以外の時間は「夜中一切相通さず候」と、幕府直轄五十五関のうち、箱根・碓氷とともに「三大関所」といわれただけに厳重であった。

諸侯の謀反を警戒し、鉄砲の江戸への持ち込み、江戸に置かせた諸侯の家族婦女の脱出に、「入り鉄砲に出女」といって、目を光らせた。

関所の通行に必要な手形には、銃器持参のときの「鉄砲手形」（老中発行）や、身分証明の「町人手形」（名主発行）などがあったが、関所番前に据えられた手形石に、手形を置いて示し、手付き石に手をついて通過の許しを待った。

抜け道通過が露見すると、関所破りとして「はりつけ」で断罪された。

一八六九年（明治二年）一月の太政官布告で廃止となり、小仏関の番所の建物も取り壊された。

下原刀鍛冶《したはらとう》発祥の地の碑（八王子市下恩方町一二一六）↓刀工・左行秀旧跡の碑（二六五ジペー）

孝子長五郎の碑（稲城市押立六三七）

共同墓地にある。墓地入り口の長五郎の墓のそばにある。

押立の百姓・長五郎は幼いとき、父を亡くし、貧乏のなかで難儀しつつ、母に尽くすこと三十余年、村での評判は幕府にも伝わり、一七四一年（寛保元年）、幕府から褒賞として白銀二十枚と耕地が贈られた。

この孝子物語は、『新篇武蔵風土記稿　多摩郡巻三八』の「向岡閑話」にとりあげられるほど広く知られた。

碑の表には孝行物語、背には、

「文化六年三月、玉川通御普請奉行　大田直次郎　号・蜀山人氏　押立村孝子・長五郎江公儀より、為褒美被下候田地の表示板を見て、左の詠歌をあたへらる」

として、蜀山人のうた二首が刻まれている。

碑は一九二七年（昭和二年）八月、押立村の人々によって建立された。

百瀬雲元の筆塚（稲城市百村一五八八）→百瀬耕元の碑（二二八ページ）

葎草《りっそう》橋の碑（稲城市東長沼六五六）

葎草橋たもとの路傍にある。

多摩川から導水した大丸用水に架けられていた板橋の葎草橋を、一八三八年（天保九年）に、長沼、押立両村の協力で石橋に架け替えたことを記念して建てられた。

右側面には「渠《きょ》田川や　多摩の葎《むぐら》の　橋はしら　動ぬ御代の　石と成蘭」のうたが刻まれている。

左側面には「江戸七里　八王子四里　川越八里　府中一里　小田原十六里　大山十二里　川崎六里日光山　卅六里」と記され、道しるべになっている。

青木芳斉の碑（町田市相原八一〇）

横浜線相原駅近くの丘陵頂に祭る青木家一族の墓所にある。

巨石の篆額に「芳斉翁之碑」と大書され、事績が漢文体で刻まれている。日露戦争翌年の一九〇六年（明治三十九年）の建立。篆額は日本海海戦で第二艦隊司令長官として活躍した上村彦之丞中将の揮毫。芳斉の二男・海軍軍医の甲子三が第二艦隊で勤務し、上村を知っていた関係で依頼した。

事績は二高教授をつとめた滝嶋秀太郎の撰、学習院の山田倉太郎の書。

芳斉は一八三二年（天保三年）、多摩郡新井村（日野市新井）の湯浅家に生まれた。八王子の蘭方医・秋山義方に学び、のち、大坂の緒方洪庵の適々斉塾に入った。「研鑽六年業成而帰」（碑文）り、相原村の医師・青木得庵の養子となり、娘・安子と結婚、青木芳斉と名乗った。相原で医院を開業したのは一八五八年（安政五年）、二十六歳である。この年、『フーフェラント』を『済生三方附医戒』として復刻出版するのに尽力した。ジェンナーの方法を導入して、天然痘の撲滅に努力したドイツの医師フーフェラントについて書いた医書である。

その後、八王子病院を創設し、武相地方で種痘の普及につとめた。また、武相英語塾をおこして、村びとを啓蒙し、堺村の初代村長をつとめた。

一九〇五年（明治三十八年）に歿。

青木芳斉の碑から北へ歩いて、横浜街道（16号線）に出る手前、通称・坂下に清水寺《せいすいじ》（町田市相原七〇一）がある。境内にジェンナーの碑が建っている。「善寧児先生碑」と刻まれ、背に「青木得庵種痘普及為記念　明治廿五年四月建之　青木喜代」とある。

ジェンナー（一七四九〜一八二三年）の功績をたたえ、得庵の霊を慰めるため、得庵の未亡人によって建立された。

※関連する碑　お玉ケ池種痘所記念碑

ジェンナーの碑（町田市相原七〇一）→**青木芳斉の碑**（三四四ページ）

木曽一里塚の碑（町田市木曾西四—一四）→**一里塚の碑**（三三三ページ）

田中丘隅《きゅうぐう》の回向墓（あきる野市平沢七三二）

川崎市にある菩提寺・妙光寺に葬られているが、故郷のあきる野市・広済寺には回向墓がある。

一六六二年（寛文二年）、武蔵・多摩郡平沢村（あきる野市平沢）の名主・窪島八郎左衛門の次男に生まれ、家業の農業と絹物行商を手伝った。誠実な人柄を見込まれ、二十二歳のころ、川崎宿本陣の名主・田中家の養子に迎えられた。

一七〇四年（宝永元年）、四十二歳のころ、義父の跡を継いで、川崎宿の本陣・名主・問屋役の三役に就き、六郷川の渡船権の許可を幕府から得て、川崎宿の財政再建に尽くした。五十歳で役職から離れ、江戸へ移り、荻生徂来に師事し、農政などを学んだ。

年貢・凶作・治水など農村問題をテーマとした『民間省要』（全十七巻）を一七二一年（享保六年）に出版、将軍吉宗に献上、これをきっかけに川方御普請御用を命じられ、酒匂《さかわ》川改修工事などで堤防づくりに工夫・改良を加え、川普請に新技術を導入した。

二九年（同十四年）、武蔵国内三万石を管轄する支配勘定格を命じられたが、同年、江戸・浜町で歿。

堤防づくりの功績を顕彰した記念碑が、川崎市の妙光寺に建てられている。

五日市憲法草案之碑 （あきる野市五日市四〇〇）

五日市中学校横にある。

碑面には「五日市憲法草案抜粋」として、「45　日本国民は各自の権利　自由を達す可《べ》し　他より妨害す可《べか》らず　且《かつ》　国法　之を保護す可《べ》し」など六カ条の条文が刻まれている（碑文は漢字・カタカナ文。読みやすいように、読み方を入れた）。

一九七九年（昭和五十四年）に建てられた。

五日市の学習結社・学芸講談会の幹事・深沢権八と、五日市の勧農学校の教員をつとめていた千葉卓三郎らを中心に、一八八一年（明治十四年）に起草された憲法草案が発見されたのを記念して建立された。

五日市憲法草案之碑

草の根の憲法草案は、五日市線の武蔵五日市駅から徒歩五十分ほどの深沢家屋敷（都史跡）の土蔵から一九六八年（昭和四十三年）、見つかった。

維新後、深沢村の戸長をつとめていた深沢家の当主・名生《なおまる》と、神奈川県議だった長男の権八の父子は、奥多摩の三町十四村から集まった四十人ほどの学習会の指導的立場にあり、この地域の自由民権運動の中心的人物であった。

「五日市憲法草案」は二〇四条から成り、「国民の権利」に力点が置かれているのが特徴で、千葉は起草当時二十九歳であった。

ところ芋の碑（あきる野市戸倉三二八）

五日市の光厳《こうごん》寺境内にある。

碑高、底辺とも〇・九《メートル》ほどの三角形の石碑。碑面には一行が六字または五字で、十四行の漢詩風の文章が刻まれ、最後に「天保七年霜月吉日　鷲峰栢岩　記」とある。鷲峰栢岩《はくがん》は、当時の光厳寺住職。

全国的な大飢饉となった一八三〇年代の天保期は、食べるものがなく、農作物を盗まれる被害が続発し、農民同士の争いが頻発した。

ところ芋はヤマノイモ科の一種で、五日市の戸倉山中にも自生していた。

漢詩文を読みやすく直すと、「もと戸倉郷、散地（使っていない土地＝文化財案内資料）多し。山萆薢《ひかい》（ところ芋＝同）を生ず」と書き出し、続けて、ほかの地域の人たちが、山に入って、ところ芋を掘りに来た騒ぎを物語る。地元の人との争いがあったのであろう。以下、ところ芋は自然からの贈り物。戸倉の山が人命を救うことになるのだ、といって、他村からの人に芋掘りを許した村長のヒューマンな人柄をたたえている文章になっている。

天保飢饉の実情と山村のエピソードを伝える記念碑である。

天明義挙記念碑（羽村市羽東三―一六）

禅林寺境内にある。

碑面の上部に「豊饒の碑」とあって、その下に建立の由来が記されている。

一七八一～八八年（天明期）に頻発した農民一揆を「天明義挙」といっている。八三年（天明三年）から連年、全国的に天候不順で大水害が相次ぎ、疫病が流行し、とくに東北地方の飢饉が甚だしく、死者数十万に及んだ。米価は高騰し、米商人を襲う打ち壊しや一揆が各地でひろがった。

羽村では八四年（同四年）、名主が首謀者として農民を統合・蜂起し、このたたかいで九人の村民が犠牲となった。

一八九四年（明治二十七年）、西多摩村の有志によって建てられた。

時あたかも、三多摩が神奈川県から東京府へ移管された翌年に当たり、移管に反対する三多摩における闘争が敗退した時期であった。移管反対に決起した羽村の青年たちは、同じく権力と闘い、抵抗した天明期の羽村農民を再評価することになり、一揆に殉じた九人を「義挙」として記念し、この碑を建てた。

宝暦箱訴事件大丹波村牢死者供養碑（奥多摩町大丹波九三九）

輪光院にある。

大丹波村は一七四六年（延享三年）、多摩、入間、高麗の三郡七十四カ村とともに幕府直轄領から田安家領に編入された。田安家では一七六一年（宝暦十一年）、年貢増徴を実地した。大丹波村の年番名主・七郎左ヱ門が先頭に立ち、近郷十九カ村の農民を糾合、減免運動に立ち上がり、陳情を再三、繰り返したが、聞き入れられなかった。十代将軍・家治の時代である。六二年二月、ついに江戸に上り、田安家の郡奉行、家老宅へ赴き、門訴を決行した。田安家は主謀者を捕らえ、厳しい吟味を行い、入牢二百六十六人、牢死十一人という悲惨な結果に終わった。大丹波村では、吟味中に牢死した犠牲者を弔い、死後間もない時期に、この供養碑を建立した。

同村の義民顕彰会が一九七六年（昭和五十一年）に建てた義民顕彰之碑は「この運動は後の明和から天明にかけての全国的に蜂起した百姓一揆の先駆をなすもので……今や先輩達の義憤を偲び、苦哀を察するとき、胸の痛む思いを禁ずるに忍びず、ここに碑を建てて、その義挙をたたえ、永く顕彰する次第である」と述べている。（「箱訴」とは、庶民の直訴を受けるため、門前に目安箱を置き、訴状を投入させる制度）

あとがきに代えて

一　石に刻まれた事件を追って

元和キリシタン遺跡（港区、以下市区名）やキリシタン殉教碑（文京）、切支丹屋敷跡の碑（同）、山荘之碑（中野）が伝える宗教弾圧から幕を開けた幕藩体制は、丸橋忠弥の首塚（品川）の慶安事件に象徴される大名の取り潰しや減封によって、激増した浪人問題にも取り組まねばならなかった。

十七世紀後半ころから年貢減免嘆願の直訴や減免要求の百姓一揆が全国で激増、新井宿義民六人衆の碑（大田）が示す事件、奥多摩の宝暦箱訴事件（奥多摩）、天明義挙記念碑（羽村）もその峰を表しているが、背景には、幕府が一六四九年（慶安二年）に公布した慶安の検地条例と御触書があった。「年貢さへすまし候へば、百姓ほど心易きものはこれ無く」の言葉で知られる百姓心得書きだが、統一政権の基礎固めを狙って、年貢の増徴政策が実施された。

商業の発展は流通米を増加させ、米価の変動を激しくした。三大凶作といわれる享保、天明、天保の飢饉の時期は、豪商・大庄屋・米屋が買い占めに乗り出し、農民は、急騰した米価の値下げを要求して、各地で一揆、打ち壊しを強行した。流民叢塚碑（品川）、諸国郡邑旅人菩提碑（新宿）は、餓死者や行き倒れの追悼碑である。自生の芋《いも》の盗掘をめぐる村落間の争いを伝えるところ芋の碑（あきる野）もある。

幕藩体制完成期の元禄時代に、降って湧いたような赤穂事件——赤穂義士史蹟碑（港）、赤穂四十七義士の碑（同）、義士終焉地の碑（同）、浅野内匠頭終焉之地の碑（同）、水野監物邸跡の碑（同）、大石主税ら十人の切腹地跡の碑（同）、浅野内匠頭邸跡の碑（中央）、赤穂義士遺蹟 吉良邸跡の碑（墨田）、両国橋の句碑（同）などが物語る『忠臣蔵』——この事件がはらんでいる仇討ちを尊ぶ武士道と、封建秩序を固守する幕府の政治的立場との対立が、民衆へ一層強い衝撃を与えた。

キリシタン禁圧を断行し、対外関係を次第に狭め、窓を長崎一港に限った幕府は、鎖国政策から逸脱する傾向に対して厳罰で臨んだ。シーボルト事件に関係する土生玄碩先生之碑（中央）、高橋景保の碑（台東）、高橋東岡の墓碑（同）、蛮社の獄の高野長英の碑（港）、高野長英大観堂学塾跡の碑（千代田）、高野長英隠れ家および自決の地の碑（港）などは、幕政に激しく抵抗し、弾圧された人々の追悼碑である。

日本船が蝦夷近海で貨物を強奪され、ロシア人がエトロフ島に上陸するなど、北からの侵略に脅かされ始めたのは、一七九〇年代、寛政期のころからであった。幕命をうけて、千島などへ派遣された間宮林蔵、伊能忠敬、近藤重蔵らが果たした探検・調査・測量の功績は、間宮林蔵塋域《えいいき》の碑（江東）、伊能忠敬の碑（港）、伊能忠敬居宅跡の碑（江東）、伊能忠敬の墓碑（台東）、目黒新富士の碑（目黒）に伝えられている。伊能が全国の海岸を測量して、つくった『大日本沿海輿地《よち》全図』は、明治中期までの日本地図の基礎となった。

外圧が強まり、異国軍艦がしきりに現れる幕末列島周辺の波はさらに高くなった。薪水を求める、漂流民を届ける、貿易・通商を強要する、なかには、日本の海岸線を測量する外国船まで出没した。弘化から嘉永に年が替わるや、幕府の海防対策の動きは急を告げた。高島流砲術を西洋流と改称・奨励し（高島秋帆先生紀功碑、火技中興洋兵開祖の碑＝いずれも板橋）、佐久間象山が洋式野戦砲を初めて鋳造（佐久間象山の桜花賦の碑＝北）したのは、一八四八年（嘉永元年）であった。品川台場の碑（港）が建つ砲台基地の築造着手も、この年であった。

鎖国から開国へ――その激動のなかで起きた桜田門外の変を、桜田烈士愛宕山遺蹟碑（港）、橋本景岳の碑（荒川）、烈婦滝本之碑（同）、桜田殉難八士之碑（世田谷）が記録している。万延元年遣米使節記念碑（港）が伝える、遣米使節が日米通商条約調印のため、太平洋を渡ったのは、桜田門外の変が突発し、内政が大混乱している真っただ中であった。

新選組の近藤勇・土方歳三顕彰碑（日野）や近藤勇辞世の詩碑（三鷹）、近藤勇・土方歳三の墓碑（北）は、反幕勢力鎮圧の功績をたたえ、薩摩屋敷焼き討ち事件の碑（港）は、薩長屋敷を急襲する幕府軍の反撃を記している。幕末攻防の果てに、彰義の碑（台東）、黒門の由来碑（同）、彰義隊の首塚（豊島）などが伝える戊辰戦争が火を吹くのである。この戦争によって、旧権力と新権力の区別が鮮明にあぶり出された。

江戸開城を記念する碑――西郷南洲・勝海舟会見之地の碑（港）、西郷・勝両雄会見の処の記念碑（大田）、西郷・勝両雄顕彰碑（同）――などは、東海道の江戸入り口すじに建っている。

二　町づくりを襲う大火・震災

江戸の事件史が、宗教弾圧から始まったとすれば、都づくりの皮切りは、江戸城東に広がる海の埋め立て工事からであった。一六〇三年（慶長八年）、藩から農民を徴発し、いまの御茶ノ水駅周辺の神田山を切り崩し、土をモッコで海岸線へ運び出し、陸地を広げていた。

太田道灌築く江戸城は一六〇七年（同十二年）に大増築された。赤塚城本丸跡の碑（板橋）、志村城跡の碑（同）、石神井城跡史蹟碑（練馬）、稲付城跡の碑（北）など、武蔵国の三十を超える古城のなかでも、江戸城はダントツの金城となった。第一期の江戸城を造った功績を称賛し、太田道灌公追慕之碑（千代田）、道灌公記念碑（墨田）、太田道灌築城五百年の碑（世田谷）、山吹の里の碑（豊島）、紅皿《べにさら》の碑（新宿）などが建立されている。

高輪大木戸跡の石塁（港）、浅草見附跡の碑（台東）、四谷大木戸跡の碑（新宿）、小仏関跡の碑（八王子）に関所のたたずまいが残り、関所は、中川番所跡の碑（江東）のように、河川の要警戒地点にも設置された。盛り場には掲示板が建てられた。日本橋由来記の碑（中央）、蔵敷《ぞうしき》高札場の碑（東大和）、高札場跡の碑（東村山）は、「お上からのお触れ」を伝える高札場の跡である。

日本橋が一六〇三年（慶長八年）に架橋され、その日本橋由来記の碑（中央）に「諸海道ニ一里塚ヲ築クヤ、実ニ本橋ヲ以テ起点ト為ス」と記されているように、一里ごとに土を盛り、里程の目標とした塚跡を示す碑が、板橋区志村、北区西ケ原、調布市仙川、府中市清水が丘、同市日新町、八王子新町、町田市木曽西などにある。「くたびれたやつが見つける一里塚」（柳樽八）。

北町奉行所跡の碑（中央）、南町奉行所跡の碑（同）、江戸伝馬町牢御揚場跡の碑（同）、鈴ケ森遺跡の題目塔（品川）、小塚原刑場跡の題目塔（荒川）は、幕藩時代の司法機関の姿を伝えている。

世界でも指折りのテンポで人口が増えつづける江戸の台所は、神田青果市場発祥之地の碑（千代田）、駒込土物店縁起の碑（文京）、千住ヤッチャバ紀念碑（足立）、京橋大根河岸青果市場跡の碑（中央）、日本橋魚河岸記念碑（同）が記すように、年々、市場規模を拡大していった。

日本橋が整備されて八年後の一六一二年（慶長十七年）、家康は駿府の銀座を江戸へ移し（銀座発祥の地の碑＝中央）、銀貨の鋳造・発行に当たらせ、江戸・本町の金座設立とともに貨幣流通を本格化させ、生産・流通圏が全国的に広がり始めた。鋳銭座が各地につくられ、一六六八年（寛文八年）につくられた亀戸銭座（江東）、一七三六年（元文元年）創立の小梅銭座（墨田）には記念碑が建てられている。

「民富、潮の如く」といわれた元禄景気は、小農民の広範な自立的成長とともに、新田開発の展開による生産力の発展に支えられていた。玉川上水記念碑（新宿）が語るように、一六五四年（承応三年）に完成した上水は、江戸の飲料水のみならず、武蔵野に開発された新田に水が導かれ、農業用水として使われたが、その新田づくりに献身した一人・川崎平右衛門の供養塔が小金井市にある。

商業の発展は米の商品化をすすめ、幕府・大名・旗本は、売りさばく年貢米を米蔵・取引所に運び込んだ。浅草御蔵跡の碑（台東）がある隅田川河畔一帯には、大型の蔵が立ち並び、米俵の出し入れで繁忙を極めていた。

人の往来から貨物輸送まで、水路や運河、河川を伝っての水運に頼っていたから、船着き場や渡船場があちこちに開かれ、佃島渡船跡の碑（中央）、干鰡《ほしか》場跡の碑（江東）、三味線堀跡の碑（台東）などが当時の輸送事情を語っている。幕府の軍港は、安宅丸由来の碑（江東）、御船蔵跡の碑（同）の碑誌にみるように、隅田川の新大橋近くの左岸にあった。

幕府の年貢収集量は減り始めた。農民的商品生産が盛んになったからだ。一方で、都市生活の拡がりは幕府の消費支出を増大させた。幕府と藩の財政は年々、赤字が増え続けた。幕府は享保、寛政、天保期に改革を打ち出した。都市への流入人口を出身農村へ送り返す人返し政策や、代官や村役人を通じての年貢納入秩序再建策など、封建への巻き戻し改革を強行したものの、幕藩体制の矛盾は深まるばかりであった。

幕府の港が幕末、川筋から、外国船が出入りしやすい品川へ移転すると、御殿山に外人向けの旅館が建ち、品川あたりは異国的な街に変わった。品川港から一気に駆け上がれるほどの高輪の、その高台に立ち並ぶ寺や神社に諸外国の公使館が開かれた。高輪の寺社に英、仏、蘭など最初の公使館跡の碑（港）があり、米公使館があった元麻布の寺には、タウンゼント・ハリス記念碑（港）が建てられている。最初のオランダ公使館は、芝の薩摩屋敷焼き討ち事件からの火事で全焼、近くへ移転した。

江戸の火事は、江戸時代を通して百四十一件（『武江年表』）、なかでも、振袖火事（一六五七年＝明暦三年一月）、目黒行人坂の大火（一七七二年＝明和九年二月）、江戸芝の大火（一八〇六年＝文化三年三月）は江戸三大大火といわれ、そのすさまじさは振袖火事供養塔（豊島）や八百屋お七の碑（文京）が伝えている。材木と紙で造られた家屋の密集地帯だったから、たちまち燃え広がった。封建の鬱屈した世の中を反映して、火災の原因の多くは放火だったとの伝説も。

延焼防止の火除け地が江戸市中のあちこちに設けられ、両国広小路記念碑（中央）が建つ広小路もその一つだが、その効果はあまり見られず、大火は相変わらず、江戸の住民を襲い、苦しめた。木材商人は「明暦の江戸大火に際して、木曽、熊野に木材供給の途を拓き、江戸の復興に盡し、商利一世を凌ぐ」（紀伊國屋文左衛門之碑＝江東）もうけを上げた。江戸の海に着いた木材は、いかだに組まれ、引き舟や川並衆によって仙台堀川・大横川など大小の水路を通って、搬入された。長い歴史のなかから、いかだ師による角乗りの妙技が生まれ、江戸名物の芸となった（木場の角乗りの碑、猿江材木蔵跡の碑＝江東）。

火炎に巻き込まれ、逃げる家族はバラバラにさせられ、焼け跡で人捜しが始まる。どうしても見つからず、尋ね人の張り紙を出すことになる。一石橋迷子しらせ石標（中央）、奇縁氷人石の碑（文京）、まよひ子のしるべ（台東）、まよひごのしるべ（同）からは、大火後、家族探しに明け暮れる罹災者の悲嘆が聞こえてくるようである。

「地震、雷、火事……」などといわれる江戸大地震三十七件、暴風雨四十五件（『武江年表』）。三十三間堂跡の碑（江東）は地震の凄まじさを、江東区木場と深川との二地点にある津波警告の碑は、埋め立て地の海抜ゼロメートル地帯を襲った津波の脅威を伝え、品川には津波溺死者供養塔がある。かっぱ川太郎の墓碑（台東）は、冠水する街の悲哀をユーモアたっぷりに語りかけてくる。

墨堤植桜の碑（墨田）、飛鳥山の碑（北）、中野区役所前の史跡の碑（中野）、小金井桜樹碑（小平）などには、桜や桃の名所づくりや植樹に尽くした八代将軍・吉宗の名が登場する。柳窪梅林の碑が東久留米にある。

三　上方から独自の文化創造へ

家康入府のころ、葦が生え広がり、草ぼうぼうの未開拓の地であったから、幕府は江戸城出入りの御用商人をつくるなど、食料や水の手配に抜かりはなかった。神田青果市場を「御用市場として、駒込、千住とならび江戸三大市場の随一」（神田青果市場発祥之地の碑＝千代田）の規模として発足させ、江戸前の白魚を獲らせるのに、摂津国（大阪）の佃村から漁民を呼び寄せた経緯は、佃島渡船跡の碑（中央）、和田氏歴世碑（江東）が伝えている。

漁民を呼び寄せた家康は、棟梁も関西から招き、江戸城、日光東照宮、寛永寺などの建築に従事させた（甲良屋敷跡の碑＝足立）。

お茶の水の谷間から湧く泉や、江戸川の清流が将軍家の「お茶の水」として献上された話は有名である（お茶の水の碑＝千代田、芭蕉の句碑＝江戸川）。

将軍や諸大名の間で鷹狩りがさかんだった。鳥や動物を捕まえる鷹の習性を利用して、オオタカ・ハヤブサなどの雌を飼いならし、狩猟するスポーツ的な行事の盛大さが、鷹の碑（文京）、御鷹の松の碑（新宿）、徳川将軍御膳所跡の碑（中野）、中野区役所前の史跡の碑、鷹野鳥見屋敷跡の碑（足立）、小菅御殿跡の碑（葛飾）、御鷹場の碑（三鷹）、高札場跡の碑（東村山）などに刻まれている。

突然、鷹狩り中止に追い込まれ、幕府が飼育していた鷹は伊豆の新島に放たれた。八代将軍・吉宗の一七一六年（享保元年）には復活するが、「生類憐みの令」（一六八七年＝貞享四年）を出した五代将軍・綱吉は、「忠恕《ちゅうじょ》（おもいやり＝引用者）を以て、理想の道徳たる仁に到達しようとする」儒教の極端な信奉者であった。全国の高札場に忠孝奨励のお触れを出し、孝子・節婦を表彰した。「孝の拡大が忠」と、孝を封建道徳の基本とする幕府は、その後も表彰行事を行い、その一例が孝子長五郎の碑（稲城）である。

仙台藩の谷風梶之助、有馬藩の小野川、細川藩の不知火、立花藩の雲竜、蜂須賀藩の陣幕など、大名のかかえる強豪力士が人気を呼ぶ勧進相撲（木戸銭を取っての興行）——全国各地で力士が集められ、場所も京都・大坂・江戸などで開かれていたが、一七五〇年代（宝暦期）からは江戸に中心を移した。江戸市中でも浅草蔵前八幡、深川八幡、神田明神、深川三十三間堂、本所回向院などで興行し、一定しなかったが、一八三三年（天保四年）十月から回向院が常打ち場となり、国技館が開設される一九〇九年（明治四十二年）までの七十六年間、続いた。盛況をつづけた江戸相撲だけに、横綱力士碑（江東）や力塚の碑（墨田）、歴代横綱の碑（同）、江戸勧進角力旧跡の碑（新宿）、陣幕久五郎、島之助の碑（港）と、関係する碑は多く、相撲碑は東京名物になっている。

大当たりをした世話浄瑠璃『曾根崎心中』（初演・一七〇三年＝元禄十六年）や『心中天網島』（同・一七二〇年＝享保五年）は、近松門左衛門が実際の心中事件から取材・執筆したものだが、元禄末年（一七〇三年）だけで、京阪地方で起きた心中は十九件といわれている。

一六五三年（承応二年）の助六・揚巻の心中（助六・揚巻の比翼塚＝足立）のあと、新吉原の遊女が一六七九年（延宝七年）に後追い自殺した白井権八・小紫事件（比翼塚＝目黒）、一六八三年（天和三年）に火刑執行された八百屋お七の碑（文京）など、江戸中の話題をさらった狂恋事件が相次ぎ、幕府・吉宗将軍が一七二三年（享保八年）の改革で、情死に罰則を設け、歌舞伎・浄瑠璃の心中物の上演を禁止したほどであった。人間らしく生きようとすればするほど、時代のしきたりと衝突する愛、その真実を描くドラマが持つ封建制批判に、権力側が神経をとがらしはじめた。法令などでなくなるわけはなく、その後の一七六九年（明和六年）にも、新吉原の遊女・浦里と時次郎の心中（浦里・時次郎比翼塚＝豊島）があって、新内や歌舞伎に歌われ、舞台にもなった。

目黒には八百屋お七・吉三発心の碑がある。

幕府に創設を認められた遊廓は、一六一八年（元和四年）、人形町に開業、五七年（明暦三年）に浅草の北側へ移った（庄司甚右衛門の碑＝台東、花吉原名残の碑＝同）。

新吉原総霊塔（荒川）、子供合埋碑（新宿）、洲崎遊女供養碑（江東）、遊女供養塔（足立）は、死後、引き取り手のない遊女たちを葬った供養碑である。

幕府は一六五一年（慶安四年）、中村、市村、河原崎の三座を公認、人形町に芝居町が生まれ、のちに浅草の猿若町へ移った（江戸猿若町市村座跡の碑＝台東）。

文芸碑で目立って多いのは、芭蕉の句碑である。都内に八十基を超え、蕉門の人々が多いことを知らされる。多い句は「古池や蛙とび込む水の音」「春もやゝけしきとゝのふ月と梅」「しばらくは花のうえなる月夜かな」などで、江東には芭蕉庵跡の碑、採荼《さいと》庵跡の碑がある（句碑一覧①参照）。其角、杉風、嵐雪、素外、一茶など、芭蕉以外の江戸俳人の句碑が三十基を超える（句碑一覧②参照）。

墨田区堤通の木母寺には、落語界を二分していた三遊派の祖・初代円生、二代目円生を追悼する三遊塚。同区業平の法性寺には、一方の柳亭燕枝を頭取とする柳派の記念碑・昔ばなし柳塚。弟子たちによって建立された、これら二つの碑は、同区の北と南に位置し、江戸・東京落語史のシンボルになっている。

川柳には、前句付の点者として名声を博した初代・柄井川柳（台東）や五世、六世（墨田）、柳多留版元・花屋久次郎遺跡（足立）などの碑、歌碑には西行、業平など、狂歌には大田蜀山人、烏亭焉馬、元杢網《もとのもくあみ》などの碑がある。

絵画では、江戸時代後期に一派をつくった谷文晁碑（台東）。浮世絵画家の葛飾北斎生誕二百年記念碑（台東）、初代歌川豊国の碑（墨田）、二世、三世豊国の碑（江東）、歌川国芳の碑（墨田）、初代安藤広重の記念碑（足立）などがある。

江戸三味線に石村近江記念碑（港）、箏に八橋検校顕彰碑（台東）、義太夫語りに竹本津賀太夫碑（台東）、端唄・小唄に哥沢芝金之碑（墨田）など。

浄瑠璃・歌舞伎狂言作家では、近松門左衛門の碑（墨田）、初代河竹新七追善しのぶ塚（墨田）、河竹默阿弥顕彰碑（台東）があり、浄瑠璃塚（墨田）もある。

民謡碑に木遣音頭の碑（江東、墨田、江戸川）、葛西囃子の碑（江戸川）がある。

伊能忠敬による日本全土の実測・地図の制作（伊能忠敬の碑＝港）、平賀源内による寒暖計や発電機の開発・製造（平賀源内電気実験の地の碑＝江東）は、ヨーロッパの近代科学を摂取し、研究した成果であった。

『解体新書』で知られる蘭学事始の地の碑（中央）や観臓記念碑（荒川）、天然痘予防に貢献したお玉ケ池種痘所記念碑（千代田）やお玉ケ池種痘所跡の碑（同）、種痘普及医として知られる青木芳斉の碑（町田）、眼科医でシーボルト事件に関係した土生玄碩先生之碑（中央）、解剖人墓（足立）などは、医学発展の軌跡を示している。数学者の塚に算子塚（台東）、明数碑（同）がある。「和魂洋才」といわれ、技術は西洋から摂取しつつも、道徳は日本伝来のものを維持するのが、幕府、明治政府の政策だったから、科学の発達は、技術とその応用分野に属するものに限られ、封建的秩序が牢固と支配している社会そのものに対し、批判の目を向けるまでには広がらなかった。

日本の近代初等教育の始まりは、江戸時代の寺子屋を転身させたものであった（寺子屋の碑＝世田谷、日本近代初等教育発祥の地の碑＝港）。

四　民権運動の継承をめざして

幕末、下級士族派の主導のもとに尊王攘夷運動から尊王倒幕運動への転換が行われ、「ご一新」で、幕藩体制にかわる中央集権的天皇制統一国家が樹立された。「自由と平等を基とする人民自らの政権を目指し……」（先覚之碑＝八王子）といわれたように、国民を主権者とした国家ではなく、お上からの命令で行われる政治であった。たとえば、御門訴事件記念碑（武蔵野）は、農民の自治を認めない圧制的な国家へのたたかいの一つを象徴していた。

近代革命として不完全な明治維新を、より民主的な変革に前進させようと、一八七四年（明治七年）から一八八九年（同二十二年）にかけて全国で闘われた自由民権運動――それは、明治の絶対主義政権に対する民主主義革命の政治闘争であった。

先覚之碑（八王子）の碑誌には「明治の初年、維新革命の目的を完成し、永い封建の真黒い幕を取り除く為に、日本の先覚者達はここ柏木豊次郎氏邸に集まった」として、板垣退助、石坂昌孝、星亨……などの先覚者名をあげている。民権運動の中核・自由党のリーダーだった板垣退助を顕彰する自由の碑（品川）には「板垣死すとも、自由は死せず」とある。民権の論客・中江兆民の顕彰碑が江東・亀戸天神社にあり、また、自由民権闘争のなかで創りあげた五日市憲法草案を記念する碑があきる野市五日市にある。

一八八四年（明治十七年）に闘われた群馬事件、加波山事件、秩父事件は、民権闘争史の峰を形づくり、多摩を巻き込んだ秩父事件を支えたのが、困民党の闘争であった（困民党の碑＝八王子）。

軍隊に鎮圧され、そして、また、一八八七年（明治二十年）の保安条例によって、三千人が拘引され、東京では五百七十人が皇居外三里へ追放されて、自由民権闘争は弾圧され、終止符が打たれた。

それに先立つ幕末の一八五八年（安政五年）、領事裁判権を許し、関税自主権も認められない不平等条約＝安政五カ国条約を米、蘭、露、英、仏から押しつけられ、その半植民地状態は明治期末まで続いた。

民権闘争挫折後、ファシズムと侵略戦争により、日本国民のみならず、アジアの民衆にまで生き地獄の暮らしを強いたのは天皇制政府であった。

その果ての敗戦後、占領軍は、たとえば、農村に維持されてきた地主・小作の封建的生産関係を、農地改革によって自作農化させるなど、日本社会全体を覆っていた封建遺制の解体を強行し、天皇制ファシズムを取り除いた。

しかし、その民主化が行われたのは、戦後二年間にすぎず、アジア諸国の社会主義革命が広がるなかで、こんどは反共防衛のキー・ストーン（かなめ石）に仕立てられ、日米安保体制のワクにはめ込まれている。

道は遠く、険しいが、平和憲法を生かせるときへ向かって、たたかいは続いている。

句碑一覧①（芭蕉）

＊印は本文中に該当の記事があることを示す。

▽春もや丶けしきとゝのふ月と梅
（中央区築地三―一五　築地本願寺）
▽大津絵の筆のはじめは何仏
（中央区築地三―一七　法重寺）
▽いかめしき音やあられの桧笠
（品川区東大井四―五　泊船寺）
▽旅人と我名よばれん初時雨
（同）
▽梅香にのっと日の出る山路かな
（大田区多摩川二―一三　区立児童公園）
▽古池や蛙とび込む水の音
（文京区関口二―一一　関口芭蕉庵）＊
▽五月雨にかくれぬものや瀬田の橋
（同）＊
▽此道に出て涼しさよ松の月
（文京区目白台二―一四　清土鬼子母神）＊
▽梅狩りきとくや日々に五里六里
（文京区本郷一―一八　昌清寺）
▽一しくれ礫や降って小石川
（文京区小石川三―一七　慈眼院・沢蔵司稲荷）
▽古池や蛙飛び込む水の音
（港区芝公園四―八　宝珠院弁天堂）
▽あれほとの雲を起すや雨蛙
（同）
▽夏来てもただ一つ葉の一葉かな
（港区北青山二―一二　海蔵寺）
▽山路来て何やらゆかしすみれ草
（港区北青山三―五　善光寺）
▽一里はみな花守の子孫かや
（港区南麻布四―二　天現寺）
▽暮おそき四谷過ぎけり紙草履
（渋谷区本町二―四四　荘厳寺）
▽眼にかゝる時や殊更さ月不二
（渋谷区渋谷一―一二　御嶽神社）
▽しばらくは花のうえなる月夜かな

（渋谷区渋谷三―五　金王八幡神社）

▽春もやゝけしきとゝのふ月と梅

（渋谷区神宮前二―三　龍巌禅寺）

▽みちの辺の木槿《むくげ》は馬に喰はれけり

（世田谷区用賀四―一四　真福寺）

▽百歳のけしきを庭の落葉かな

（新宿区原町二―三四　瑞光寺）

▽蓬莱《らい》に聞かばや伊勢の初たより

（新宿区新宿五―一七　花園神社）

▽春なれや名もなき山の朝がすみ

（新宿区新宿五―一七　花園神社威徳稲荷）

▽古池や蛙とび込む水の音

（中野区新井二―三八　川勝保氏宅門前）

（注）一九九〇年ころ、川勝保翁の話によると「戦前も大分前、新宿の料亭で骨董品の即売会があり、そこで見つけ、求めた」という。その後、川勝翁は新井から移転し、句碑も現場から引っ越し先に移されたらしい。引っ越し先は分からない。

▽はつしぐれ猿も小蓑をほしげ也

（中野区江古田一―六　蓮華寺）

▽魚鳥の心は知らず年の暮

（練馬区中村一―一五　南蔵院）

▽父母のしきりに恋し雉子の声

（練馬区高野台三―一〇　長命寺）

▽目にかゝる時や殊更五月富士

（豊島区目白一―五　学習院大）

▽しら露もこぼれぬ萩のうねりかな

（豊島区巣鴨三―二一　真性寺）

川勝保氏宅門前にあった芭蕉の句碑

▽花の雲鐘は上野か浅草か
（台東区上野六—一二　商店街）
▽くわんをんのいらか見やりつ花の雲
（台東区浅草二—一　弁天山）
▽花の雲鐘は上野か浅草か
（台東区浅草二—三　浅草寺＝三匠の句碑）
▽象潟の雨に西施がねぶの花
（台東区浅草三丁目「宮戸座跡之碑」横）＊
▽古池や蛙とびこむ水の音
（台東区今戸一—一三　熱田神社）
▽目にかかる雲やしばしの渡り鳥
（江東区南砂七—一四　富賀岡八幡宮）
▽古池や蛙飛びこむ水の音
（江東区清澄三—二　清澄庭園）
▽古池や蛙飛びこむ水の音
（江東区常盤一—三　芭蕉庵跡）＊
▽川上とその川下や月の友
（江東区常盤一—六　芭蕉記念館）
▽ふる池や蛙飛こむ水の音
（同）
▽草の戸も住み替る代そひなの家
（同）
▽白露もこぼさぬ萩のうねりかな
（江東区深川一—九　採荼庵跡）＊
▽古池や蛙飛び込む水の音
（江東区白河一—三　深川江戸資料館）
▽草の戸も住かはる世の雛の家
（江東区三好一—四　勢至院）
▽世にふるも更に宗祇の宿り哉
（江東区森下二—二二　長慶寺）＊
▽秋に添て行ばや末は小松川
（江東区大島五—三九　大島稲荷神社）＊
▽しばらくは花の上なる月夜哉
（江東区亀戸三—六　亀戸天神社）
▽春もや、気しきと、のふ月と梅
（同）
▽ぬれて行く人もをかしや雨の萩
（江東区亀戸三—三四　龍眼寺）

▽みの虫の音をきゝにこよ草の庵
（墨田区横網一—一二　旧安田庭園駒止神社先）
▽ふる池や蛙飛びこむ水の音
（墨田区千歳二—一要津寺）
▽いざさらば雪見にころぷところまで
（墨田区向島五—四　長命寺）
▽春もやゝけしきとゝのふ月と梅
（墨田区東向島三—一八　向島百花園）
▽こにゃくのさしみも些（すこ）しうめの花
（同）
▽行く春や鳥啼き魚の目は泪
（荒川区南千住六—六〇　素戔雄神社）
▽春もやゝけしきとゝのふ月と梅
（足立区千住三—二二　氷川神社）
▽行く春や鳥啼き魚の目は泪
（足立区千住五—一七　安養院）
▽ものいへば唇さむし秋の風
（足立区千住宮元町二四　千住神社）
▽行春や鳥啼き魚の目は泪
（足立区千住橋戸町三一　区立大橋公園）
▽父母のしきりに恋し雉子の声
（足立区西新井一—一五　西新井大師）
▽茶水汲むおくまんだしや松の花
（江戸川区江戸川五—七　熊野神社）＊
▽秋に添て行かはや末は小松川
（江戸川区中央四—五　香取神社）
▽ひょろひょろとなお露けしやをみなへし
（国分寺市西恋ヶ窪一—二七　熊野神社）
▽象潟や雨に西施がねむの花
（調布市深大寺元町五—一五　深大寺延命観音）
▽しばらくは花の上なる月夜かな
（日野市百草五六〇　百草園）
▽春もやゝけしきとゝのふ月と梅
（同）
▽名月にふもとの霧や田のくもり
（日野市高幡七三三　高幡不動尊）
▽蝶の飛ばかり野中の日かげ哉
（八王子市新町五　永福稲荷）＊

▽西行の草履もかゝれ松の露
（八王子市寺町七二　長心寺）
▽先祝へ梅を心の冬ごもり
（八王子市北野町五五〇―一　北野天満社）
▽さまさまの事おもひ出す桜かな
（八王子市元八王子三―二二八四　八幡神社）
▽ひばりより上にやすらふとおけかな
（八王子市裏高尾町九五七　浅川老人ホーム清明園）
▽しばらくは花の上なる月夜かな
（八王子市下恩方町二四六　三差路ロータリー）
▽先たのむ椎の木もあり夏木立
（八王子市鑓水八〇　永泉寺）
▽旅人と我名呼ばれん初しぐれ
（町田市成瀬五〇三八路傍）
▽此あたり目に見ゆるものは皆涼し
（稲城市大丸二三三　但馬稲荷社）
▽名月に麓のきりや田のくもり
（稲城市東長沼二一一七　常楽寺）
▽暫くは花のうえなる月夜かな
（羽村市川崎二―八　宗禅寺）
▽春もやゝけしきとゝのふ月と梅
（福生市福生一〇八一　福生神明社）
▽玉川の水におぼれそをみなへし
（青梅市滝ノ上町一三一六　常保寺）
▽梅か香にのっと日の出る山路かな
（青梅市天ヶ瀬一〇三一　金剛寺）
▽行春に和歌の浦にて追付たり
（青梅市本町二二〇　金刀比羅神社）
▽梅か香にのっと日の出る山路哉
（青梅市梅郷　吉野街道路傍）
▽やまなかや菊は手折らじ湯の匂ひ
（西多摩郡奥多摩町原五　奥多摩水と緑のふれあい館敷地内）

句碑一覧②（其角、嵐雪など）

＊印は本文中に該当の記事があることを示す。

▽釈竹
櫓も楫も弥陀にまかせて雪見かな
（品川区小山一―五　孟宗筍栽培記念碑）＊

▽蓼太
世の中は三日見ぬ間の桜かな
（品川区東大井三―一三　来福寺）

▽積翠
いつか又この木も朽ちん秋の風
（品川区東大井四―五　泊船寺）

▽素外
江戸に鳴る冥加やたかしなつ鯨
（品川区東品川一―七　利田神社）＊

▽白雄
たち出て、芙蓉のしぼむ日に逢り
（品川区南品川五―一六　海晏寺）＊

▽杉風
暮れがたの空に遊ぶや郭公（ホトトギス）
（文京区西片町一―一五　興善寺）

▽紀逸
二夜鳴く一夜はさむしきりぐす
（文京区関口二―一一　関口芭蕉庵）＊

▽其角
夕立や法華かけこむ阿弥陀望
（世田谷区北烏山五―九　称往院）

▽杉風
痩がほに団扇をかざし絶しいき
（世田谷区宮坂二―二四　成勝寺）＊

▽夜雪庵鴎叟
つむや雪轄《くさび》のしまる夜の音
（中野区上高田一―二　青原寺）＊

▽杉風
萩植て日登里《ひとり》見習ふ山路か難《な》
（豊島区巣鴨三―二一　真性寺）

▽嵐雪
一葉散る咄一葉散る風の上

（豊島区南池袋二―四一　本教寺）＊

▽一茶

陽炎や道灌どのの物見塚

（荒川区西日暮里三―一　本行寺）

▽宗因・西鶴・才麿

江戸をもって鑑とす也花に樽　宗因

我恋のまつ島も唯初霞　西鶴

時雨そめ黒木になるは何々ぞ　才麿

（荒川区西日暮里三―二　養福寺）＊

▽秋色

井戸ばたの桜あぶなし酒の酔

（台東区上野公園内　清水観音堂わき）

▽宗因・芭蕉・其角（三匠句碑）

ながむとて花にもいたし頸の骨　宗因

花の雲鐘は上野か浅草か　芭蕉

ゆく水や何にとどまる乃里の味　其角

（台東区浅草二―三　浅草寺）

▽五瓶

月花のたわみこころや雪の竹

（台東区浅草二―三　浅草神社）＊

▽素外（墨田川の四季）

春年々此辺花の都鳥

石山の夏おもはるれまつちやま

古とはむ鳥もゐずはし場あしの花

興月に帰るや雪の庵崎を

（台東区今戸一―六　慶養寺）

▽其角・抱一（屠竜）

草茎をつゝむ葉もなき雪間哉　其角

くさぐきの今にのこるや人の口　屠竜

（台東区清川一―一三　出山寺）

▽完来

花のやよひ一日は花のなくもかな

（江東区富岡一―二〇　富岡八幡宮）

▽才麿・西鶴・素外

面のまゆむすびあぐるや松の花　才麿

香の風やあるじかしこしむめの花　西鶴

神松や千とせちかくもわかみどり　素外

（江東区亀戸三―六　亀戸天神社）

▽一茶
雀の子そこのけそこのけ御馬が通る
（江東区大島二—一五　愛宕神社）
▽蓼太
碑《いしぶみ》に　花百とせの　蔦植む
（墨田区千歳二—一　要津寺）＊
▽其角（雨乞の句碑）
遊ふた地や田を見めぐりの神ならば
（墨田区向島二—五　三囲神社）
▽宗因
白露や無分別なる置ところ
（墨田区向島二—五　三囲神社）
▽其角
山吹も柳の糸のはらみかな
（墨田区向二—五　三囲神社）
▽涼岱
波とのみみふねの山の山桜
（墨田区向島五—三　弘福寺）
▽白雄
人恋し灯ともし頃を桜ちる
（墨田区東向島三—五　白髭神社）＊
▽八巣
一とせの空の志まりやけふの月
（墨田区堤通二—一六　木母寺）
▽八巣
一輪の牡丹終日《ひねもす》（散りにけり
（足立区西新井一—一五　西新井大師）
▽一茶
蝉鳴くや六月村の炎天寺
（足立区六月三—一三　炎天寺）＊
▽其角
名月や畳の上に松のかけ
（羽村市川崎二—八　宗禪寺）
▽星布
咲花もちれるも阿字の自在かな
（八王子市元横山町二—八　大義寺）＞

索引

ア
青木芳斉の碑…344
青砥史蹟復興之碑…318
赤塚城本丸跡の碑…172
赤穂義士遺蹟 吉良邸跡の碑…277
赤穂義士史蹟碑…64
赤穂四十七義士の碑…61
浅岡飯たきの井の碑…56
浅草庵市人の狂歌碑…231
浅草御蔵跡の碑…218
浅草観音戒殺碑…226
浅草見附跡の碑…214
浅野内匠頭終焉之地の碑…50
浅野内匠頭邸跡の碑…40
浅間山噴火犠牲者の供養碑…316
飛鳥山の碑…180
安宅丸由来の碑…258
吾嬬森の碑…299
新井宿義民六人衆の碑…90
安藤広重住居跡の説明板…28

イ
石坂弥次右衛門義礼の顕彰碑…338
石出常軒の碑…309
石村近江記念碑…70
市河寛斎の墓碑…203
市河米庵の寿蔵碑…205
一石橋迷子しらせ石標…36
一里塚の碑（府中）…331
一里塚の碑（八王子）…333
五日市憲法草案之碑…347
一茶の句碑…309
稲付城跡の碑…185
伊能忠敬居宅跡の碑…250
伊能忠敬の碑…59
伊能忠敬の墓碑…199
入谷乾山窯元之碑…202
磐井の碑…94
岩瀬鴎所君之墓碑…290

ウ
植田孟縉の碑…338
歌川国芳の碑…289
哥沢芝金之碑…294
烏亭焉馬の歌碑…286
采女塚…238
浦里・時次郎比翼塚…166

エ
英公使宿館跡の碑…53
永代橋落下事件
遭難者の慰霊碑…132
江古田ケ原沼袋・古戦場の碑…156
江戸歌舞伎発祥の地の碑…29
江戸勧進角力旧跡の碑…139
江戸猿若町市村座跡の碑…233
江戸猿若町守田座跡の碑…234
江戸伝馬町牢御揚場跡の碑…23
胞衣塚…109
縁切榎の碑…168

オ
桜樹奉献の碑…287
大石主税ら十人の
切腹地跡の碑…68
大窪詩仏画竹碑…294
大久保長安陣屋跡の碑…338
太田道灌公追慕之碑…96
太田道灌築城五百年の碑…135
大田南畝隠語の碑…74
大田南畝漢詩碑…287
大田南畝狂歌碑…199
大田南畝書の狂歌碑…145
大山道しるべ…169
大山道への道標…134
尾形乾山深省蹟の碑…166
緒方洪庵の碑…110
おくのほそ道矢立初の碑…306
お七・吉三比翼塚…122
御鷹の松の碑…139
御鷹場の碑…323
お玉ケ池種痘所跡の碑…105
お玉ケ池種痘所記念碑…103
お茶の水の碑…108
女木塚の句碑…268
御浜井戸の碑…162
御船蔵跡の碑…259
お萬榎の碑…127
尾張殿鷹場の跡…156

カ
海難供養碑（墨田区）…276
海難供養碑（目黒区）…131
解剖人墓…308
加賀前田家下屋敷跡の碑…167
火技中興洋兵開祖の碑…174
葛西囃子の碑…313
累塚の碑…130
笠森お仙の碑…188

柏木如亭の碑…209
春日局銅像と碑…115
歌仙桜の碑…248
勝安房邸跡の碑…72
勝海舟生誕之地の碑…277
葛飾北斎生誕二百年記念碑…223
葛飾北斎辰政翁顕彰碑…284
かっぱ川太郎の墓碑…225
仮名垣魯文の碑…190
釜屋跡の碑…266
紙漉きの碑…308
亀戸銭座跡の碑…268
亀田鵬斎の詩碑（荒川区）…305
亀田鵬斎の詩碑（墨田区）…298
加舎白雄の墓句碑…82
狩谷棭斎の碑…164
川崎平右衛門の供養塔…326
蛙塚…341
河竹黙阿弥顕彰碑…229
甘藷講の碑…134
甘藷試作地跡の碑…114
観臓記念碑…303
神田青物市場符牒の碑…236
神田上水水源の碑…323
神田青果市場発祥之地の碑…100

キ

儀右エ門塚…158
奇縁氷人石の碑…106
其角住居跡の碑…21
義士終焉地の碑…64
木曽一里塚の碑…346
北町奉行所跡の碑…34
絹の道の碑…340
紀伊國屋文左衛門之碑…260
木場の角乗りの碑…246
木遣音頭の碑
（江東区・香取神社）…270
木遣音頭の碑
（墨田区・三囲神社）…288
木遣音頭碑
（江戸川区・浅間神社）…315
旧新大橋跡の碑…254
九世川柳の句碑…289
旧水村玄洞宅跡の碑…168
きょうげん塚…294
行人坂敷石造道供養碑…132
京橋記念碑…30
京橋大根河岸青物市場跡の碑…32
吉良家家臣二十士碑…277
キリシタン殉教碑…118

キリシタン灯籠…132
切支丹屋敷跡の碑…118
銀座発祥の地の碑…32

ク
鯨塚…79
黒門の由来碑…199
桑田立斎の碑…239

ケ
慶応義塾開塾の地記念碑…39
毛塚の碑…284
玄恵井之記の碑…318
元和キリシタン遺跡の
道標と碑…68
玄冶店跡の碑…22

コ
恋川春町の墓碑…145
高札場跡の碑…331
孝子長五郎の碑…343
甲州道中一里塚の碑…331
小梅銭座跡の碑…280
甲良屋敷跡の碑…307
小金井小次郎君追悼碑…325
小金井桜樹碑…327
小菅御殿跡の碑…319
五世川柳・水谷金蔵の句碑
(墨田区・三囲神社)…288
五世川柳・水谷金蔵の句碑
(中央区・住吉神社)…47
小塚原刑場跡の題目塔…302
子供合埋碑…143
小林一茶旧居跡の碑…279
五百羅漢跡の碑…267
五百羅漢道標…263
小仏関跡の碑…342
駒込土物店縁起の碑…113
小松菜ゆかりの里の碑…317
御門訴事件記念碑…322
小谷田子寅の碑…340
近藤勇辞世の詩碑…323
近藤勇・土方歳三顕彰碑…331
近藤勇・土方歳三の墓碑…185
困民党の碑…339

サ
西郷・勝両雄
会見の処の記念碑…92
西郷・勝両雄顕彰碑…94
西郷隆盛留魂碑…94

西郷南洲・勝海舟
会見之地の碑…66
西郷南洲の詩碑…94
最初のオランダ
公使宿館跡の碑…52
採茶庵跡の碑…256
酒井抱一朝顔の画碑…178
酒井抱一の碑…42
佐久間象山の桜花賦の碑…182
桜田殉難八士之碑…135
桜田烈士愛宕山遺蹟碑…50
薩摩屋敷焼き討ち事件の碑…65
猿江材木蔵跡の碑…263
算子塚…226
三十三間堂跡の碑…249
山荘之碑…156
山東京伝の机塚の碑…232
三遊塚…296
三遊亭圓朝翁碑…193
三遊亭圓朝舊居跡の碑…143

シ

ジェンナーの碑…346
塩野適斉の碑…338
下原刀鍛冶発祥の地の碑…343
品川台場の碑…78
柴又勧農事績碑…318
志村一里塚の碑…169
志村城跡の碑…172
石神井城跡史蹟碑…159
三味線堀跡の碑…222
十二社碑…146
自由の碑…84
朱舜水先生終焉之地の碑…108
首尾の松の碑…217
駿馬塚…140
彰義隊の首塚…150
彰義の碑…195
庄司甚右衛門の碑…235
装束榎の碑…183
昌平坂の碑…105
常夜燈…287
浄瑠璃塚…299
蜀山人の狂歌碑…290
諸国郡邑旅人菩提碑…147
初代安藤広重の記念碑…311
初代歌川豊国の碑…281
初代柄井川柳の句碑…220
初代河竹新七追善しのぶ塚…292
白井権八・小紫の比翼塚…134
しらし窪墓地の招魂塔…323

新川の跡の碑…48
新藤左右助弔魂碑…332
甚内橋の碑…216
陣幕久五郎の碑…68
陣幕島之助の碑…68
新吉原総霊塔…305

ス

水神池の碑…85
水神森の碑…270
杉山検校頌徳碑…272
杉山杉風の墓句碑…135
数寄屋橋の碑…36
助六・揚巻の比翼塚…312
助六の歌碑…233
洲崎遊女供養碑…265
鈴ケ森遺跡の題目塔…88
雀供養之塚…212
墨多三絶の碑…291
墨沱梅荘記の碑…293

セ

関口芭蕉庵の句碑…117
雪中庵蓼太の句碑…273
先覚之碑…340
仙川一里塚跡の碑…331
先賢彰徳碑…341
千住ヤッチャバ紀念碑…306
仙台藩上屋敷表門跡の説明板…50

ソ

蔵敷高札場の碑…329

タ

タウンゼント・ハリス記念碑…55
高久靄崖の筆塚…197
高島秋帆先生紀功碑…174
高輪大木戸跡の石塁…64
高野長英隠れ家および
　自決の地の碑…127
高野長英大観堂学塾跡の碑…98
高野長英の碑…124
鷹野鳥見屋敷跡の碑…309
鷹の碑…120
高橋景保の碑…199
高橋東岡の墓碑…201
滝沢馬琴邸跡の井戸の碑…99
滝沢馬琴筆塚…210
竹本津賀太夫碑…229
田中丘隅の回向墓…346

玉川上水記念碑…141
溜池発祥の碑…50

チ

近松門左衛門の碑…280
力塚の碑…275
茶屋坂の清水の碑…127
駐歩泉の碑…121
長州藩邸没収事件
　関係者慰霊碑…135
長命水石文の碑…290

ツ

佃島渡船跡の碑…46
津波警告の碑…263
津波溺死者供養塔…81
頭光の狂歌碑…113

テ

寺門静軒の碑…240
寺子屋の碑…135
天海僧正毛髪塔…198
天保用水記念碑…157
天明義挙記念碑…349

ト

桃雲寺再興記念碑…91
道灌丘の碑…206
道灌公記念碑…280
道灌船繋松の碑…212
刀工・左行秀旧跡の碑…265
東条一堂先生百年祭記念碑…319
東条一堂・千葉周作の碑…102
常盤橋門跡の碑…34
徳川将軍御膳所跡の碑…153
ところ芋の碑…348

ナ

中江兆民の碑…269
中川船番所跡の碑…259
中野区役所前の史跡の碑…152
並木五瓶句碑…231
成田山不動明王の道標…314
成島柳北の碑…289

ニ

西ケ原一里塚の碑…180
錦絵開祖鈴木春信の碑…190
二十三夜待供養塔…159
二世、三世豊国の碑…270
二代目高尾の墓…166
日本近代初等教育

発祥の地の碑…56
日本橋魚河岸記念碑…18
日本橋由来記の碑…16

ネ

練馬大根碑…161

ハ

梅翁の句碑…207
秤座跡の碑…19
箱根山の碑…149
間新六供養塔…46
橋供養の碑…162
橋本景岳（左内）の碑…302
芭蕉庵跡の碑…253
芭蕉翁時雨塚…255
芭蕉墨直しの碑…252
芭焦旅立ちの句碑…305
芭蕉の句碑（江戸川区）…314
芭蕉の句碑（台東区浅草）…232
芭蕉の句碑（八王子市）…333
八王子千人同心屋敷跡記念碑…334
八景碑…89
服部嵐雪の墓句碑…177
花吉原名残の碑…236
土生玄碩先生之碑…44
原胤敦の墓碑…338
蕃書調所跡の碑…99
幡随院長兵衛夫妻の墓碑…201

ヒ

平賀源内電気実験の地の碑…250
平賀源内墓地記念之碑…240

フ

福沢近藤両翁学塾跡の碑…52
福沢諭吉記念碑…75
藤田東湖終焉地の碑…120
藤田東湖・正気の歌の碑…284
仏公使宿館跡の碑…53
振袖火事供養塔…164
文晁碑…197

ヘ

紅皿の碑…149

ホ

寶幢院前の道標…185
宝暦箱訴事件大丹波村
牢死者供養碑…350
墨堤植桜の碑…290

干鰮場跡の碑…262
堀部安兵衛武庸之碑…27
堀部安兵衛之碑…149

マ
巻菱湖の伝記碑…289
松崎慊堂の墓碑…129
松原庵星布の墓句碑…331
間宮林蔵塋域の碑…257
まよひごのしるべ
（台東区浅草）…229
まよひ子のしるべ
（台東区寿町）…225
丸橋忠弥の首塚…80
万延元年遣米使節記念碑…57

ミ
三浦按針屋敷跡の碑…20
水野監物邸跡の碑…68
道供養塔…127
道しるべの常夜燈…127
南町奉行所跡の碑…36
宮田橋敷石供養塔…160

ム
昔ばなし柳塚…283
虫塚…193

メ
明数碑…228
明和の大火死者供養墓…50
目黒新富士の碑…128

モ
孟宗筍栽培記念碑…77
元杢網の狂歌碑…295
百瀬雲元の筆塚…344
百瀬耕元の碑…228

ヤ
八百屋お七・吉三発心の碑…132
八百屋お七の碑…111
夜雪庵鴎叟の句碑…152
八橋検校顕彰碑…197
柳窪梅林の碑…328
柳多留版元・花屋久次郎
遺跡の碑…312
山岡鉄舟書の碑…150
山岡鉄舟先生之碑…323
山岡鉄舟の碑…191

山田浅右衛門代々の碑…177
山吹の里の碑…150

ユ

遊女供養塔…313

ヨ

横綱力士碑…244
吉田松陰先生終焉之地の碑…24
吉原遊女二代目高尾の墓碑…237
四谷大木戸跡の碑…139
四谷鮫河橋地名発祥之所の碑…138

ラ

蘭学事始の地の碑…37

リ

六義園由来の碑…121
葎草橋の碑…344
了翁僧都道行碑…194
涼月塚…120
両国橋の句碑…274
両国広小路記念碑…26

ル

流民叢塚碑…82

レ

歴代横綱の碑…279
烈婦滝本之碑…305

ロ

六世川柳の句碑…288

ワ

和田氏歴世碑…247

古賀　牧人（こが・まきと）
東京に生まれる。
早稲田大学大学院商学研究科修士課程修了
朝日新聞東京本社に入社
社会部記者（東京都庁、国鉄、運輸省、建設省、通産省、経済企画庁、日本学術会議などを担当）、朝日新聞社刊・月刊医学専門誌『モダン　メディシン』編集長
『朝日新聞百年史』編修委員を経て現在、朝日新聞・社友
「九条の会　小平」「平和のための戦争展・小平」などの呼びかけ人
著書に
『東京人』（1975年、新人物往来社）
『「ゾルゲ・尾崎」事典』（2003年、アピアランス工房）
『近代日本戦争史事典』（2006年、光陽出版社）など
現住所
〒187-0043　東京都小平市学園東町2-14-18

石に刻まれた江戸・武蔵

発行日　二〇一二年八月三十一日　第一刷発行
著　者　古賀牧人
発行者　清水　定
発行所　株式会社　けやき出版
東京都立川市柴崎町三-九-六　〒一九〇-〇〇二三
TEL　〇四二-五二五-九九〇九
FAX　〇四二-五二四-七七三六
http://www.keyaki-s.co.jp

DTP　ムーンライト工房
印刷所　株式会社　平河工業社

ISBN978-4-87751-476-1　C0021